Sección de Obras de Historia

EL FRAILE, EL INDIO Y EL PULQUE

SONIA CORCUERA DE MANCERA

EL FRAILE, EL INDIO Y EL PULQUE

Evangelización y embriaguez en la Nueva España (1523-1548)

FONDO DE CULTURA ECONÓMICA
MÉXICO

Primera edición, 1991

ISBN 968-16-3696-1

Impreso en México

RECONOCIMIENTOS

ESTE LIBRO representa, en gran medida, la consecuencia de una inquietud que despertó en mí el doctor Juan A. Ortega y Medina, hace ya bastantes años. Siendo su alumna en el "Seminario de Historia de México en el Siglo XIX", sugirió la comida y la bebida como posible y original tema para una tesis de licenciatura en historia. Poco después tuve el privilegio de conocer a don Felipe y a Mona Teixidor, quienes me permitieron acceso a su rica biblioteca y, más importante aún, me otorgaron la riqueza de su amistad. El resultado fue *Entre gula y templanza, un aspecto de la historia mexicana*. El tema de la bebida embriagante es su continuación natural.

La primera versión fue elaborada en estrecha colaboración con mis colegas del Seminario de Historia de las Mentalidades del Departamento de Historia del Instituto Nacional de Antropología e Historia, dirigido entonces por Sergio Ortega Noriega, presentada como tesis de maestría en el Departamento de Historia de México, de la Universidad Nacional Autónoma de México, en donde se aprobó el 21 de septiembre de 1989. El jurado examinador, compuesto por mi asesor de tesis Sergio Ortega Noriega, Juan A. Ortega y Medina, y Beatriz Ruiz Gaytán, me hizo observaciones valiosas que he procurado incorporar al elaborar esta segunda versión. Tiempo después tuve el privilegio de platicar de manera informal, pero muy provechosa con tres distinguidos colegas: Antonio Rubial, Rubén Romero y Alfredo López Austin. La aguda percepción de Solange Alberro acerca de las "mentalidades" en el México colonial y los trabajos de Serge Gruzinski, también me ayudaron a ver estos temas con ojos diferentes. Finalmente, Elsa Cecilia Frost tuvo la gentileza de hacer una revisión crítica del texto y sugerir las correcciones pertinentes en el contenido y la redacción. A todos ellos, mi sincero agradecimiento por concederme el doble beneficio de disfrutar su amistad y de apoyarme con su crítica constructiva.

Durante el tiempo que duró esta investigación, Miguel, mi marido, se interesó por un tema que le es ajeno profesionalmente, la historia, y encontró el tiempo para hacerme, con sensibilidad y sentido común, útiles sugerencias. Mis hijos Miguel, Carlos, Álvaro, Jaime y Gonzalo me iniciaron en los misterios de la procesadora de palabras y toleraron con paciencia y sentido del humor mi errático proceso de aprendizaje. Muy importante para mí, todos pasamos ratos agradables combinando la gula con la curiosidad, aunque no con la embriaguez, y viajando a un pasado y a una historia que es la nuestra.

Reunir el material no fue tarea fácil. El padre Héctor Rogel Hernández, director de la Biblioteca del Seminario Conciliar de México, tuvo la gentileza de orientarme y permitir trabajar durante varios meses textos raros de difícil localización. Miguel y Ascensión León-Portilla compartieron su valiosa colección de doctrinas y confesionarios novohispánicos y el licenciado Ricardo Elizondo, director de la Biblioteca Cervantina del Instituto Tecnológico y de Estudios Superiores de Monterrey, me proporcionó una copia de la *Doctrina Cristiana, más cierta y verdadera*, publicada en 1546. Mi admiración por la eficiencia y la buena disposición de Cecilia Ochoa y de Patricia Tahira para ordenar e imprimir las sucesivas versiones del texto.

INTRODUCCIÓN

El tema de la conquista espiritual ejerce una fascinación especial para el historiador, sobre todo ahora, en vísperas del V Centenario del descubrimiento de América por los europeos o, si se prefiere, del encuentro o del choque entre dos culturas. La conquista, en efecto, significó el rompimiento de un orden o de una continuidad cultural indígena; la llegada de los españoles forzó a los indígenas a realizar grandes cambios en poco tiempo y a modificar de manera radical su percepción religiosa del mundo. De allí la originalidad de los años siguientes y su atractivo como tema de estudio para comprender un periodo que puede ser considerado, por la misma variedad de elementos disímbolos que lo caracterizan, como privilegiado para el estudio de la historia.

Cayó Tenochtitlan en 1521 y dos años después llegaron los franciscanos. Primero fueron los tres frailes flamencos, los que venían del norte y habían estado expuestos a la corriente moderna y humanista de Erasmo de Rotterdam. Poco después les siguieron los Doce. Llegaron del sur, de la provincia española observante y reformada de San Gabriel de Extremadura. Los frailes continuaron desembarcando en la Nueva España. Si nos remitimos a la información que ellos mismos nos proporcionan, vemos que en pocos años lograron éxitos espectaculares. En 1536 se inauguraba en Tlatelolco un colegio para dar educación esmerada a "los hijos de los señores y principales de los mayores pueblos o provincias de esta Nueva España"[1] y un año después, en 1537, Motolinía calculaba haber bautizado a "más de nueve millones de ánimas de indios".[2]

Los acontecimientos que acabo de resumir, a partir de la narración de los cronistas religiosos, deberían ser el presagio de una evangelización exitosa y completa en los años que siguieron. Sabemos que no fue así. El cansancio, el desencanto y, en cierta medida, la frustración, se fueron apoderando de los mismos frailes que

[1] Mendieta, libro cuarto, cap. 15.
[2] Motolinía, fol. LI v.

llegaron a la Nueva España con la intención de construir, exactamente, un mundo *nuevo*.

Más que los hechos en sí, hechos de todos conocidos y ya bien estudiados, quisiera ocuparme de algunos elementos que están detrás del relato religioso. Tratar de percibir, por ejemplo, la voluntad que animó a aquellos hombres por llevar a cabo todo un proyecto de aculturación, su peculiar manera de acercarse y de enfrentarse a la vida. Casi quinientos años después de ese encuentro, choque o trauma —pues cada grupo ha encontrado un calificativo acorde a su filiación historiográfica—, todavía estamos sufriendo o beneficiándonos —otra vez, los criterios se disparan— con las difíciles e importantes decisiones que tomó la Iglesia mexicana cuando era obispo fray Juan de Zumárraga.

Los frailes que desembarcaron, no eran un grupo tan homogéneo como podría parecer a primera vista. Algunos traían en su equipaje el humanismo erasmiano que privilegiaba una religión centrada en Cristo —el maestro que comunica la luz y el amor, o sea la verdad y el bien— y otros hicieron hincapié en una espiritualidad comprometida y en una renuncia absoluta al mundo.

Tomando en consideración las actitudes derivadas de estas diversas maneras de ver el mundo, a partir de los inicios de la vida cristiana en la Nueva España, la Iglesia valorizó de manera simultánea dos posibles vías para la evangelización de los indios. Cada una ofrecía la posibilidad de llegar a resultados concretos, llevar al indígena del error a la verdad, a través de un proceso de aprendizaje a desarrollar. En su forma más esquemática la primera opción consistía en instruir a los indios en el cristianismo de manera profunda y pormenorizada, y la segunda, estribaba en limitar la enseñanza a los niveles básicos. El primer modelo sólo podía aplicarse a partir de una minoría de indios capaces y preparados que tuvieran voluntad de aprender y lograran tener acceso a una formación cristiana completa, a diferencia del otro que requería una enseñanza elemental y era susceptible de aplicación masiva. La primera necesitaba tiempo para rendir sus frutos, pues ninguna labor de convencimiento puede dar resultados en un plazo fijado de antemano. Eso obligaba a los evangelizadores a armarse de paciencia para esperar, y requería de los indios un esfuerzo perseverante y metódico. La segunda se conformaba con que los bautizados recibiesen una enseñanza uniforme y elemental.

El año 1536 resultó ser una fecha clave para los propósitos de la evangelización. Con el inicio de labores del Imperial Colegio de Santa

Cruz de Tlatelolco, concebido como un naciente centro de alta cultura para la enseñanza de un grupo escogido de jóvenes indígenas, pareció que la Iglesia mexicana optaba por la aplicación del primer modelo. Aunque este modelo, como ya lo dije, sólo consideraba a unos cuantos alumnos en esta temprana etapa, a la larga debía rendir sus frutos en una educación abierta con la que se beneficiaría, directa o indirectamente, todo el grupo indígena. El acceso a la educación debía repercutir también en la integración de un creciente número de indios a diversos y significativos aspectos de la vida novohispana, incluyendo, posiblemente, la ordenación de un clero de sangre indígena.

Sin embargo, en la década de 1540 volvió a suscitarse la necesidad de trazar el camino. El primer obispo de México y sus colaboradores parecen haberse preguntado hasta dónde era posible o conveniente insistir en un proceso de cristianización, o sea de aculturación del indígena, a partir del modelo o de la "visión del mundo", implícitos en la educación emanada de Santa Cruz de Tlatelolco. En otras palabras, es posible que se hayan preguntado hasta dónde era pertinente darle seguimiento a la historia que se había iniciado apenas en 1523 y 1524 con el trabajo educativo de los franciscanos que había conducido al proyecto de Santa Cruz.

No era fácil que la Iglesia llevara a término al mismo tiempo los dos proyectos de evangelización, porque requerían medios diferentes y sus metas eran incompatibles a largo plazo. Este dilema propició en la década de 1540 un segundo corte, en cierta forma tan profundo y trascendente, aunque menos espectacular que el ocurrido en 1521. Para entonces había pasado el optimismo que caracterizó los primeros años de trabajo pastoral y, como lo dije anteriormente, la Iglesia tomaba conciencia de lo largo, difícil y hasta incierto que iba a resultar el trabajo de evangelización en la Nueva España. A partir de esta segunda interrupción, se inició, por fin, un proceso continuado y perseverante, pero la relación de los misioneros con los naturales se había modificado de manera profunda. Los frailes en su conjunto habían perdido la confianza inicial que les habían inspirado los indios y se decidieron por el segundo modelo, que equivalía a implantar el cristianismo por coerción y no por convencimiento. En la última parte de este trabajo, quiero ocuparme de la pluralidad de ideas que propició este segundo corte y de las consecuencias que la línea de evangelización seleccionada tuvo para la incorporación de los naturales al modelo judeo-cristiano.

Los principios generales de lo que podríamos llamar "organización del mundo", no pueden separarse de las actitudes concretas de los hombres cuando se enfrentan a necesidades de orden práctico. Quiero decir que las tendencias normativas de carácter general a las que acabo de hacer referencia se reflejaron en todos los aspectos de la vida novohispana incluyendo, como era de esperarse, el uso de las bebidas embriagantes.

Antes de la llegada de los españoles, los indígenas habían reunido un conjunto de normas sobre el uso sagrado y profano de su bebida tradicional, el pulque. Su cultura les daba también medios prácticos de razonable eficacia para reprimir a los bebedores desordenados y el infractor de la norma era castigado, consecuentemente, por la misma sociedad. Ésta tenía los medios para separar física y moralmente al bebedor, para aislarlo y deshacerse de él si así lo consideraba necesario. La actitud antisocial del borracho y la falta misma que cometía, iniciaban un proceso que se revertía contra él. El bebedor se "disfamaba" a sí mismo frente a la sociedad de la cual formaba parte y su comportamiento lo excluía de ella. Recibía su castigo, aquí y ahora.

La cultura europea cristiana también disponía de un discurso normativo sobre el uso religioso y profano de su propia bebida, el vino, acorde con su peculiar representación religiosa del mundo pero, como veremos en las doctrinas impresas por Zumárraga, no disponía de medios prácticos suficientes y eficaces para reprimir y controlar a los bebedores desordenados.

Por eso, al mismo tiempo que los indígenas vieron disminuidos sus mecanismos de defensa contra la bebida excesiva y desordenada, la cultura cristiana enfrentaba serias dificultades para sustituirlos con eficacia. Tanto celo y tan poca respuesta —tanto mal, como decían los religiosos—, me llevó a indagar por qué las exhortaciones de los misioneros no encontraban suficiente eco en aquellos a quienes iban dirigidas. ¿Por qué, en otras palabras, los misioneros que predicaban la sobriedad por medios que iban desde el ejemplo personal hasta la persuasión y la coerción, no lograron imponer entre la población indígena las normas cristianas sobre la bebida? Trato de encontrar una respuesta en las primeras doctrinas impresas en la Nueva España entre 1543 y 1548. Con ellas llegaron de Europa las ideas modernas y reformadoras que estaban conmoviendo a España en la segunda y tercera décadas del siglo XVI, las mismas que, no hay que olvidar, provocaron un movimiento de contrarreforma a mediados de siglo.

Tal vez las viejas doctrinas publicadas por Zumárraga hace casi quinientos años, permitan que salga a la luz lo que ha permanecido escondido. Por su calidad y contenido, estos textos pueden agitar las aguas profundas que, para Fernando Braudel y Georges Duby, son el inicio de una comprensión histórica. Comprender es, después de todo, el inicio de la solución a cualquier problema de la historia y, por lo tanto, del hombre.

PRIMERA PARTE

EL PULQUE EN LA CULTURA MEXICA Y EL VINO EN LA CULTURA JUDEO-CRISTIANA

1. EL PULQUE EN LA CULTURA MEXICA

EN EL PERIODO inmediato anterior a la conquista de su territorio por los españoles, los mexicas habían logrado elaborar un discurso normativo sobre el uso religioso y profano del pulque, acorde con su percepción religiosa del mundo. En efecto, el *octli* —nombre que los antiguos mexicanos daban al pulque—, era la bebida poderosa y peligrosa que servía para varios usos: 1) Se empleaba con fines religiosos y producía una embriaguez ritual (*tlauana*), aceptada por la sociedad. 2) Era la bebida popular de naturaleza profana y uso restringido, pero su abuso era condenado y castigado con dureza por la sociedad. 3) También era la bebida fatal, adversa o aciaga a cuyo funesto atractivo no podían escapar quienes nacían en ciertas fechas. En cualquiera de estos casos, los antiguos mexicanos reprobaban no tanto la pérdida de la razón en sí, sino la transgresión de la norma previamente acordada como válida por los dirigentes y aceptada por la sociedad en su conjunto.

Entre los antiguos mexicanos, se prohibía un trato popular, no controlado por la autoridad religiosa, del hombre con la divinidad. El pulque era depositario del conjunto de dioses conejos y, al ingerirlo, la persona se abandonaba de modo voluntario a una posesión divina. Por eso los sacerdotes, celosos de su papel de mediadores y deseosos de conservar la autoridad y el poder que éste les daba, veían como un peligro que el hombre común saliera de su control para ingerir una sustancia que era cuerpo divino.

Para controlar a los bebedores indisciplinados, no bastaba con integrar el uso de la bebida embriagante a una representación religiosa del mundo; era necesario relacionar estas creencias con el comportamiento práctico de los indígenas en su vida diaria. Por eso, la pérdida momentánea del control individual y sus repercusiones sociales, también eran causas de prohibición y penalización de los infractores. El logro de la sociedad mexica estuvo en armonizar y complementar en su momento estos elementos.

Los mexicas eran un pueblo agricultor y guerrero; tanto el inicio del ciclo agrícola, que coincidía con la siembra al llegar las lluvias y que finalizaba con las fiestas de la cosecha, como la partida para la "guerra florida" y su culminación en el sacrificio de los prisioneros, eran motivo de festividades desbordantes que incluían el pulque como elemento imprescindible. ¿Cómo no iba a ser importante el uso del pulque en las circunstancias destacadas de la vida, si la "planta madre", el maguey, era en una o en otra forma, casa, comida, vestido y medicina para los antiguos mexicanos? *Metl* era el nombre genérico náhuatl que recibían los agaves, a los que los españoles denominaron maguey.[1] Las diversas especies de maguey crecen en el altiplano central, entre los 2 000 y 2 400 metros de altura sobre el nivel del mar y tienen una gran adaptabilidad para crecer en zonas poco fértiles. Se trata de una planta perenne, muy apropiada al medio ambiente del altiplano mexicano por ser especialmente resistente a las heladas o sequías. Esto explicaría por qué el pulque llegó a ser, inclusive, un importante complemento de la alimentación, ya que podía tomarse en lugar de agua "en los meses del año en que no llovía, y en las sequías que ocurrían periódicamente".[2] También servía como bebida medicinal:

> Todas las mediçinas que se an de bever se dan a los enfermos con este vino; puesto en su taça o copa echan sobre él la mediçina que aplican para la cura y salud del enfermo.[3]

El maguey era popular, se utilizaba para cercar los sembrados, marcar linderos, formar bordos en terrenos de ladera o para detener el suelo.[4] Cuando la planta se secaba, después de un ciclo de vida de ocho a diez años, servía como leña o combustible. Su tronco hacía las veces de material de construcción o de viga para techar las casas y sus pencas se usaban como especie de tejas. Las hojas se prensaban para sacar papel, hilo, aguja, vestido, calzado, sogas, mantas y capas. De la savia o jugo del maguey, se obtenía miel, azúcar y vinagre.[5] Del tronco y de la parte más gruesa de las hojas, después de haberlas cocido debajo de la tierra, hacían mezcal, y de la floración —llamada quiote— un dulce o platillo de "fruta jugosa".[6]

[1] Sobre las variedades de maíz, tanto cultivadas como silvestres, mencionadas en el *Códice Florentino,* véase Rojas Rabiela, 1989, I, 106.
[2] Taylor, 1987, p. 52.
[3] Motolinía, tercera parte, cap. 19.
[4] Rojas Rabiela, 1989, I, 109.
[5] Motolinía, tercera parte, cap. 19; *Códice Florentino*, libro décimo, cap. 29.
[6] Las Casas, 1967, tomo I, cap. 59; Carletti, 1976, p. 73.

Su cultivo dio, desde épocas remotas, ocupación a un importante grupo humano, que posteriormente se encargó también de elaborar la bebida embriagante, indispensable para las grandes funciones religiosas que, en vísperas de la conquista, estaban centradas en México-Tenochtitlan. Los campesinos dedicados a este quehacer conocían bien las propiedades del maguey y de su jugo fermentado y la sociedad en su conjunto había aprendido a usarlas con gran versatilidad. A partir de una experiencia práctica, varias veces centenaria, los pulqueros producían con eficiencia un líquido que, a diferencia del vino de uva que iba a llegar con la conquista, no soportaba "un prolongado lapso entre el inicio de la fermentación y el consumo", porque el acelerado proceso lo descomponía en pocos días.[7] La distribución y comercialización eficaz del líquido, sin contar con el apoyo de la rueda ni de bestias de carga, también requería de un equipo humano especializado que permitiera su venta inmediata. Si consideramos, además del comprador popular —campesino o urbano— que daba los usos más diversos al maguey y al pulque, al grupo sacerdotal que requería de la bebida ceremonial para las celebraciones públicas y masivas de México-Tenochtitlan, resulta que los campesinos pulqueros tenían por clientela a toda la sociedad. Por eso, como comprador o como vendedor, como productor o como consumidor, como campesino o como habitante de un centro urbano, como sacerdote, guerrero o macehual, difícilmente algún miembro de la sociedad podía quedar excluido de la esfera de influencia de la planta y sus productos. Esto no significaba, como señala atinadamente López Austin, que el pueblo en su conjunto, estuviese formado por ebrios consuetudinarios,[8] sino que el altiplano mexicano constituía el eje de lo que podría llamarse "la cultura del maguey".

La importancia del pulque en la vida de los mexicas y de otros pueblos habitantes del área geográfica donde crecen los magueyes, puede verse en las representaciones de los viejos códices figurativos que resistieron la destrucción del tiempo y del hombre después de la conquista.[9] Estos códices revelan que el *octli* o pulque, era la principal bebida embriagante del centro de México. En esta zona, la lengua

[7] López Austin, 1973, p. 164.

[8] Ibid.

[9] Véase el interesante estudio de Oswaldo Gonçalves de Lima, *El maguey y el pulque en los códices mexicanos*, publicado en México por el Fondo de Cultura Económica en 1956.

predominante era el náhuatl, por ser el idioma de los pueblos que, en el momento de la conquista europea controlaban políticamente gran parte de Mesoamérica.

El origen del vocablo pulque es oscuro; se han propuesto dos orígenes: a) *poliuqui*, voz indígena que significa corrompido, misma que fue común durante la Colonia para designar el estado de fermentación de la bebida; b) *pulqú*, en lengua araucana es el nombre genérico de todas las bebidas embriagantes preparadas con frutas o granos. El historiador Mariano Cuevas afirma que "no es palabra española ni mexicana, sino tomada de la lengua araucana que se habla en Chile", pero esta versión debe ser errónea, pues apenas pasada la conquista, en la primera ordenanza referente al uso de dicha bebida en la Nueva España (1529), se menciona: "cierto vino que se llama pulque", y esta fecha es anterior a todo contacto cultural con los araucanos.[10] Es más probable que el término haya sido llevado a Chile por los conquistadores de México, "que pasaron al Perú con Alvarado[11] y después acompañaron a Pedro de Valencia".[12]

Los antiguos mexicanos diferenciaban el *iztac-octli*, "vino blanco", resultado de la fermentación apropiada del aguamiel y que, hecha con aseo, tenía un agradable sabor, del *octli poliuhqui*, "vino descompuesto o corrompido". De acuerdo con esta distinción, es posible pensar que los españoles, al oír a los indios referirse a la bebida descompuesta *poliuhqui*, creyeron que se referían a la bebida misma y no a su mala calidad y que por eso alteraron el vocablo formando así el barbarismo pulque.[13]

El pulque era, en resumen, la bebida por excelencia relacionada con todos los aspectos de la vida diaria y festiva, sagrada y profana de los indígenas. Se encuentran referencias al pulque en los relatos de la peregrinación original de las tribus y en los viejos códices mexicanos que tratan de las fiestas agrícolas o que se ocupan de la familia, del agua, de lo efímero de la vida, de la música, del baile, del éxtasis, del exceso, de la transgresión a las diversas normas religiosas y sociales, del fuego nuevo, del sacrificio gladiatorio, de la juventud y la vejez, de la vida y la muerte.

[10] Véase Corcuera, 1981, p. 84.

[11] Se trata del mismo Pedro de Alvarado que participó con Cortés en la conquista de México y que, en 1534, llegó hasta Perú. Como no tuvo éxito, regresó a México al año siguiente.

[12] Véase Robelo, *Diccionario de aztequismos*, pp. 450-454.

[13] Véanse las notas de Mariano Cuevas a Clavijero, 1974, libro VII, cap. 65.

Como bebida embriagante, los antiguos mexicanos le atribuían un origen divino. En el *Códice Boturini* o *Tira de la Peregrinación Azteca*, el descubrimiento del maguey pulquero se asocia a Chalco y al año *5-Técpatl*, fecha que corresponde al año 1276 d.C.[14] *Mayáhuel*, la diosa del pulque joven o aguamiel o también el maguey divinizado, tenía una estrecha relación con la fertilidad y la agricultura en las religiones prehispánicas del centro de México. López Austin señala la relación natural entre *Mayáhuel*, la diosa del pulque joven y sin fermentar, y *Pahtécatl*, señor del panteón azteca que inicia el proceso de fermentación.[15] Esta diosa moraba, junto a su consorte *Chalchiuhtlicue* en el *Tlalocan*, especie de paraíso terrenal, donde había abundancia de comidas y bebidas y los hombres vivían felices.[16]

El relato de la migración mexica está aún lleno de incógnitas por resolver. López Austin ha estudiado los problemas relacionados con esta peregrinación y describe el momento en que el dios protector Huitzilopochtli ordena a su pueblo que se separe de los otros peregrinantes "y que adquiera individualidad cambiando el nombre de aztecas por el de *mexitin*".[17] Entre los dioses protectores que acompañaban a estos grupos estaban diversas divinidades del pulque que se manifestaban de manera variada. Inclusive el nombre de los mexicas o mexicanos tendría relación con el maguey. Los viejos informantes de Sahagún explicaban que este grupo indígena, "advenedizos de origen chichimeca", se llamaron así porque, al llegar al lugar donde habían de establecerse de manera definitiva, venían con un jefe o caudillo llamado *Citli* —liebre— que había sido criado en un *metl* o penca grande de maguey. Cuando ya era hombre, continúa el relato, fue sacerdote de ídolos, respetado y obedecido por sus vasallos, por lo cual tomaron su nombre, que quiere decir "hombre criado en aquella penca de maguey"; llamáronse desde entonces "mexicas o mecicas según lo cuentan los antiguos".[18]

Los indígenas habían observado que la embriaguez provocaba en las personas las reacciones más caprichosas e inciertas. Su naturaleza les parecía contradictoria y amenazante; por eso la asociaban

[14] Este dato tiene validez aceptando como fecha de partida de las tribus (salida de Aztlán) el año 1168 d.C. Oswaldo Gonçalves de Lima, 1956, p. 218.

[15] Ibid. Véase también la breve lista de los dioses del pulque presentada por López Austin, 1973, p. 73.

[16] *Códice Florentino*, libro undécimo, cap. 12; Véase López Austin, 1973, p. 62.

[17] López Austin, 1973, p. 93.

[18] *Códice Florentino*, libro décimo, cap. 29, "De los mexicanos".

con *Tezcatlipoca* —Espejo Humeante— el dios de naturaleza indescifrable en cuya mano estaba "dar qualquiera cosa que quisiesse, adversa o próspera",[19] y su festividad era aguardada por toda la gente con sentimientos encontrados de antojo, temor y abatimiento. La misma deidad tenía similitud y afinidades cosmológicas con la Luna, que lo mismo se levanta tarde que temprano y continuamente cambia de forma hasta desaparecer del todo. Por eso *Tezcatlipoca* era símbolo de la inseguridad y de la alegría engañosa.[20] En su *Historia general de las cosas de la Nueva España*, Sahagún menciona a otros tres dioses, *Papaztactzocaca*, *Tepuztécatl* y *Tliloa*, como fabricantes de pulque y responsables de su invención.[21] Sin embargo, a pesar de numerosas descripciones, los textos dejan muchas interrogantes respecto a las modalidades del culto que se les rendía. Algunos ritos a los dioses del pulque se asociaban al *tonalpohualli*, calendario ceremonial:

> [...] que prevenía a los hombres de las influencias que cotidianamente predominaban, en un círculo de 260 días. El otro, *el xiuhpohualli*, era una cuenta de 52 años de 365 días que, en su constitución anual distribuía las grandes ceremonias del ritual en 18 periodos de 20 días, más uno menor de 5, y en la secuencia de los años, auxiliaba al hombre al permitirle prever el destino y guiaba sus actos públicos como una pauta.[22]

Ambos eran parte de un solo sistema de cómputo temporal que permitía al indígena, en el primer caso, "sumergirse en un tiempo que no era el presente, que no era el real, para dejar que su conducta fuese simplemente cobertura de una acción arquetípica".[23] El segundo calendario, por lo contrario, "lo hacía enfrentarse a una realidad casi hecha —una fuerte influencia— contra la que debía luchar con el acto espontáneo, inteligente, hábil, ágil".[24] Lo importante es destacar el carácter cíclico de ambos y tratar de comprender las consecuencias que esa concepción del tiempo tenía en la vida de los hombres al concebir la historia como un círculo en que el pasado tendía a repetirse en el futuro, aunque cada vuelta permitía al hombre cierto perfeccionamiento o cambio.

[19] Ibid., libro quinto, cap. 3

[20] Ibid., Gonçalves de Lima, 1956, p. 192.

[21] Véase la breve lista de dioses y de sus ocupaciones en López Austin, 1973, p. 73.

[22] Ibid., p. 96.

[23] Ibid., p. 97.

[24] Ibid.

Cabe mencionar aquí la *Malinalli*, especie de gramínea con la cual los mexicanos elaboraban cuerdas y escobas, pero que también era el símbolo de la fugacidad y de la eterna renovación de la vida y que se asociaba a la embriaguez provocada por el pulque. *Malinalli*, que en español se llama "zacate del Carbonero", es una planta que se desarrolla rápidamente con las primeras lluvias del verano y también pronto se marchita. Significaba por extensión todo lo transitorio; se le representaba como una calavera ornamentada y como tal podría relacionarse con la vanidad, lo superfluo de las cosas de la vida y la alegría pasajera de la embriaguez. La planta duraba poco; en la misma forma en que pronto se extinguía también la alegría de la embriaguez provocada por el *octli* y por las múltiples formas que asumían los *centzontotochtin* (cuatrocientos conejos) o innumerables dioses del pulque.

Prácticamente no hay circunstancia, lugar o actividad del bebedor que no haya sido descrito en alguno de los viejos relatos indígenas. Destaca por su importancia, variedad y riqueza de datos el texto de los informantes de fray Bernardino de Sahagún. Este fraile reunió a diez o doce ancianos principales que se expresaron de manera oral en lengua náhuatl e informaron a los "gramáticos", o sea a los jóvenes estudiantes del Colegio de Santa Cruz acerca de su mundo moribundo. Después de registrar sus respuestas y pulir sucesivas versiones, pudo quedar integrada la monumental obra que se conoce como *Códice Florentino*, la obra historiográfica más importante y ambiciosa del siglo XVI novohispano. Los protagonistas de los hechos relatados fueron estos ancianos "informantes" y no el propio Sahagún; sin embargo, por la manera en que fue reunido el material, sus descripciones no siempre quedaron libres de una extrapolación cultural.

En efecto, los textos del siglo XVI, tanto los de origen prehispánico como los coloniales, resultan en ocasiones difíciles de conciliar. Dice Serge Gruzinski que son muchas veces engañosos al no permitir una fácil distinción entre el modelo y la práctica.[25] Los de procedencia prehispánica, los "libros de imágenes" o códices, fueron producto de la ideología de la élite religiosa y política, aunque su aplicación iba dirigida a la sociedad en su conjunto. Para hacer las cosas más complejas, en el caso del material reunido por Sahagún en el *Códice*

[25] Para la comprensión de estos problemas, me fue muy útil la primera parte del artículo de Serge Gruzinski "La mère dévorante: Alcoolisme, sexualité et déculturation chez les mexicas (1550-1550)", 1979, p. 7 y sig.

Florentino, el relato ha llegado hasta nosotros a través del filtro de una influencia cristiana. Cuando los viejos informantes describieron sus antiguos modos de vida, estaban ya influidos por la cultura europea y la religión cristiana y habían experimentado en carne propia la poca disposición de los misioneros hacia sus costumbres tradicionales, sobre todo por aquellas que podían relacionarse con la religión prehispánica, como es el caso del pulque. Las fuentes coloniales sufren una deformación equivalente. Los problemas y asuntos tratados afectan con frecuencia a toda la población, incluyendo a la índigena, que no participó en la elaboración de las normas cristianas que se pretendían aplicar. Proyectan, en su conjunto, la visión de los vencedores y enaltecen de manera parcial la labor del grupo misionero que trabajó entre los naturales. A partir de una óptica cristiana y occidental, los catequistas esperaban, e inclusive exigían de los indios, una respuesta personal y una adhesión individual a un sistema integral de valores que, a su vez, incluía normas particulares muy explícitas respecto al uso moderado de la bebida.

Volviendo a los antiguos mexicanos, éstos creían que el carácter y las inclinaciones naturales de los hombres, dependían del signo calendárico bajo el cual nacían. Cuando nacía un niño o una niña, los padres acudían al *tonalpouhque*, sabio o adivino que, basándose en una combinación de caracteres y números, podía predecir las condiciones y sucesos de la vida y muerte que tendrían las criaturas. En el prólogo al libro cuarto del *Códice Florentino*, los informantes explican que,

> [...] estos adiuinos no se reguian por los signos ni planetas del cielo, sino por vna instruccion que segun ellos dizen se la dexo quetzalcóalt, la qual contiene veynte caracteres multiplicados treze vezes [...].[26]

A partir de estas fechas —doscientos sesenta días en total—, los mexicanos celebraban numerosas fiestas. La fiesta tenía una función muy compleja en la que se permitía como excepción lo que en días normales estaba vedado. Durante las celebraciones y a diferencia de la vida diaria, los participantes no buscaban la satisfacción concreta y directa de sus necesidades materiales, sino que se entregaban a actividades que podrían calificarse de "poco usuales" o inusitadas. Como tantos aspectos de la vida estaban identificados con celebraciones

[26] *Códice Florentino*, pról. al libro cuarto. "De la astrología judiciaria o arte adivinatoria indiana."

diversas, en una u en otra forma un buen número de los miembros de la sociedad acababa encontrando alguna fecha en que, lícitamente y sin que fuera delito, podía beber pulque.[27] Pero si se permitía en determinadas fechas y para cierta gente, por el contrario, se prohibía fuera de esas circunstancias, y conociendo las reglas para saber a qué atenerse, el control ejercido por la sociedad podía ser más eficaz.

LA EMBRIAGUEZ CEREMONIAL

Los niños nacidos el día *ce técpatl* quedaban bajo la protección de Huitzilopochtli, dios legislador, de la guerra y centro de los sacrificios humanos. En ocasión de esta importante festividad, se hacía sacrificio a *Técpatl*—cuchillo de pedernal o cuchillo de obsidiana—por ser el objeto indispensable para la inmolación. A este elemento ritual de la cultura mexica se sumaba, formando una unidad, el *octli*, que era la bebida ceremonial de los guerreros valientes destinados a la muerte gloriosa. En el caso concreto de esta solemnidad, que sin embargo no era la única, el pulque era la bebida estimulante ofrecida a los distinguidos prisioneros antes del combate a muerte contra sus vencedores. Estos cautivos de guerra eran considerados "hijos del Sol" y debían ser tratados con todas las consideraciones.[28]

Al acercarse la fecha del sacrificio, su vida quedaba reglamentada por un ritual completo y complejo. El viejo guardián que cuidaba a los prisioneros, los arreglaba para la lucha final y entregaba a cada uno su escudo y su macana de madera orlada, no de clavijas de obsidiana, sino de plumas, y les daba de beber *teoctli*, "el pulque de dios".[29] Este brebaje, cuyo poder se reforzaba posiblemente con otros ingredientes, permitía a los hombres escogidos llenarse de la fuerza de los dioses y contribuía a alejar la tristeza o el temor que por razones naturales podían llegar a experimentar los prisioneros en vísperas del sacrificio. La fuerza divina podía llegar a escapar con la angustia o el miedo y era detenida con la euforia del *teoctli*.[30]

También es posible que la misma fuerza permitiera a los guerreros actuar como intercesores ante los hombres después de haber sido

[27] "En las bodas y fiestas y otros regocijos podían beber largo." Torquemada, 1975-1983, libro XIV, cap. 10.

[28] López Austin, 1973, p. 151.

[29] Gonçalves de Lima, 1956, pp. 112-113.

[30] López Austin, 1973, p. 153.

sacrificados. El centro de poder se encontraba alojado en el corazón del guerrero ofrecido a los dioses, pues el corazón era el núcleo de la vida consciente, mismo que el sacrificado llevaba al mundo de los muertos.[31] Por su participación activa en esta ceremonia, también se concedía a los *tlamacazque*, sacerdotes encargados de abrir los pechos de los guerreros en la piedra de los sacrificios, el privilegio de tomar el brebaje sagrado.

La fecha *ce técpatl* estaba dedicada también a los "hacedores" del pulque que, a diferencia de los guerreros recién mencionados, eran "la gente del pueblo", los campesinos. Mientras aquéllos bebían como parte de un ritual muy elaborado y solemne y estaba en juego la propia vida, la participación de este grupo de la población en la fiesta no implicaba la ofrenda de su persona a los dioses, sino sólo la del pulque. Esta solemnidad coincidía ritualmente con el momento más importante del ciclo agrícola pulquero, o sea con el "corte" de los magueyes. Los pulqueros:

> [...] aguardaban ardientemente [la fiesta], como el término donde ellos cortaban sus magueyes; por lo tanto, la esperaban para que sus magueyes fluyesen bastante, fuesen productivos. Y cuando ellos hacían sacrificio en el templo de Huitzilopochtli, entonces le ofrecían como ofrenda, su pulque, el *tlachique* nuevo que llamaban *huitztli*. [...] En una olla, en la cual metían un *piaztli* [caña de chupar], le echaban siempre más pulque. Y a los que allí entraban y salían, los que eran ya avanzados en los años, que se llamaban *quauhuehuetque* ("ancianos águilas" o "ancianos guerreros"), se les permitía esa ligera embriaguez.[32]

No cualquiera podía beber el pulque fermentado o blanco que parece haber estado reservado para las ocasiones ceremoniales en que se buscaban los efectos embriagantes de la bebida. Es posible que el pueblo consumiera de preferencia *huitztli* o aguamiel, que era el líquido recién sacado de la planta y que tenía un grado muy bajo de fermentación y una menor capacidad para embriagar. Así se explicaría la manera relativamente liberal con que las autoridades o los jueces del pulque permitían que se bebiera durante ciertas celebraciones, como lo muestra el siguiente ejemplo.

Mencionan los informantes que durante la fiesta en honor de la diosa de la sal llamada *Huixtocíhuatl*, todos los comerciantes en sal

[31] Ibid., p. 126.
[32] Schultze-Jena, cit. por Gonçalves de Lima, 1956, p. 193.

"beuian largamente pulcre aunque no se emborrachauan". Pero, sigue diciendo el texto:

> Passado este día y venida la noche, algunos que se emborrachauan reñian los vnos con los otros y apuñauanse [se pegaban con los puños], o dauan vozes baldonandose los vnos con los otros. Despues de cansados echauanse a dormir por esos suelos a donde se acertaban. Despues otro dia beuian el pulcre que les auia sobrado, llamauanle *cochuctli* y aquellos que estando borrachos la noche antes auian reñido o apuñado a otros, desque se lo dezian, estando ya en buen seso y despues de auer dormido conuidaban a beuer a los que auian maltratado de obra o de palabra [...] se les quitaua el enojo y perdonauan de buena gana sus injurias.[33]

Ofrecían a Huitzilopochtli el primer pulque conocido como *huitztli*, echábanlo en unos vasos llamados *acatecómatl* "sobre los quales estauan vnas cañas con que beuian los viejos que ya tenían licencia para beuer *octli*".[34] Este pulque nuevo o "aguamiel" que bebían los viejos tenía un bajo contenido alcohólico y sólo producía una ligera embriaguez.[35] Ellos, los que ya no eran jóvenes, podían beber a su antojo, sin condiciones ni restricciones, sin que la sociedad les pidiera nada a cambio, a diferencia de los guerreros, que en la misma festividad debían combatir en duelo mortal o de los sacerdotes, que tenían que abrir el pecho de los sacrificados.

Los antiguos mexicanos comprendían y aceptaban que, bebido sin control, el *octli* o pulque:

> [...] es rayz y principio de todo mal y de toda perdicion porque este *uctli* y esta borracheria es causa de toda discordia y dissencion y de todas rebueltas y desasosiegos de los pueblos y reynos: es como un turbellino que todo lo rebuelue y desbarata, es como una tempestad infernal que trae consigo todos lo males juntos.[36]

La embriaguez no permitida, el exceso injustificado que acarreaba consigo todos los males, se originó cuando varios personajes míticos inventaron la manera de hacer el *octli* y lo usaron sin autorización y sin mesura. Dice la leyenda que para celebrar el invento

33 *Códice Florentino*, libro segundo, cap. 26.

34 Ibid., libro cuarto, cap. 21.

35 "Es vino el suyo que para emborrachar han de beber mucha cantidad más de lo de Castilla poco les basta y a todos ellos, hombres y mujeres, les sabe bien." Torquemada, libro XIV, cap. 10.

36 *Códice Florentino,* libro sexto, cap. 14.

de la bebida, estos señores hicieron un gran convite. Asistió *Cuextécatl*, el legendario huaxteco original, pero no se conformó con tomar una, dos, tres o cuatro tazas de pulque, sino que bebió "la quinta taza", abusando y excediéndose en la cantidad. *Cuextécatl* perdió el autocontrol e ingerió sin autorización una sustancia que, por sus propiedades, era de uso restringuido. Por eso este jefe se identificó en la tradición nahua con la falta de moderación:

> [...] dieron de comer a todos, y de beuer del vino que auian hecho. Y a cada uno, estando en el banquete, dieron quatro tazas de vino, y a ninguno cinco, porque no se emborrachasen. Y vuo vn *Cuexteco* [*Cuextécatl*] que era caudillo y señor de los guaxtecas que beuio cinco tazas de vino, con los quales perdió su juyzio; y estando fuera del, hecho por ay sus *maxtlex* [bragas o taparrabos], descubriendo sus berguenzas, de lo qual, los dichos inuentores del vino, corriendo y afrentandose mucho, juntaronse todos para castigarle.[37]

En esta historia que podemos llamar "historia de origen" o historia ejemplar, porque la narración involucra a todo el pueblo desde sus orígenes, el narrador hace alusión al exhibicionismo y a la pérdida de pudor que, en este caso, acompañó a la embriaguez. Lo importante en esta historia —que tendría cierto paralelismo con el relato bíblico de Noé, como se verá en el siguiente capítulo—, son las decisiones tomadas por la comunidad en contra del transgresor, así como la actitud con que éste respondió. Sus compañeros de banquete habían decidido castigarlo, pero no fue necesario hacerlo porque *Cuextécatl* se castigó a sí mismo; abandonó a sus anfitriones, o sea al pueblo que le había dado hospitalidad y "disfamado" (perdida la fama), "de pura vergüenza" huyó llevándose a "sus vasallos y los demás que entendían su lenguaje". Se instalaron en la región del Pánuco y, nos dice Sahagún, él y sus descendientes nunca dejaron de ser notados por borrachos. "Imitando a su caudillo o señor que había descubierto sus vergüenzas por su emborrachez, andaban también sin *maxtlatl* [los hombres] hasta que vinieron los españoles". Siempre "[...] se les ha tenido por hombres tocados del vino, de poco juicio".[38] A partir de entonces, la quinta taza de pulque (*macuil octli*) se identificó en forma simbólica con la transgresión y el abuso, con el exceso no permitido por la sociedad.[39]

[37] Ibid., libro décimo, cap. 29. Párrafo decimocuarto. "De los mexicanos."
[38] Ibid.
[39] Torquemada menciona el pulque "como remedio" para los viejos y dice que bebían "dos o tres tazuelas pequeñas, o cuando mucho hasta cuatro y con ello no se embeodaban". Torquemada, libro XIV, cap. 10.

En cambio, durante la fiesta de Izcalli, que quiere decir "crecimiento", la embriaguez era permitida y comunitaria. La celebración estaba dedicada al dios del fuego *Ixcozauhqui* y se llevaba a cabo cada cuatro años para horadar las orejas de los niños y niñas nacidos en ese lapso. Todos bebían pulque:

> [...] hombres y mujeres, niños y niñas, viejos y mozos. Parece que los asistentes se emborrachaban públicamente y todos llevaban su pulque consigo.[40]

Los datos proporcionados por los informantes indican que en esta fiesta se bebía de manera "abierta", a la vista de todos y que la acción de beber en forma excesiva no era penalizada. En esta ocasión, emborracharse no resultaba en un sentimiento de vergüenza o culpa para el bebedor. "Los unos daban de beber a los otros, y los otros a los otros." Para que no quede duda de la cantidad de pulque que se consumía, los informantes dicen que "andaba el pulque como agua en abundancia".[41] Esta forma comunitaria de ofrecer, compartir y repartir la bebida embriagante durante la fiesta no correspondía a las costumbres que poco tiempo después trajeron los españoles a la Nueva España. Entre ellos era costumbre que el anfitrión se encargara de todos los gastos y los invitados se dejaban agasajar aportando sólo su presencia, hambre y sed.

Entre los antiguos mexicanos, cada asistente administraba su bebida según sus intereses o gustos, su sed y su generosidad. Todos bebían y daban de beber. Primero "andauan muy contentos, muy alegres y muy colorados con el pulcre que beuian en abundancia" y después de borrachos "riñian los vnos con los otros y apuñauanse y cayanse por ese suelo de borrachos vnos sobre otros y otros iuan abrazados los vnos con los otros hazia sus casa". En esta etapa de la fiesta, no cabe duda de que ya tenían turbada la razón, que estaban fuera de su juicio pero, concluye el relato recogido por Sahagún: "Y esto tenianlo por bueno, porque la fiesta lo demandaua asi".[42]

Hemos visto que no todos los que se embriagaban eran castigados; las circunstancias en que se bebía, el lugar que por su edad, profesión y posición social ocupaba la persona en la sociedad mexica y el grado de fermentación de la bebida embriagante determinaban el grado de tolerancia que se tenía con los bebedores.

[40] *Códice Florentino*, libro segundo, cap 38.
[41] Ibid.
[42] Ibid.

La sociedad parece haber sido más tolerante con los campesinos al ejecutar trabajos pesados, con los enfermos por su dolores físicos y con las personas de edad avanzada por su debilidad.[43] Estos últimos, que en números relativos han de haber sido un grupo pequeño respecto a la población total, disfrutaban en muchos aspectos de una situación de privilegio dentro de la comunidad.

La embriaguez, que Ángel María Garibay califica de "exorbitancia de las facultades",[44] daba a los viejos un momentáneo sentido de plenitud y realización que coincidía con el declinar de la vida natural. El *Códice Mendoza* menciona la edad de setenta años para comenzar a beber sin restricciones; otras fuentes indican cincuenta años "o poco menos, diciendo que en aquella edad la sangre se iba enfriando y que el vino le era remedio para calentar y dormir".[45] En la fiesta de *Tlaxuchimaco*, imagen de Huitzilopochtli relacionada con las flores, "los viejos y viejas beuian vino y enborrachauanse y reñian vnos con otros a vozes y otros se jactauan de sus valentias que auian hecho quando mozos".[46]

El pulque producía en ellos el efecto de un viaje en el tiempo, los llevaba al pasado. Estando borrachos y fuera de su juicio, volvían a vivir, hacían realidad por un breve tiempo, justamente aquello que el contacto con la realidad presente les negaba: sus vivencias de juventud.[47]

La cantidad que bebían los que tenían autorización para hacerlo, dependía no sólo del número de vasos —ya vimos que cinco copas era considerado simbólicamente excesivo—, sino del tamaño o de la capacidad del recipiente. En varias ocasiones, los documentos hacen referencia al tamaño de las jicarillas usadas para beber pulque y esto nos lleva a pensar que los indios bebían menos de lo que pudiera parecer en principio. Las mujeres recién paridas usaban "unos vasos muy pequeños que denotaban la poquedad" y los viejos y viejas bebían "dos o tres tazas pequeñas, que eran jicarillas", y en la fiesta de *Izcalli*, que era la borrachera de niños y niñas, sus padrinos les daban "a beber del pulque que llevaban con unas tacitas pequeñitas".[48] En estos casos, el tamaño mismo del reci-

[43] Torquemada, libro XIV, cap. 10.
[44] Garibay, 1954, I, p. 265.
[45] Torquemada, libro XIV, cap. 10.
[46] *Códice Florentino*, libro segundo, cap. 28.
[47] Corcuera, 1981, p. 86.
[48] *Códice Florentino*, libro segundo, cap. 38.

piente llamaba a la moderación e, indirecta pero eficazmente, controlaba la cantidad de bebida embriagante ingerida.

Relatan los informantes otra ingeniosa manera de regular con sutileza el pulque que bebían los "ministros de los dioses". Estos sacerdotes menores actuaban como cantantes en los templos y celebraban una ceremonia relacionada con el vino de la tierra en la que sólo uno de ellos, el que tomaba la única caña hueca entre más de doscientas que no tenían orificio interior y por las que no se podía chupar el líquido, tenía oportunidad de beber. Había un solo favorecido y todos los restantes tenían que disciplinarse y resignarse a no tomar el pulque que se les ponía enfrente. El *Umetochtzin* o maestro de ceremonias:

> [...] tenia cuidado de los vasos en que beuian los cantores de traerlos y darlos y recogerlos y de henchirlos de aquel vino que llamauan *teuvcli* o *macuiluctli*. Y ponia dozcientas y tres cañas, de las quales solo vna agujeraba; y quando las tomauan, el que acertaua con aquella, beuia el solo y no mas. Esto se hazia despues del officio de auer cantado.[49]

La borrachera, producto de la fatalidad ciega

Quisiera mencionar la presencia de una fuerza ciega e impersonal que se apoderaba de los hombres en determinadas circunstancias —como podía ser la fecha del nacimiento— e influía a lo largo de toda su vida. Al ocuparse de la religión en el mundo náhuatl, Alfredo López Austin se refiere a una fuerza que los hombres recibieron dentro de su cuerpo, "[...] *algo* divino que llegó a trastornarlos mentalmente [...]" y que al penetrar en el momento del nacimiento, "los hace participar de la naturaleza de los dioses".[50]

Esta fuerza se relacionaba con la manera en que los indígenas se enfrentaron a ciertos problemas de embriaguez, reconociendo de antemano que había pocas esperanzas de remediar el mal en quienes, habiendo nacido en determinada fecha, tenían además el hábito del

[49] Ibid., libro segundo, apéndice. "De las diferencias de ministros que servían a los dioses."

[50] López Austin, 1973, p. 121; Véase también el concepto de *tonalli*, "entidad anímica que puede externarse espontánea o accidentalmente con una persona y que la relaciona con el resto del cosmos" y que también se asociaba a las fuerzas relacionadas con la fecha del nacimiento. López Austin, 1984, II, p. 299.

pulque. Su desconfianza tenía relación con el fatalismo que acompañaba las circunstancias del nacimiento. En efecto, algunos signos y días del ya mencionado calendario ritual, tenían una especial asociación con el *octli* o pulque: el octavo signo tenía el carácter *tochtli*, que quiere decir, "conejo". Cuando llegaba la fecha "dos conejo", se incrementaba la energía de los "cuatrocientos conejos", o sea de los innumerables dioses del vino.

Uno de los textos recogidos por fray Bernardino de Sahagún, menciona en este sentido que cualquier hombre o mujer nacido bajo el signo dos conejo (*ome tochtli*), sería inclinado a beber vino y "no se podía remediar".[51] En esta fecha, la fuerza del dios del vino era especialmente peligrosa y penetraba en las criaturas que, por una fatalidad del destino, nacían ese día.

En su ya citado estudio, Alfredo López Austin se ha referido a la creencia de los antiguos mexicanos en los llamados "hombres-dioses".[52] Señala la conexión que puede establecerse "entre dos personas distintas, una humana y otra divina, de la que la primera es portavoz y representante", y la relaciona con personajes que pueden llegar a ser *nahuales* de algunos dioses. En sentido general, el *nahual* (*nahualli*) "es la persona que tiene el poder de transformarse, o la persona o animal en los que se transforma".[53] Aclara el mismo investigador que no se trata de una encarnación o del avatar de un dios, sino de la cobertura o de la semejanza del mismo. En relación al *Códice Florentino*, Dibble y Anderson emplean el término "estar poseídos", es decir, "tener dentro del cuerpo un ser que trastorna".[54] El poder de los dioses del vino penetraba en las criaturas nacidas en la fecha "dos conejo", los poseía, los trastornaba, y la embriaguez de quienes bebían ese día era manifestación de su energía enloquecedora. Así se entiende que los viejos sabios afirmen que la fecha del nacimiento influía de modo sustancial en el destino del hombre.[55] Quedaría por saber si ese "algo" divino que los hombres recibían dentro de su cuerpo y que los trastornaba mentalmente, permanecía en ellos por tiempo indefinido o sólo lo hacía de forma momentánea.

[51] *Códice Florentino*, libro cuarto, cap. 4.
[52] López Austin, 1973, cap. 8, "La naturaleza del hombre dios", pp. 116-122.
[53] López Austin lo traduce como: "lo que es mi vestidura", "lo que tengo en mi superficie, en mi piel o a mi alrededor". 1973, p. 118.
[54] Cit. por López Austin, 1973, p. 120.
[55] *Códice Florentino*, libro cuarto, cap. 4.

Cuando entraba el signo ''dos conejo'', los labradores que cogían el aguamiel de los magueyes, dedicaban ''muy solemne'' fiesta en honor de *Izquitécatl* y de todos los dioses del vino, ''que no eran pocos''. El oficio de esta divinidad era la fabricación del pulque y era considerado el inventor del proceso.[56] Los informantes describen con detalle esta celebración en honor de los ''cuatrocientos conejos'' o innumerables dioses del vino:

> [...] y ponianle vna estatua en el cu y dauanle ofrendas, y baylaban y tañianle flautas, y delante de la estatua una tinaja hecha de piedra, que se llamaua *umetochtecomatl*, llena de vino, con vnas cañas conque beuian el vino los que venian a la fiesta.[57]

En esta ocasión deben haberse levantado los tabúes o prohibiciones vigentes en la vida diaria, porque bebían no sólo los viejos y viejas, sino todos los que deseaban hacerlo, incluyendo a los ''hombres valientes y soldados y hombres de guerra''. A juzgar por el texto, el grupo de adultos activos y productivos de quienes dependía en buena medida la existencia misma de la comunidad, bebía en esta fiesta a placer, sin límites y con la tolerancia general. Narran los informantes que:

> [...] ansi andauan holgandose, beuiendo vino. Y el vino que beuian nunca se acabaua, porque los taberneros cada rato hechauan vino en la tinaja.[58]

Este convite ha de haber tenido especial significación y arraigo entre los indígenas, puesto que a principios del siglo XVII todavía existía memoria de él, como lo prueba una descripción hecha por Jacinto de la Serna. En su *Tratado sobre las idolatrías, supersticiones y hechicerías de los mexicanos*, el religioso explica que la fiesta de *Izquitécatl* era una de las celebraciones más solemnes que tenían los indios en su gentilidad. Dice que *Izquitécatl* ''fue el que perficionó el vino en el orden que ellos tenian; y assi le davan el segundo lugar entre los Dioses que ellos tenian de sus borracheras''.[59] Continúa fray Jacinto explicando que ponían en el patio del templo de este dios varias tinajas con pulque y que todos los asistentes tenían en esa fecha autorización para beber. El pulque

[56] López Austin, 1973, p. 73.
[57] *Códice Florentino*, libro cuarto, cap. 5.
[58] Ibid., libro cuarto, cap. 5.
[59] ''De las seis fiestas movibles que tenían los indios.'' En Serna, 1953, pp. 174-175.

se guardaba cubierto para evitar que se ensuciara y se ingería mediante algo parecido a unos popotes o cañas huecas, que hacían más expedita la acción. Las tinajas estaban

> [...] llenas de vino, que nosotros [los españoles], y ellos llaman oy Pulque blanco; y otras de aguamiel para yentes, y vinientes que por vnos cañutillos corrian sobre vnos lebrillos cubiertos, sin que cosa se perdiesse; de todo esto se offrendava á el idolo *Izquitecatl* primero que nadie tocasse á ello; y cumplido esto andava la borrachera lista por la licencia, que este dia se dava generalmente á todos por los Iuezes, Era también fiesta de Taberneros, los quales hazian el gasto este dia, y sacrificavan un hombre y vna mujer borrachos.[60]

El aparente fatalismo que acompañaba a los niños nacidos bajo el signo *"ome tochtli"* deja en el aire numerosos interrogantes, incluyendo dos preguntas a las que las fuentes no permiten dar respuesta inmediata. Los niños o niñas nacidos bajo "dos conejo", ¿tenían inclinación a beber vino porque ese signo, hubiera o no habido fiesta, celebración y borrachera, condenaba fatalmente a la embriaguez a quienes nacían ese día?, ¿o se volvían bebedores simplemente porque habían nacido en un día de ambiente permisivo, en una fecha de excepción y en medio de una posible borrachera generalizada, y esta actitud de tolerancia tentadora se repetía cada vez que celebraban su "signo" de nacimiento durante toda su vida, dándoles así una buena razón para excederse?

La tradición judeo-cristiana, avalada por la Iglesia, no aceptaba como válida la primera interpretación porque, como resultado de esa particular representación religiosa del mundo, el hombre debía ser responsable de sus acciones. La fatalidad ciega no tenía cabida en el entorno unitario y totalizador de la Iglesia, pero ésta hubiera quedado satisfecha con la segunda postura. Por eso, cuando los misioneros intentaron aculturar a los indios, pusieron especial empeño en quitarles fiestas y ocasiones que propiciaran un ambiente permisivo para la bebida. Pensaron con cierta ingenuidad que al quitar la oportunidad externa e inmediata, quitarían el mal.

La noción de libre albedrío que pregonaba la Iglesia dejaba en manos del hombre —a través de la voluntad—, las circunstancias de su destino; Dios había regalado al hombre su libertad y, por lo tanto, ninguna fuerza ni circunstancia podía limitarlo. De aquí se seguía que

[60] Ibid.

la persona que se privaba de su razón al beber, o que bebía en forma excesiva y desordenada, lo hacía por una decisión personal y libre y por eso era culpable.

Por lo tanto, la fatalidad que parecía imponerse en la vida de los niños "dos conejo" en el México prehispánico —y que debía ser una fuerza más poderosa que la voluntad— no tenía cabida para los religiosos. Mucho menos podían aceptar ese "algo" que se enseñoreaba de la persona, que lo poseía y lo hechizaba. Tal vez esta negación sea mejor comprendida como una afirmación: los frailes sí creían que "algo" peculiar se apoderaba de los bebedores indígenas, pero se trataba de una influencia endemoniada o endiablada que, al penetrar y llenar a los borrachos, dejaba fuera la gracia de Dios adquirida con el bautismo. Los pobres frailes no andaban lejos de la verdad cuando se lamentaban de que, al beber pulque en sus fiestas, el indígena volvía a sus "orígenes" culturales, incluyendo a sus antiguos dioses. Con desesperación, comprobaban que la embriaguez comunitaria y festiva daba, en efecto, marcha atrás a su labor evangelizadora.

En ese diálogo de sordos, lo grave es que el concepto de libre albedrío que venía de Europa y que era el eje del discurso cristiano sobre la bebida, no tenía el mismo significado para los indígenas. Hemos visto cómo, para éstos, el "exceso" en la cantidad (que provocaba la disminución de la razón) no siempre resultaba ser el factor determinante de censura, aunque sí lo era el "desorden". ¿Hasta dónde, pasada la conquista, estuvieron los indios en disposición de entender las implicaciones del libre albedrío, sobre todo en la modalidad presentada por Santo Tomás que fue la prevaleciente después del Concilio de Trento? A su vez, ¿podían los frailes, no digamos aceptar, pero al menos intentar comprender el significado cultural del peculiar fatalismo indígena y las barreras que ese mismo fatalismo representaba para la evangelización? Más adelante veremos las posibles respuestas que, basadas en esta compleja realidad cultural y religiosa, aportaron las doctrinas de Zumárraga al problema de la bebida excesiva.

De las infinitas maneras de borrachos

Los viejos que narraron para la posteridad el relato de un modo de vida que se extinguió violentamente con la conquista, llamaban al pulque *centzontotochti*, que quiere decir "cuatrocientos conejos", porque existían muchas y diversas maneras de borrachería, queriendo decir con esto que el pulque, siendo el mismo, provocaba, según las condiciones de vida y el temperamento de los borrachos, muy diferentes reacciones.

Sahagún transcribió una enorme variedad de términos que describen tanto al briago como las circunstancias y características de la embriaguez. El interés por recoger y conservar esta riqueza de conceptos, expresada en lengua mexicana y castellana en el *Códice Florentino*, puede estar relacionada con otro proyecto que fray Bernardino esperaba llevar a cabo: "un diccionario de ambiciosas dimensiones en la lengua que habían adoptado los españoles como la más adecuada para la evangelización, la lengua náhuatl".[61] López Austin afirma que ambos proyectos formaban el núcleo de una magna obra que abarcaría todos los temas fundamentales del pensamiento indígena, "desde lo divino hasta lo inanimado, y un diccionario tan completo que pretendía tomar como modelo el de Ambrosio Calepino".[62]

La riqueza de lenguaje con que los informantes de Sahagún describen las infinitas maneras de borrachos, puede dejar pensativo a cualquier lector cuatro siglos después de haber sido escrito. Los viejos distinguen diversas maneras de bebedores desordenados:

El grupo de bebedores que se mantienen encerrados en sí mismos y cuya embriaguez no causa un impacto en los demás. Parecen encontrarse bien sin proyectarse hacia afuera y se abstraen del mundo externo. Suelen ser inofensivos, "en emborrachándose, luego cáense dormidos o pónense cabizbajos, asentados y recogidos. Ninguna travesura hacen ni dicen". O se afligen y "comienzan a llorar tristemente y a sollozar, y córrenles las lágrimas por los ojos como arroyos de agua". Otros, dice el narrador, "solamente reciben consolación en cantar".[63]

Los que dirigen su agresividad hacia afuera y que con sus acciones molestan u ofenden a los miembros de la sociedad con quienes conviven. Estos borrachos son activos y extrovertidos: dicen "desvergüenzas contra otros", pronuncian palabras afrentosas y reprenden e injurian a quienes hallan en su camino. El borracho, explica el texto de Sahagún, a todos menosprecia y "arroja piedras o palo, y

[61] López Austin, 1984, p. 43.
[62] Ibid., p. 44.
[63] *Códice Florentino*, libro cuarto, cap. 5.

todo lo que se le viene a las manos''. Cuando sale a las calles ''impide y estorba a los que pasan'' y salta por las paredes para hurtar cosas ajenas. También tiene la osadía ''de echarse con mujeres casadas'' o de ''hacer fuerza a algunas mujeres, o retozar con ellas''.[64]

Un tercer grupo sobrevalora sus propias acciones o logros tomando actitudes de prepotencia con el intento de aparentar, por un corto tiempo, el éxito o poder que la vida real le ha escatimado: estos hombres mueven la cabeza ''diciendo ser ricos y reprendiendo a otros de pobreza, y estímanse mucho, como soberbios y rebeldes en sus palabras y hablando recia y ásperamente, sin saber lo que dicen, moviendo las piernas y dando de coces''. También está el bravucón, esforzado sólo en apariencia, que da aullidos y voces, ''diciendo que es hombre valiente'' y ''no teme cosa alguna'', a ejemplo de lo que más tarde comenzó a conocerse como el ''macho'' buscapleitos.[65]

Otros ''sospechan mal'', sin que sus malos pensamientos estén respaldados por hechos que les den la razón. Éstos son los borrachos que podríamos llamar celosos, sobre todo de sus mujeres. Les levantan falsos testimonios, ''diciendo que son malas mujeres. Y luego comienzan a enojarse con cualquiera que habla a su mujer''. Imaginan que son víctimas del medio que los rodea y por eso, ''si alguno habla, piensa que murmura dél. Y si alguno ríe, piensa que ríe dél. Y ansí riñe con todos sin razón y sin porqué. Esto hace por estar trastornado del vino''.[66]

Un quinto grupo de borrachos son desubicados sociales que buscan y se acercan a quienes están en su misma situación. Cuando uno de ellos está en compañía de otros borrachos, ''huélgase mucho y reposa su corazón''. Cuando ''le convidan a beber el vino en alguna casa luego se levanta y de buena gana va corriendo''. Una vez allí, está tan a su gusto que no se acuerda de salir de aquella casa. El texto parece indicar que no quiere irse de ese lugar, donde ya no quieren tenerlo ni recibirlo, porque ''ya ha perdido la vergüenza y es desvergonzado''.[67]

Con agudo sentido de observación, el narrador describe otra forma de beber; la que hoy podría identificarse con una adicción, considerando el pulque como una droga que crea dependencia y sin

[64] Ibid.
[65] Ibid.
[66] Ibid.
[67] Ibid.

la cual el adicto no puede estar. Desde que amanece, "cuando se levanta el borracho, tiene la cara hinchada y disforme, y no parece persona", le tiemblan las manos y cuando habla no sabe lo que dice. Se olvida de la comida: en cuanto despierta por la mañana y estando todavía en ayunas, comienza a beber y se va enseguida a la casa de los taberneros. "No puede sosegar sin beber vino", no busca otra cosa, "no puede dexar de beber vino, ni lo puede olvidar, ni un solo día puede estar sin emborracharse". Y si no lo halla y no lo bebe, "siente gran pesadumbre y tristeza, y anda de acá y de allá buscando el vino".[68] El borracho no respeta ni cuida su cuerpo, podría decirse que ha dejado de amarse a sí mismo, pues anda,

> [...] todo espeluzado y descabellado y muy sucio. Y no se lava la cara aunque se caiga lastimándose e hiriéndose en la cara o en las narices o en las piernas o rodillas, o se le quiebran las manos o pies.[69]

Puede caer al suelo y por ello andar lleno de golpes y heridas, pero no le importa, no reacciona, "no lo tiene en nada". Bajo los efectos de la bebida, entra en un estado de euforia "y anda bailando y cantando a voces" y alborotando a todos. Poco después, pasa de la hiperactividad a un estado de sopor depresivo que no es sinónimo de verdadero reposo: no se echa a dormir con tranquilidad "quietamente", sino que se duerme "hasta que se ha cansado".[70] El sueño pierde aquí su efecto reparador porque la adicción modifica negativamente la actividad natural del organismo.

Por último está el borracho que en el ambiente familiar, "hace ser pobres a sus hijos; y los espanta y ahuyenta". Su casa está oscura, pobre, muy sucia, "llena de estiércol y polvo o salitre, y no hay quién la barra y haga lumbre".[71] Hacer lumbre en el hogar era responsabilidad femenina y se asociaba al acto de iluminar y, por extensión, de dar calor al hogar y alimento suficiente a la familia. Nada podía ser más triste que una casa sucia, mal atendida y sin el alimento preparado y calentado cada día. Con las palabras anteriores, los informantes parecen indicar que la mujer del borracho se veía obligada a dejar el hogar, abandonando a la vez sus quehaceres domésticos y dejando al bebedor en la soledad total.

[68] Ibid.
[69] Ibid.
[70] Ibid.
[71] Ibid.

Casos extremos de castigo

Cuando los señores gobernantes recién nombrados se dirigían por primera vez a su pueblo advertían, a manera de discurso preventivo, que por causa del pulque "los senadores y señores passados ahorcaron a muchos, y a otros quebraron las cabezas con piedras, y a otros muchos azotaron".[72] Se trataba de infundir en la sociedad un saludable temor a la embriaguez, de alertar por anticipado a los posibles transgresores y de recordar a la población que no estaba permitido beber pulque sin la anuencia de la autoridad.

La técnica jurídica contemplaba la represión de la embriaguez mediante la aplicación de diversas penas, y los jueces del pulque tenían autoridad para castigar al borracho en forma inmediata y eficaz. Los castigos eran múltiples. Podrían distinguirse en función de los efectos que producían en el transgresor de la norma. Algunos castigos implicaban penas físicas y otros conducían al rechazo social del borracho y traían consigo una muerte más sutil, pero no por eso menos eficaz, que podría llamarse "muerte civil". Veamos primero aquéllos:

Torquemada observa que, en su gentilidad, los indígenas tenían leyes muy estrictas para castigar a los borrachos "y aun a los que comenzaban a sentir el calor del vino, cantando o dando voces". Los trasquilaban afrentosamente en la plaza y luego les derribaban la casa; "dando a entender que quien tal cosa hacía, no era digno de tener casa en el pueblo, ni contarse entre los vecinos, sino que, pues si se hacía bestia, perdiendo la razón y juicio, viviese en el campo como bestia".[73] También se les quemaba el cabello con ocotes en la plaza pública y se quemaba su casa. Si el borracho era mancebo, "llevábanlo a una casa llamada *telpuchcalli* y allí lo mataban a garrotazos".[74] En Texcoco, donde las leyes eran particularmente severas, a la primera falta, el plebeyo era vendido como esclavo, y a la segunda, ahorcado".[75] En su gentilidad, comenta fray Agustín de Vetancurt, la mujer indígena que se embriagaba era apedreada como

[72] Ibid., libro sexto, cap. 14.

[73] Torquemada, libro XIV, cap. 10.

[74] Ibid., libro XII, cap. 7. El *telpuchcalli* era la casa o el colegio de los jóvenes; al ser testigos del castigo, todos se curaban en salud.

[75] Ibid., libro II, cap. 52. Después del célebre motín del maíz de 1692, seguían mencionándose —aunque no ejecutándose— estos castigos. Véase a Torquemada, cit. en *Informe que la Real Universidad*... (1692), fol. 5.

adúltera.[76] Otros castigos, igualmente penosos y humillantes aunque menos radicales, consistían en trasquilar al borracho o darle de palos.

La pena de muerte se ejecutaba de manera expedita, para los que bebían sin tener licencia, en lugar público —en el tianguis (o tiánguez: mercado)— y delante del pueblo para que "todos tomaran temor y escarmiento". Cuando los culpables eran ahorcados "con un bastón tras el cogote", se producían dos tipos de reacciones entre los que presenciaban el castigo: los que eran tochos [tontos o necios] o locos, se reían y burlaban de la víctima; y los prudentes, en cambio, se separaban del grupo e iban a sus casas "levantando mucho polvo con sus pies y sacudiendo sus mantas", hasta que el lugar de la ejecución quedaba desierto.[77] De este relato se deduce que no había clemencia ni perdón para el infractor y que el conjunto de esa sociedad, sabiendo a qué atenerse, no tomaba el castigo a la ligera.

La actitud de censura se hacía más dura y los castigos más severos cuando la falta implicaba a personas que tenían cargos de autoridad ante la comunidad[78] y que debían, con su modo de vida, dar ejemplo al pueblo. Por eso, entre los nobles, sólo estaba permitida la embriaguez ritual que, como hemos visto, se asociada a ceremonias religiosas y a circunstancias en que el valor ordinario de la persona necesitaba complementarse con el vino divino, que daba fortaleza y alegría al hombre que se inmolaba a los dioses. La embriaguez periódica, como parte del rito, estaba limitada a la nobleza.[79]

Conocemos el dramático caso de *Tlachinoltzin*, un señor principal de Cuautitlán, que era generoso, ilustre, rico y valiente, que "tenía vasallos y tenía servicio". Pero bebía pulque y su vida empezó a cambiar: vendió sus tierras y gastó el precio de ellas en emborracharse. Cuando terminó con su herencia, vendió las piedras y maderos de su casa. Cuando no le quedó nada, su mujer trabajaba en hilar y tejer para comprarle *octli*. Al poco tiempo estaba sucio y desnudo tirado en el camino, siendo objeto de risa y de mofa. La relación de este problema llegó a oídos de Moctezuma quien, al saber del caso, ordenó que "no disimularan con él". Dice el informante que "terminó ahorcado no mas porque se emborrachaua muchas vezes".[80]

[76] Vetancurt (1698), "Manifiesto...".
[77] *Códice Florentino*, libro segundo, cap. 27.
[78] Torquemada, libro II, cap. 52.
[79] Taylor, 1987, p. 55.
[80] *Códice Florentino*, libro sexto, cap. 14.

Parece que este ejemplo se repitió en múltiples ocasiones, no sólo entre los nobles sino también con los "populares" o plebeyos.

El principio de autoridad era absoluto y los señores eran temidos y respetados porque podían castigar en forma ejemplar a los infractores.

> Tu, qualquiera que tu eres, si te emborrachares no podras escaparte de mis manos. Yo te prendere; yo te encarcelare; porque el pueblo, el señorio y el reyno tienen muchos ministros para prender y para encarcelar y para matar a los delincuentes. Y te pondran por exemplo y espanto de toda la gente; porque seras castigado y atormentado conforme a tu delicto [...] No te podre yo valer de la muerte o del castigo, porque tu mismo por tu culpa cayste y te arrojaste en las manos de los verdugos y de los matadores y prouocaste la justicia contra ti.[81]

Como puede apreciarse en el texto anterior, la embriaguez colocaba a la persona del lado "equivocado" de la sociedad y la propia conducta antisocial del borracho desataba hacia él el rechazo de la comunidad. Es interesante observar la reacción de la sociedad hacia el borracho y, más importante aún, las medidas represivas que el cuerpo social adoptaba para mantener el equilibrio y protegerse de su mala influencia. Esto nos lleva a señalar el segundo grupo de sanciones: las que no implicaban penas físicas pero que resultaban eficaces para aislar al infractor. A diferencia de otras sociedades más tolerantes en este sentido, los mexicas "tenían en menos", "hacían menos", al borracho, lo rechazaban y lo apartaban de su seno.

> Por esta causa [por borracho] todos le menosprecian, por ser hombre infamado publicamente. Y todos le tienen hastio y aborrecimiento. Nadie quiere su conversacion porque confundese todos los amigos y ahuyenta a los que estauan juntos. Y dexanles solo porque es enemigo de los amigos.[82]

El texto es enfático cuando dice que el borracho era "hombre infamado públicamente". Infamar o disfamar eran términos fuertes pues, consistía literalmente en poner una mácula, una nota torpe y ruin en la reputación del otro. Infamado, dice el *Diccionario de Autoridades (1611)*, es "el que tiene mal nombre en el pueblo". Por eso, al "dis-famar" al borracho y aislarlo, la sociedad se libraba de contraer el mal.

[81] Ibid.
[82] Ibid., libro cuarto, cap. 4.

Aunque no se llegara al extremo de matar al infractor, no había castigo más efectivo que el juicio negativo de su prójimo y la subsecuente privación de cualquier cargo u oficio honroso. Si el que se embriagaba "era principal y tenía oficio en la república, o en la guerra —explica Torquemada— quitándole el oficio le dejaban afrentado y sin él".[83] El precio a pagar por la pérdida momentánea del control individual y por las repercusiones sociales del acto, era el aislamiento. El castigo era eficaz porque lo aplicaba la sociedad en su conjunto, por consenso, y lo hacía aquí y ahora, en forma inmediata y sin que el infractor pudiera apelar en contra de la resolución tomada por la autoridad.

Este tipo de acciones constituía una especie de rito de purificación por el que, simbólicamente, la parte "sana" de la sociedad se alejaba del peligro de contagio. Si el bebedor era condenado a muerte, toda su familia, inclusive sus antepasados, quedaban deshonrados porque los que rodeaban al borracho venían a ser, en alguna forma, solidarios con la falta. Así, tanto la embriaguez como el castigo, rebasaban el ámbito individual y adquirían una dimensión colectiva.

Veremos enseguida cómo la cultura europea cristiana también disponía de un discurso mormativo sobre el uso religioso y profano del vino, acorde con su representación religiosa del mundo pero, a diferencia de los indígenas, no poseía los medios prácticos y eficaces para reprimir inmediata y directamente a los bebedores inmoderados.

[83] Torquemada, libro XII, cap. 7.

2. LA VID EN LA CULTURA JUDEO-CRISTIANA

VIMOS CÓMO, entre los antiguos mexicanos, la embriaguez era una ofensa social. La infracción desataba la sanción y en la relación causa-efecto, beodez y rechazo social, radicaba la eficacia del castigo, mismo que se aplicaba aquí y ahora.

Veremos ahora cómo se originó, lejos en el tiempo y en el espacio, el discurso cristiano sobre el uso de la bebida embriagante que los españoles trajeron a las nuevas tierras americanas y que intentaron transmitir a los naturales. El origen, la evolución y la integración del discurso cristiano sobre la bebida embriagante es parte de un juego dialéctico en que individuo y comunidad se combinan y se complementan para hacer la historia.

La bebida embriagante era el vino. Pan y vino eran sinónimos de trigo y vid y no es casualidad que Jesús haya dejado testimonio de su presencia entre los hombres justamente bajo las especies del pan y del vino. Tanto el alimento material que mantenía la vida terrena, como el sustento del alma que transmitía al cristiano la presencia y la gracia de Dios, eran sinónimos de pan y vino.[1] La cultura judeo-cristiana fue integrando el vino a su visión del mundo a partir de tradiciones y recuerdos colectivos del pueblo judío.

Mucho antes de la venida de Jesús, los escritos bíblicos destacaron la importancia del vino. El mundo bíblico es extenso y sus fronteras son vagas. En su sentido más amplio, se extendía desde la antigua Mesopotamia hasta Egipto y, a partir de la muerte de Jesús, se amplió hacia Grecia y Roma. Sin embargo, el periodo propiamente bíblico sólo abarca una pequeña parte de la larga historia de esta región. El término mundo bíblico es útil porque destaca varios conceptos pertinentes: en esa tierra vivieron los judíos y los primitivos cristianos, y allí ambos dieron forma a su experiencia religiosa colectiva. En la misma zona tuvieron lugar los principales acontecimientos históricos que sirvieron de núcleo a la tradición bíblica: desde las primeras

[1] El tercer elemento es el aceite de olivo, base de la alimentación mediterránea y que la Iglesia usaba previamente bendecido para ungir o consagrar a los cristianos en distintas ceremonias.

promesas que Yahvé hizo a los patriarcas, hasta la venida de Jesús y los viajes de San Pablo. La Biblia es la memoria de esa experiencia histórica y religiosa. En los relatos bíblicos está con frecuencia presente la vid y su jugo fermentado, el vino. Tomado con moderación, era fuente de alegría, salud y bienestar; su exceso, en cambio, originaba incontables males. En esto había coincidencia de criterio con los antiguos mexicanos, pero en el caso de los hebreos, su uso moderado estaba permitido a la población en la vida diaria.

El origen de la embriaguez se relaciona con los albores de la historia humana. La memoria colectiva del pueblo judío asoció muy tempranamente la agricultura con el cultivo de la vid y el *Génesis* relata cómo, pasado el diluvio, "Noé se dedicó a la labranza y plantó una viña".[2] Una serie de poemas centrados en la figura de Gilgamesh, rey de Uruk que vivió hacia el año 2750 a.C., se fue conjuntando en el *Poema de Gilgamesh*. Incluye el relato de un diluvio de tal violencia que hasta los dioses se asustaron, y sollozaban y "[...] se agazaparon como perros".[3] Una vez que bajaron las aguas y pudieron descender de la nave hombres y animales, los dioses del pueblo sumerio prometieron que derramarían la abundancia y la tierra se colmaría de ricas cosechas.[4] El relato bíblico protagonizado por Noé también destaca una alianza de Dios con su pueblo y la promesa de que todo lo que "tiene vida os servirá de alimento".[5] Los datos aportados por diversas investigaciones realizadas por arqueólogos e historiadores, coinciden con los dos relatos anteriores al confirmar que en los inicios del segundo milenio antes de Cristo, los grupos humanos que habitaban las tierras entre el Tigris y el Éufrates, incluyendo a los antepasados de los hebreos, agrupaban tanto a tribus nómadas como a elementos establecidos en diversas aldeas. El pastoreo y la caza se combinaban con algunas prácticas agrícolas, incluyendo el cultivo de la vid.

La vid tarda más que otras plantas en madurar y no produce uvas apropiadas para hacer vino sino hasta el cuarto año; después de pasar cuatro años en el mismo sitio, la tribu debía estar bien establecida y sus miembros ser ya hábiles en las artes domésticas. Su gusto por el vino llevó a los hebreos a descubrir, también muy pronto, sus propiedades embriagantes y el origen de esta transgresión se identificó con la figura de Noé.

[2] *Gén.*, 9, 20.
[3] *Poema de Gilgamesh*, 1983, tablilla II.
[4] Ibid.
[5] *Gén.*, 9, 3.

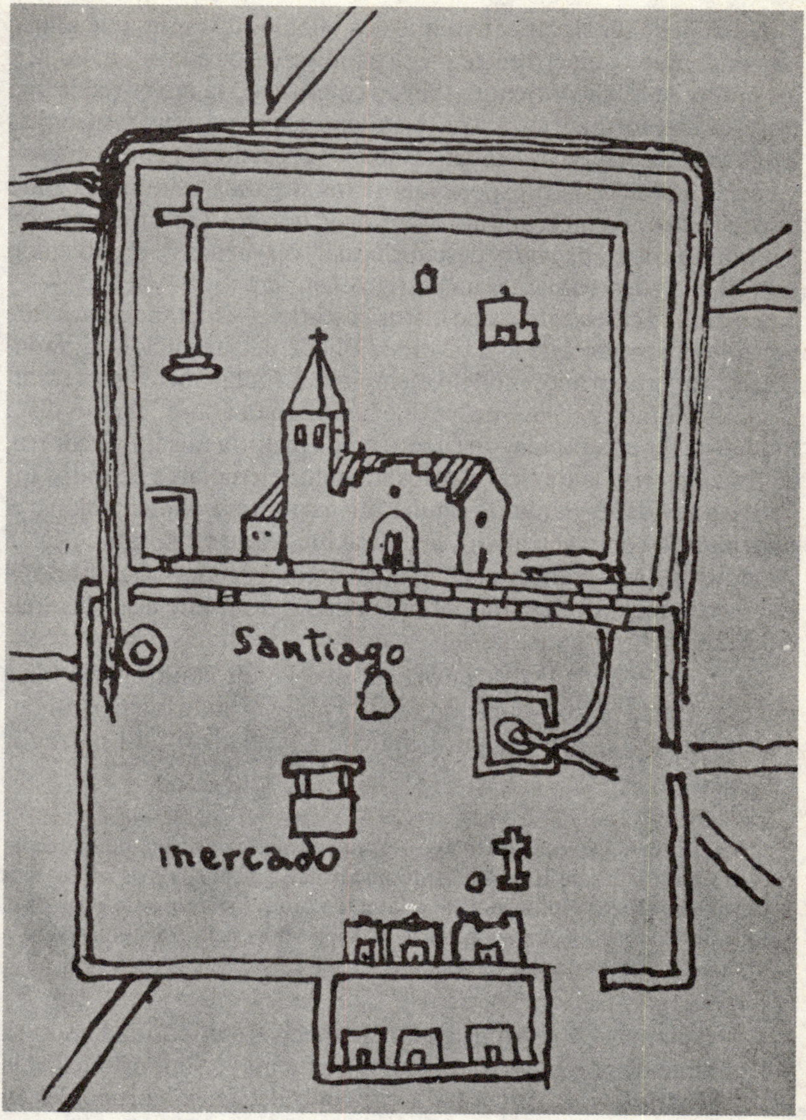

Fig. 1. Conjunto de Tlatelolco. El mapa incluye el Colegio puesto bajo la protección del Emperador (llamado por eso Imperial) donde, por algunos años, los jóvenes más alertas e inquietos hijos de los caciques y principales tuvieron la oportunidad de una enseñanza esmerada. Jerónimo López reconocía que había cada día más muchachos "que hablan tan elegante el latín como Tulio" y que "es cosa para admirar ver lo que escriben en latín, cartas, coloquios y lo que dicen".

No deja de ser significativo que dos pueblos distantes que nunca habían tenido contacto entre sí —los indígenas de cultura náhuatl y los judíos de Medio Oriente— hayan conservado la memoria de una historia extraordinaria centrada en los peligros de sus respectivas bebidas embriagantes. Ambas también se relacionan con el cuerpo y con la inmodestia o exposición de los órganos genitales. Como quedó señalado en el capítulo anterior, *Cuextécatl* se embriagó con la "quinta copa" de *octli* y descubrió sus "vergüenzas" provocando para él y sus descendientes un castigo ejemplar.

En ambos casos se trata de historias míticas, aceptando para este vocablo el sentido que le da Mircea Eliade de "tradición sagrada, revelación primordial, modelo ejemplar".[6] En las sociedades tradicionales, como es el caso de las que nos ocupan ahora, el mito dista mucho de ser una fábula, un cuento o una historia falsa. Por contra, su función sería la de "revelar los modelos ejemplares de todos los ritos o actividades humanas significativas: tanto la alimentación o el matrimonio como el trabajo, la educación, el arte y la sabiduría".[7] De aquí su importancia para ayudar a comprender la actitud del hombre indígena y del hombre judeo-cristiano frente a sus bebidas embriagantes tradicionales.

Tanto en la historia de *Cuextécatl*, ya relatada como en la bíblica que se cuenta a continuación, los protagonistas son personajes "ejemplares" y, por lo tanto, míticos o verdaderos. El narrador bíblico dice que:

> [Noé] bebió del vino, se embriagó y quedó desnudo en medio de su tienda. Vio Cam, padre de Canaán, la desnudez de su padre, y avisó a sus dos hermanos afuera. Entonces Sem y Jafet tomaron el manto, se lo echaron al hombro los dos, y andando hacia atrás, vueltas las caras, cubrieron la desnudez de su padre sin verla.[8]

La tradición hebrea bíblica relata los hechos con claridad, mesura y economía de palabras. El narrador no da mayor importancia a la embriaguez de Noé, sino a las actitudes o acciones reprobables en que incurrió al estar borracho, mismas que no describe el texto pero que tenían relación con su desnudez. Cuando despertó de su embriaguez, el patriarca maldijo a su hijo menor por no haberlo

[6] Eliade, *Mito y realidad*, 1973, p. 13.
[7] Ibid., p. 20.
[8] *Gén.*, 9, 21-23.

cubierto cuando estaba, al parecer, inconsciente, fuera de su razón y de su juicio. La maldición paterna alcanzó no sólo al individuo, sino a todo su linaje y la raza de Canaán quedó sometida a Sem, antepasado de Abraham y de los israelitas y a Jafet, cuyos descendientes se extenderían a expensas de Sem. Por lo tanto, entre los judíos, el origen de la embriaguez quedó relacionado con el desorden corporal y con la falta de autocontrol de Noé que, a su vez, acarreó a todo un linaje humano (la descendencia de Cam) la carga de una eficaz y terrible maldición.

Las conquistas de Alejandro Magno (356-323 a.C.), iniciaron una nueva era en la historia política y cultural de Israel. La lucha entre el helenismo y la cultura judía tradicional fue especialmente áspera en Judea y Jerusalén. En ésta, los grupos que habían estado en contacto con la influencia helénica aceptaron pronto el liderazgo de los Sacerdotes y los Ancianos y se sometieron a la ley judía en su vida diaria. Al mismo tiempo, la infiltración de actitudes griegas desencadenaba reacciones hostiles entre la población monoteísta y conservadora de Judea.

Hacia el año 190-180 a.C., en la misma época en que Palestina acababa de quedar bajo la dominación de los Seléucidas (198 a.C.), Jesús Ben Sirá resumió en el *Eclesiástico* los preceptos aceptados por el pueblo judío respecto al uso permitido y socialmente aceptado del vino. Aunque el *Eclesiástico* no figura en el canon judío, fue compuesto originalmente en hebreo y en esa lengua lo conoció San Jerónimo. El título latino de la obra, *Eclesiasticus*, es una denominación reciente de la época de Cipriano (aprox. 210-258) obispo originario de Cartago. En griego el libro se llamaba *Sabiduría de Jesús Ben Sirá* y el autor lo ha de haber escrito a principios del siglo II a.C., justo cuando la adopción de costumbres extranjeras, en este caso la helenización de la sociedad, era vista con simpatía por parte de la clase dirigente; sin embargo, Ben Sirá opuso a estas novedades ajenas a su cultura, la fuerza de la tradición, incluyendo la norma para usar la bebida embriagante.

La doctrina del *Eclesiástico* se dirige a la juventud procurando su felicidad y los temas, tan variados como la hospitalidad, las limosnas, la educación, la salud, las riquezas y los banquetes, comprenden también una disertación sobre el vino. En ella el autor reconoce las bondades de la bebida moderada:

> Como la vida es el vino para el hombre si lo bebes con medida. ¿Qué es la vida a quien le falta el vino, que ha sido creado para contento de los hombres?

Regocijo del corazón y contento del alma es el vino bebido a tiempo y con medida.[9]

El texto bíblico aconsejaba la templanza, pues el vino bebido sin medida era fuente de los males más diversos para el cuerpo y para el alma. La bebida inmoderada exaltaba las pasiones, debilitaba la salud y era causa de riñas y violencia:

Amargura del alma, el vino bebido con exceso por provocación y desafío. La embriaguez acrecienta el furor del insensato hasta su caída, disminuye la fuerza y provoca las heridas.[10]

Estas reflexiones sobre el vino, sus virtudes e inconvenientes, se complementan con el texto del mismo autor referente a los banquetes que, además de su valor religioso o ético, es para el historiador una puerta abierta al pasado social-gastronómico de los judíos en el siglo II a.C. Este pasaje hace las veces de un tratado abreviado del comensal mesurado, virtuoso y educado. El autor bíblico centra su atención en el hombre que, en esta ocasión, asiste a un banquete y disfruta de una suntuosa mesa. ¿Cómo debe actuar el comensal? ¿Cuánto puede comer y beber? ¿Qué atenciones debe tener con sus compañeros de mesa? ¿Qué es excederse y qué consecuencias tiene?

La norma general es sencilla y constituye un claro rechazo a cualquier exceso: "Come como hombre bien educado lo que tienes delante, no te muestres glotón para no hacerte odioso".[11] Bien educado es, en primer lugar, el comensal que cuida las formas externas y que observa en todo momento los buenos modales: no abre sus "fauces", no extiende la mano para echarse sobre el plato del vecino, no alarga la mano antes de los demás ni mira las cosas de la mesa con ojos ávidos.

El invitado que en medio de muchos se ha sentado a la mesa, debe dar ejemplo de templanza a quienes lo observan: "qué poco [comer] le basta a un hombre bien educado". El autor también se ocupa y preocupa por los efectos de la gula en la salud del comelón. Afirma que el hombre que no se excede en el comer, "en el lecho no resuella" y tiene por lo tanto un sueño saludable; "se levanta

[9] *Eclo*. 31, 27-28.
[10] Ibid., 31, 29-30.
[11] Ibid., 31, 16.

temprano y es dueño de sí", evitando en esta forma cualquier enfermedad.[12] ¿Qué pasa, por contra, con el comensal de vientre inmoderado? Le acechan variados trastornos fisiológicos porque el cuerpo se rebela ante el exceso cometido: "insomnio, vómitos y cólicos le esperan al hombre insaciable".[13] Por eso, Ben Sirá recomienda:

> [...] no seas insaciable de todo placer, y no te abalances sobre la comida, porque en el exceso de alimento hay enfermedad, y la intemperancia acaba en cólicos. Por intemperancia han muerto muchos, pero el que se vigila prolongará su vida".[14]

El autor aconseja al que comió demasiado, siguiendo lo que parece haber sido una práctica bastante usual en el mundo antiguo, y que Santo Tomás todavía consideró válida en el siglo XIII, levantarse y vomitar lejos de la gente para quedar tranquilo.

La buena educación también se medía por la discreción al hablar y por la atención que se prestaba a las diversas manifestaciones artísticas que eran parte usual de los banquetes: música, canto, poesía o alguna representación dramática. Para no interferir con el espectáculo, se pedía al anciano "hablar con discreción y sin estorbar la música", y al joven, que hablara lo menos posible, "dos veces a lo sumo", si se le preguntaba algo. "Resume tu discurso, di mucho en poco, sé como quien sabe y al mismo tiempo calla. Entre grandes, no te iguales a ellos".[15]

Un aspecto interesante del texto de Ben Sirá es el balance entre lo positivo y lo negativo, entre lo permitido y lo prohibido, entre los aspectos atractivos de un banquete, resultado del equilibrio y la mesura, y las repulsivas consecuencias del exceso, o sea, de la gula.

TOLERANCIA Y CARIDAD EVANGÉLICAS

Varios libros del Antiguo y del Nuevo Testamento integraron con el tiempo el núcleo del discurso de la Iglesia sobre la gula y la templanza, en el que quedaron incluidos los conceptos de embriaguez y la

[12] Ibid., 31, 19-20; 22.
[13] Ibid., 31, 2.
[14] Ibid., 37, 29-31.
[15] Ibid., 32, 7-9.

sobriedad. En ellos destaca el uso del vino como bebida social y se le distingue como bebida sagrada.

El periodo de doscientos años que separa la redacción del *Eclesiástico* del nacimiento de Jesús en Judea, vio un proceso de penetración cultural y militar que permitió a Roma apoderarse de manera gradual de la costa oriental del Mediterráneo. Después de un levantamiento exitoso contra los Seléucidas (167-141 a.C.), Judea fue cayendo paulatinamente bajo el dominio de Roma. El pueblo judío se negó a ser parte de este nuevo orden mundial hasta que una sangrienta guerra llevada a cabo entre los años 66 y 70, terminó con la eventual destrucción de Jerusalén y del Templo.

Jesús vivió los años anteriores a estos trágicos eventos; tal vez la misma situación adversa del pueblo judío propició entre los habitantes de la región un sentido de alegría comunitaria y de convivencia social en que tenía cabida la bebida embriagante moderada. A pesar de la riqueza de Jerusalén, el pueblo judío era pobre y el campo tenía pocas tierras propicias para desarrollar la agricultura y cultivar la vid. Cuando había abundancia, todos disfrutaban y el mismo Jesús —miembro de esa cultura mediterránea de la vid— puso el ejemplo de la etiqueta que debía seguirse en una boda cuando transformó, en el curso de un convite, el agua necesaria para la vida pero poco estimulante a los sentidos, por el vino. Sabemos que en esa ocasión los invitados ya habían bebido hasta terminar el vino reservado para la ocasión; pero quisieron seguir festejando y el propio Jesús lo hizo posible con su presencia y su acción.

Tal vez éste sea el episodio de la Biblia más tolerante en lo que se refiere al uso festivo del vino; si se había terminado, es difícil imaginar que los invitados se mantuvieran sobrios y que la bebida embriagante no hubiera comenzado a hacer estragos entre ellos. Sin embargo, Jesús puso los medios para que la fiesta —ocasión de excepción y lugar propio para romper las estructuras y reglas de la vida diaria— continuara.[16] Es probable que para entonces los asistentes bebiesen con mayor entusiasmo que antes, puesto que el milagro había producido un vino de mejor calidad que el ofrecido por el anfitrión en un principio. Nada dice el texto, sin embargo, de los posibles efectos negativos que la bebida causó entre los participantes. Silencio significativo por ser tolerante y caritativo; por hacer de lado la crítica y no enjuiciar a nadie.

[16] *Jn.*, 2, 3-10.

Abundan en los escritos evangélicos los casos en que Jesús y sus discípulos compartieron con el pueblo la comida y la bebida; muchas cosas sucedieron, unas buenas y otras malas, en el curso de banquetes y festejos de todo tipo. Tal parece que Jesús veía en la mesa un lugar de excepcionales posibilidades para la comunicación social, política, religiosa y familiar.

El vino era también una bebida sagrada. La eucaristía fue instituida en el curso de una cena de amigos, alrededor de una mesa en la que sabemos que Jesús compartió, tres años después del episodio de Canaán, el pan y el vino con sus discípulos.[17]

Teniendo enfrente una copa de vino, el Maestro se despidió de sus amigos y les dijo que al terminar esa "última" cena, no volvería a beber del producto de la vid hasta llegar a su Reino.[18] Sentado a la mesa, mencionó también al amigo que había dejado de serlo y que con su traición sería símbolo de desunión y muerte; el traidor "es aquel a quien dé el bocado que voy a mojar [en la copa de vino]".[19] La presencia física de Judas en la cena no lo libró de quedar fuera del grupo, excluido y separado de los que "comulgaban" con ideas iguales y compartían el pan y el vino. Los apóstoles habían sido los protagonistas de estos hechos; por eso sus escritos, que fueron recogidos por la Iglesia como parte fundamental del dogma, no podían condenar el uso del vino, sino sólo su abuso. Aprobaban la convivencia alrededor de la mesa, de una mesa abierta en que la alegría, común unión e integración de los hombres incluía el uso, siempre compartido y comunitario, del vino. No pasaba lo mismo con la bebida solitaria e individual, que parece no haber tenido cabida ni aceptación social.

En el siglo I d.C., el vino había sido no sólo tolerado sino aceptado con alegría como parte indispensable de cualquier celebración, pero al extenderse el cristianismo, se modificó el balance anterior. Los romanos conquistaron el Mediterráneo y la colonización subsecuente incluyó la difusión del cultivo de la vid, pero el vino fue dejando de ser, como lo había sido para los discípulos de Jesús, un elemento festivo, siempre sujeto a control, pero al mismo tiempo permitido. En forma cada vez más abierta se le asoció con numerosos vicios y excesos, muchos de ellos relacionados con la lujuria.

[17] *Mt.*, 26, 26-29; *Mc.*, 14, 22-25; *Lc.*, 22, 17-20.
[18] *Lc.*, 22, 20 y 30.
[19] *Jn.*, 13, 26.

SAN PABLO: DEL CONTROL A LA RENUNCIA

Si el comienzo de la embriaguez se remontaba a Noé, la inclinación del hombre a la gula en general —a la comida y bebida desordenadas— y su debilidad para resistir las tentaciones de los sentidos, tenían fundamentos aún más lejanos, cuando el hombre sucumbió por primera vez ante el mal.

Pablo de Tarso (aprox. 10-67), señaló el problema con especial cuidado en sus Epístolas, refiriéndose a otra lucha mítica o "de origen" que se libró al principio de la historia y en la que simbólicamente estuvo presente toda la humanidad. Adán comió del fruto del árbol prohibido porque lo tentó la mujer; "Entonces se les abrieron a entrambos los ojos y se dieron cuenta de que estaban desnudos".[20] Equivocadamente, el hombre creyó que "comiendo del fruto" alcanzaría la sabiduría, o sea, que mediante la satisfacción de un gusto sensible lograría alcanzar el conocimiento, la plenitud en todos los órdenes y, con ello, la felicidad. Como sabemos, sucedió lo contrario.

Tanto el hombre que había caído en la tentación por debilidad, como la mujer que había sido la tentadora y causante del mal, fueron expulsados del lugar donde vivían felices. El pueblo judío nunca olvidó que esta primera falta de templanza registrada por la historia, se asociaba en "el libro de los orígenes" (el Génesis), con el despertar negativo de la sexualidad o, expresado en otros términos, con la falta de autocontrol. Mircea Eliada se ocupa del tema y afirma que esta historia esencial o de origen es una historia divina, porque los protagonistas del drama son los seres sobrenaturales y los antepasados míticos. El hombre sufre hambre y sed porque un antepasado mítico —el primer hombre, Adán— cayó ante la tentación, y porque un Ser Sobrenatural —Dios— lo condenó a comer el pan con el sudor de su frente a consecuencia de esa infracción original de alcance universal.[21]

En esa falta grave y trascendente estaría el origen de la sexualidad desordenada y de la embriaguez. Por eso, desde los primeros tiempos, la gula, pecado de debilidad, se relacionó con la lujuria, pecado de la carne. Esto no impedía que la sexualidad ordenada ni que la bebida controlada fueran consideradas actividades normales entre los miembros de la comunidad.

[20] *Gén.*, 3, 7.
[21] Eliade, *Mito y realidad*, 1973, cap. II, "El tiempo sagrado y los mitos".

Quiero apartarme por un momento de la bebida y ocuparme ahora de la sexualidad para señalar criterios de tendencia divergente entre las nacientes comunidades cristianas y los grupos que mantuvieron su identidad judía a partir de la época de San Pablo. En el siglo II d.C., la comunidad judía establecida seguía aceptando que la sexualidad era un elemento inseparable de la personalidad y consideraba que la clave del orden estaba, no en suprimirla ni negarla, sino en controlarla de manera apropiada y eficiente. Por eso, al tiempo que las mujeres eran respetadas y honradas y su presencia se consideraba imprescindible para la existencia de Israel, también se evitaba su ingerencia en aquellos asuntos que requerían del juicio y la prudencia masculinos. Se trataba de un modelo basado en el control y la segregación de un aspecto, tal vez irritante, pero sin duda necesario de la existencia del individuo y de la sociedad.[22]

Este hincapié tradicional que las comunidades judías habían puesto en el "control del cuerpo" comenzó a ser interpretado de manera diferente por los dirigentes de las jóvenes comunidades cristianas quienes se manifestaron no ya en favor de un control, sino de una creciente "renuncia del cuerpo". Este cambio de mentalidad desató cambios que podrían calificarse de revolucionarios y en relativamente poco tiempo, entre los siglos II y III, la renuncia sexual llegó a ser el fundamento del liderazgo masculino en la Iglesia cristiana,[23] al punto de que la posibilidad de acceder a puestos de autoridad vino a identificarse con un celibato casi obligado. Rara vez una estructura de poder ha crecido con tal rapidez y alcanzado una penetración tan grande a partir de un acto de renuncia que atañe a lo más íntimo de la persona.[24] Esta renuncia voluntaria e íntima a lo que podríamos llamar "los placeres de la sexualidad humana", no podía darse más que sujetando de manera simultánea al cuerpo mediante la austeridad y el ayuno. Dice en este sentido un monje nacido en el siglo IV:

> Cualesquiera que sean los alimentos con que cargamos excesivamente el organismo, engendran a la larga los estímulos de la impureza. En esta situación el alma, abrumada bajo el peso de los manjares, no es capaz ya de sujetar la brida de la discreción. Por donde no es sólo el vino el que embriaga

[22] Peter Brown, en Ariés I, 1987, p. 267.
[23] Ibid., p. 266.
[24] Ibid.

la mente. Todo exceso en la comida la vuelve tornadiza y vacilante, y la despoja por completo de la integridad y pureza.[25]

A partir de entonces, comenzó a ser práctica generalizada hablar de la negación, de la renuncia, inclusive del rechazo al cuerpo humano considerado como la parte inferior del hombre. Sin embargo, esta actitud negativa y la "no aceptación" de la sensualidad humana (comida, bebida y sexo) pudiera ser la cara oculta de una preocupación o inquietud positiva acerca de su importancia innegable. Detrás de un lenguaje agresivo y en ocasiones peyorativo, estaba el reconocimiento al valor del impulso sexual inherente a la unión de la pareja o del alimento imprescindible para mantener la salud y el equilibrio. Pablo de Tarso fue el primero en exponer de manera sistemática este rechazo a los placeres derivados del ejercicio de la sensualidad en sus dos vertientes: sexo y alimento. Visto el problema desde un ángulo diferente, también subrayó los efectos positivos de esta renuncia al permitir al individuo célibe y abstinente quedar en estado de disponibilidad para acatar la voluntad de Dios y dedicarse de tiempo completo a la atención de sus semejantes.

Pablo comenzó por retomar en sus *Epístolas* el tema de la falta original y lo actualizó a partir de su experiencia del mundo helénico. Los escritos de este ciudadano romano, de raza semita y de cultura griega, que peregrinó por el mundo mediterráneo a mediados del siglo I, no pretendieron ser un tratado de teología, sino dar respuesta a situaciones reales y a lectores concretos de su tiempo. A ellos expresamente dirigió sus cartas. La doctrina fundamental que predicó se centró en torno a Cristo y, después de su muerte en Roma, sus escritos ejercieron una influencia profunda y duradera en los siglos siguientes hasta alcanzar a Erasmo de Rotterdam y al doctor Constantino Ponce de la Fuente con la "Filosofía de Cristo", a principios del siglo XVI. Veremos en su momento cómo el nuevo discurso sobre la bebida embriagante que se inició con la doctrina paulina pasó a la Nueva España con los catecismos humanistas de Zumárraga editados en México entre 1543-1544 y 1548.

[25] Véase el apartado "No todos pueden guardar una regla uniforme en el ayuno", en: Casiano, *Instituciones*, 1957, p. 179. Más adelante, al hablar "Del doble combate contra el espíritu de fornicación" dice: "No sea que el organismo, cargado excesivamente con la abundancia de los manjares, oponga resistencia a los preceptos saludables del alma y rechace, insolente el dominio del espíritu". Ibid., p. 235.

A fines del año 57, Pablo de Tarso escribió desde Corinto una *Carta a los Romanos* y previno a los nuevos cristianos contra diferentes excesos, incluyendo la embriaguez: "procedamos con decoro, nada de comilonas y borracheras; nada de lujurias y desenfrenos [...] no os preocupéis de la carne para satisfacer sus concupiscencias".[26] Pablo identificó la comida con el vientre —en este caso se trata de la parte menos digna del hombre— y los relacionó con la sexualidad desordenada afirmando que ni los borrachos ni los afeminados y homosexuales entrarían al Reino de Dios.[27] Se esboza aquí el origen de la "carne" que, junto con el demonio y el mundo, son enemigos del alma y, por lo tanto, rebajan, destruyen y animalizan a la persona. En cambio, la actitud de moderación y templanza de los miembros de la comunidad cristiana debía favorecer sentimientos de solidaridad y responsabilidad dentro del grupo.

Pablo reprocha "a los que se adelantan a tomar su propia cena" y "hasta se emborrachan", mientras otros "quedan con hambre" y trata de conciliar ambas realidades, la de aquel a quien le sobra y la de aquel a quien le falta. Con esa intención pide a los ricos que tomen sus alimentos en sus casas,[28] tratando de que en la Cena del Señor prevalezcan las normas de igualdad. A través del simbolismo de la Cena, cuyos ingredientes básicos eran el trigo y la uva, Pablo destacó la coherencia interna, la unidad e igualdad del grupo cristiano a diferencia del mundo externo y pagano, que él consideró plural, idolátrico y ofensivo a Dios. También condenó la abundancia asociada con los banquetes por ser ocasión de borracheras. Se manifestó, en cambio, fervoroso partidario del ayuno que elevaba al hombre sobre los sentidos; "el Reino de Dios no es comida ni bebida",[29] y comparó la falta de sobriedad con la noche, pues "los que se embriagan, de noche se embriagan" a diferencia de los sobrios que son hijos del día y de la luz.[30]

LOS PADRES DE LA IGLESIA: EL RECHAZO A LOS PLACERES

Murió Pablo y se hizo evidente la crisis del mundo clásico que, según los moralistas, era consecuencia de los abusos de la sensualidad y de

26 *Rm.*, 13, 13-14.
27 *1 Cor.*, 6, 9-13; *Ga.*, 5, 19-24.
28 *1 Cor.*, 11, 22.
29 *Rm.*, 14, 16; "[...] lo bueno es no comer carne, ni beber vino", *Rm.*, 14, 20.
30 *1 Tes.*, 5, 6-8; *2 Pedro*, 2, 13; *Judas* 1, 12.

los placeres desordenados de los paganos. En el proceso de adaptación del medio cultural judío-oriental a la disciplina escolástica que se desarrolló en el medievo, fue perdiéndose cierta alegría de vivir y gozar el momento presente que habían sido parte de la visión cultural y religiosa expuesta en los textos bíblicos prepaulinos. Primero los monjes del desierto y luego los padres y doctores de la Iglesia se ocuparon de alimentar el espíritu mediante los ayunos y penitencias y manifestaron creciente desconfianza hacia el placer sensible que acompañaba a la acción de comer y beber. Se quedaron con la falta derivada del exceso y relegaron a un segundo plano el gozo sensible y la alegría que lícitamente podían y debían acompañar esas acciones, mismas que, para los autores bíblicos, habían sido parte fundamental de los festejos.

Hacia finales del siglo IV los patrones de espiritualidad cristiana se vieron enriquecidos por la experiencia de hombres que optaron por un modo de vida muy diferente del que había caracterizado a la Iglesia urbana de los discípulos de San Pablo. Egipto y Siria fueron el centro de un experimento rural y radical centrado en los "hombres del desierto". El prestigio de estos monjes se debía a una libre decisión de vivir en soledad después de haber renunciado al mundo de manera absoluta y definitiva. Se establecían en zonas aisladas, aunque no por eso hostiles, y se adaptaban a patrones de vida opuestos a los del mundo convencional. Como conservaban ciertos contactos con las comunidades cercanas a las que habían dejado de pertenecer, pronto se convirtieron en sus héroes y guías espirituales. Los anacoretas preferían buscar a Dios en la soledad y los cenobitas vivían en común y practicaban juntos los ejercicios de la vida ascética.

Juan Casiano (aprox. 365-435), contemporáneo de San Agustín, es un distinguido ejemplo de estos monjes del desierto que renunciaron a la vida activa y que buscaron en el aislamiento, en la contemplación y en la mortificación de los sentidos, el camino para educar "el corazón y la inteligencia".[31] Vivió largos años en Egipto, conoció los monasterios de Palestina y Mesopotamia[32] y en ese ambiente propicio logró sistematizar la ascética y la mística de los monjes de origen oriental e iniciar la reforma del monaquismo occidental. De Oriente tomó la doctrina de San Basilio y de Occidente la de San Jerónimo.[33] En sus escritos suele referirse a los "varones ilustres o

[31] Casiano, *Conférences*, conf. 23, cap. 3; *Instituciones*, prefacio, p. 28.
[32] Casiano, *Instituciones*, prefacio, p. 32.
[33] Ibid., p. 29.

espirituales'', a ''los soldados de Cristo'', a ''los ancianos'', usando éstos y parecidos términos en función de la experiencia acumulada por los monjes tras años de disciplina y meditación y no necesariamente por su edad cronológica. Viejo era de cualquier manera, el hombre o la mujer que tenían más de treinta y cinco años. Casiano es un autor casi desconocido en nuestro mundo actual, a pesar de que su doctrina inspiró toda la corriente ascética que se desarrolló posteriormente en Europa y de que su lectura es una ventana abierta a un mundo mucho más rico, vivo y variado de lo que *a priori* podría esperarse. Zumárraga no lo menciona, pero las fuentes doctrinales espirituales que él estudió estuvieron sin duda influidas por los conceptos de Casiano sobre las virtudes que deben motivar al hombre que abandona el mundo para encontrar a Dios y sobre los vicios que debe vencer en el proceso. Casiano practica una espiritualidad combativa —es el atleta que se reviste de escudo y lanza para alcanzar el premio de la victoria y el soldado acosado por ejércitos enemigos[34]—; empleando así su energía para exterminar los vicios en singular combate, para después alcanzar los goces del espíritu.

En sus *Conferencias*, escoge la forma dialogada entre el abad Serapión y su discípulo Germán para explicar que la gula es el primero de los ocho vicios que hace la guerra al género humano y que, al igual que la lujuria, no puede llevarse a efecto sin la participación del cuerpo. Por eso ambos vicios son ''carnales'' y reclaman, además de otros remedios espirituales, la práctica de la abstinencia, incluyendo la mortificación corporal, las vigilias, los ayunos y el trabajo que doblega el cuerpo. Tanto el cuerpo como el alma contribuyeron a su nacimiento; por eso no pueden ser vencidos más que con el trabajo combinado de ambos; ''para un doble mal, un doble remedio''.[35]

La gula ocupa el lugar de honor entre los vicios porque es el primer pecado que cometió Adán cuando osó comer del fruto prohibido. Influido por San Pablo, Casiano construye toda una argumentación a partir de esta falta original, tanto para destacar la debilidad humana como para reafirmar la fortaleza de Jesús. Se refiere a las tentaciones que éste sufrió en el desierto cuando, después de haber ayunado cuarenta días, tuvo hambre y el diablo le dijo que cambiara las piedras en pan. En esta ocasión el demonio se acercó para

[34] Ibid., pp. 197-198.
[35] ''A double mal, double remède.'' Casiano, *Conférences*, conf. 5, cap. 4.

seducirlo con los atractivos de la gula. Pero a diferencia de Adán y Eva, Jesús salió triunfante de la prueba, y "ya no pudo ser tentado por la lujuria que procede de esa raíz y de la abundancia de su vitalidad (savia)".[36]

El diablo perdió esta primera batalla en que se combinó la gula con la lujuria, pero no se dio por vencido y siguió poniendo tentaciones a Jesús: trató de que cayera en el orgullo y luego en la avaricia. Pero en ambas ocasiones perdió ante su singular adversario. En cambio el hombre es débil, y como no emprende la lucha con un buen plan de batalla, es fácilmente derrotado; primero debe prepararse y entrar después en guerra contra el apetito desordenado de la gula.[37] Como la guerra es sin tregua y nunca termina, el hombre no puede sentirse seguro más que gracias a una prudencia y a una abstinencia extremas.[38]

Casiano insistió en que los monjes no rompieran jamás el ayuno antes de la hora convenida (no comieran ni bebieran antes de tiempo), no engulleran el alimento (no se hartaran de comida o bebida) y, por último, no escogieran los platillos más delicados o finos.[39] Este monje no es ajeno a los valores de una dieta balanceada, a pesar de que lograrlo no era tarea fácil en el medio inhóspito en que vivían los habitantes del desierto. Las legumbres hervidas no le parecen suficiente alimento, ni tampoco puede establecerse una comida sólo con pan.[40] Por otra parte, considera que los alimentos sustanciosos por excelencia —la carne y el vino— son apropiados para fortalecer a las personas endebles, pero no son convenientes para una gente robusta, porque sólo sirven para encender los ánimos y "[...] para dar rienda suelta a los apetitos [del cuerpo]". En los desiertos del cercano Oriente y del norte de Africa, lejos de las vacas, los puercos y casi todos los otros animales de granja (excepto las ovejas), se origina el discurso sobre la abstinencia de carnes que se practicó en Europa y pasó al Nuevo Mundo donde, curiosamente, tampoco se conocían estos animales.

Como cada persona tiene necesidades diferentes, deja la decisión final respecto a la cantidad, calidad y variedad de alimentos y

[36] "[...] il ne pouvait être tenté sur la luxure, qui procède de sa racine et de l'abondance de sa sève; non plus que le premier Adam n'y eût lui-même succombé, si d'abord il ne se fût laissé prendre aux enchantements du démon, et n'eût donné entrée dans son âme au vice qui l'enfante." Ibid; Véase también: Casiano, *Instituciones*, p. 184.

[37] Casiano, *Instituciones*, pp. 198-199.

[38] Casiano, *Conferénces*, conf. 5, caps. 7 y 8.

[39] Ibid., cap. 16.

[40] Casiano, *Instituciones*, p, 205.

bebidas en manos del individuo, pues lo que deja satisfecho a uno, al otro no le basta. Lo importante es que nadie coma ni beba hasta la saciedad, sino que guarde el justo medio.[41] Casiano observa que someter al organismo a choques violentos en que el ayuno extremo se alterna con comidas excesivas, es contraproducente para la salud y "engendra el cansancio físico" que, a la vez, disminuye "la eficacia de la oración".[42] Se trata de un problema individual y de conciencia, por lo que cualquier regla general debe tener un mínimo de flexibilidad. Establecer en qué consiste un régimen balanceado y templado de alimentación es, en última instancia, una decisión personal e individual.

Como de la gula nacían los excesos de la mesa y la embriaguez,[43] los monjes debían evitar claudicar ante la presión de los deseos al ser excesivamente indulgentes con su cuerpo, "[...] no sea que el organismo, socavado por nuestra culpa, no pueda cumplir como es debido las funciones espirituales y necesarias".[44]

Casiano recomienda a los monjes que se ejerciten en todo sufrimiento y renuncia para no caer en la tentación de la gula y que tomen conciencia de que la intemperancia en el comer y beber alumbra el fuego de la lujuria y suscita el aguijón de las pasiones. ¿Cómo puede el monje frenarla "si su gusto se ofende al menor sabor desagradable y es incapaz de mortificar por un instante su paladar?".[45] Por último, les pide cuidarse de codiciar los mejores platillos, pues las víctimas caen en la avaricia y esos monjes no pueden jamás integrarse a la perfecta renuncia.[46]

En resumen, los vicios, encabezados por la gula, le hacen la guerra a todo el género humano. Por eso los hombres deben actuar a la manera de los gladiadores que luchan contra todo tipo de bestias, en presencia de los reyes de la tierra y por obtener una recompensa. Escogen primero los más feroces y terribles adversarios y contra ellos se lanzan en combate; en forma semejante, hay que ahogar primero

41 Véase el apartado "No todos pueden guardar una regla uniforme en el ayuno", ibid., p. 178.

42 Ibid., pp. 182-183.

43 Casiano, *Conférences*, conf. 5, cap. 16.

44 Ibid.

45 "Et comment refrénera-t-il les passions cachées ou plus violentes de la chair, si son goût s'offense de la moindre saveur désagréable, s'il est incapable de mortifier pour un instant son palais?". Ibid.

46 "[...] l'avarice ne permettra pas que le moine se fonde jamais en la parfaite nudité du Christ". Casiano, *Conférences*, conf. 5, cap. 11.

las pasiones más fuertes y continuar con las más débiles hasta alcanzar una victoria completa.[47]

La influencia de Casiano se reflejó en la doctrina de los grandes maestros de la vida contemplativa y a través de ellos la percibió Erasmo cuando escribió el *Manual del Caballero Cristiano* o *Enchiridion*. Cada uno a su manera, San Agustín (354-430), San Gregorio Magno (540-604) y San Bernardo de Claraval (1109-1153) se ocuparon y preocuparon por la comida y la bebida excesivas y los tres vieron con beneplácito, lo mismo que Casiano, la renuncia del cristiano a los placeres de los sentidos. Sin embargo, los deberes de la hospitalidad, originados en la caridad fraterna del evangelio, siguieron prevaleciendo por encima de otras consideraciones:

> El ayuno, por útil y necesario que sea, constituye en realidad una oblación espontánea: al paso que es una necesidad de precepto llenar los deberes que impone la caridad. Recibiendo a Cristo en vosotros, tengo el deber ineludible de recrearle en vuestra persona. Cuando os hayáis despedido, tendré ocasión propicia para resarcir, por un ayuno más rígido, las concesiones que he debido hacerme, al ofreceros hospitalidad [...].[48]

San Agustín fue contemporáneo de Juan Casiano y también vivió en el norte de Africa. En sus *Confesiones*, dialoga con Dios y le explica cómo lucha diariamente contra el placer natural que produce el acto de comer y beber. Explica que contra esa "dulzura" lucha para no ser su prisionero, y por eso cada día le hace la guerra con el ayuno, y con mucha frecuencia reduce su "cuerpo a servidumbre". Detrás de la satisfacción y la alegría de la buena mesa, acechaba la concupiscencia y aquélla llevaba a ésta.

> Me has enseñado que me acerque a tomar los alimentos, cual si fuesen medicinas. Pero mientras paso de la molestia de la necesidad al bienestar de la saciedad, en ese mismo paso me acecha el lazo de la concupiscencia.[49]

San Agustín sabía que nunca había sido borracho, pero aún así necesitaba combatir cada día contra el apetito de beber. Se lamentaba de no poder "cortar de una buena vez" con la costumbre de comer y beber porque moriría de hambre y de sed: "De suerte que hay que

[47] Ibid., conf. 5, cap. 14.
[48] Casiano, *Instituciones*, p. 207.
[49] San Agustín, 1986, libro décimo, cap. 31. "Tentaciones del gusto. Los alimentos son remedios. Glotonería y embriaguez."

sujetar el freno del paladar, aflojándolo o estirándolo con moderación". En cambio, sí le parecía posible hacer a un lado, y en forma definitiva, la "unión carnal".[50]

Tenemos con este texto el ejemplo de las dos modalidades de placer sensible que la mentalidad medieval une con frecuencia: la que deriva del acto fisiológico de comer y beber y la que es inherente al uso del sexo. Más adelante volveré sobre esto.

La inclinación hacia las cosas del espíritu, propia de la Iglesia de Oriente de tradición bizantina griega, se extendió y terminó influyendo sobre toda la espiritualidad occidental. Con el correr de los años, el eco de las palabras de los monjes del desierto se extendió hacia Europa. En el siglo VI tenemos a un autor que recibió la influencia de Casiano y de San Agustín, pero que no por eso fue incondicional ni servil con ellos. Se trata del papa y doctor de la Iglesia San Gregorio Magno (540-604). Escribió sus impresiones sobre la gula en *Los Morales* o *Comentarios sobre el libro de Job*, integrándolos a una extensa serie de conferencias monásticas cuyo propósito era ayudar a vivir mejor a los cristianos que, por su vocación, encontraban un acceso más fácil a la vía mística. Se trata de un autor que conoce las dificultades de la vida diaria y percibe las limitaciones propias de la naturaleza humana.

Cuando moralistas posteriores asociaron la embriaguez con la lujuria, porque de aquélla nacía ésta, estaban validando una manera de ver la vida en que el gozo de los placeres sensibles era impedimento claro y directo para alcanzar la "verdad" y el "bien". Las actitudes que manifestaba la sociedad feudal respecto del cuerpo estaban relacionadas con la concepción dualista sobre la que se levantaba la representación del mundo en el medievo.[51] Cada individuo estaba formado por cuerpo y alma, carne y espíritu. Por una parte, era perecedero, materia efímera sujeta a la descomposición, a regresar al polvo, aunque llamado a reformar su modo de vida con miras a la resurrección el día del juicio; por otra parte, era inmortal. Por un lado, se sabía sometido al peso de la carne, por otro, aspiraba a la perfección celestial. En consecuencia, el cuerpo era visto con recelo, significaba peligro y era susceptible de tentaciones. De él, sobre todo de sus partes inferiores —incluyendo el estómago donde se transfor-

[50] Ibid.

[51] Véase Georges Duby, "Solitude, eleventh to thirteenth century", en: Ariès II, 1988, pp. 521-522.

Fig. 2. Noé y sus hijos. Sabemos que después de plantar las primeras vides y de producir el primer vino, Noé "bebió del vino, se embriagó y quedó desnudo". Sem y Jafet apartaron la mirada al tiempo que cubrían la desnudez de su padre. Cam, en cambio, lo observó y acarreó para él y su descendencia la maldición paterna. En este caso particular, Noé no muestra más desnudez que la de sus piernas y, por una confusión del artista, Sem es quien mira de frente a su padre borracho, mientras Cam, el que va a ser maldecido, voltea los ojos con discreción.

maban el alimento y la bebida— surgían impulsos impredecibles.[52] Por eso era indispensable controlar al cuerpo, sobre todo sus entradas naturales: los ojos, los oídos, la nariz y, por supuesto, la boca. Así se evitaba que el gusto por el mundo y, por lo tanto, el pecado y la corrupción, penetraran sin impedimento.[53] Cuando los religiosos llegaron a la Nueva España en el siglo XVI, trajeron con ellos esta imagen del cuerpo que, como veremos, no resultaba familiar para los indígenas americanos.

Los juicios de San Gregorio respecto de la gula en sus dos manifestaciones —comida y bebida— fueron severos, aunque apropiados para regular la vida contemplativa y ascética de los monjes que se entregaban al estudio, la oración y el trabajo y que no querían distraerse con banalidades, ni permitir que la sensualidad se apoderara de ellos por tener la boca abierta. En un estudio sobre la vida en la época medieval, Georges Duby hace algunas reflexiones sobre el concepto del cuerpo, que resultan esclarecedoras para comprender las actitudes de los padres y doctores de la Iglesia respecto de la comida y bebida. Hace mención a un tratado de medicina, escrito por Henri de Monteville, en París a principios del siglo XIV, en el que el cuerpo es visto como una residencia. El interior es vasto y complejo, "como cualquier monasterio o palacio" y estructurado de acuerdo con una jerarquía de espacios: una parte noble y la otra de servicios, ambos divididos por un muro —el diafragma—, semejante al muro que separaba a los trabajadores de los otros grupos en la sociedad feudal. Debajo de este muro están las partes menos nobles del cuerpo, las que por naturaleza deben ser dominadas. Lo mismo que en las residencias de los señores feudales, en esta sección los trabajadores preparan el alimento que será aprovechado por los nobles órganos que se encuentran en el área superior y que están asociados con las funciones más nobles de fuerza y sabiduría. Cada una de las dos secciones del cuerpo —dice Monteville— contiene un "horno". En el horno inferior se cocinan los humores nutritivos y, como en cualquier cocina campesina, hierven a fuego lento diversas sopas y platillos; en el piso superior, en cambio, el fuego es violento, vivo y alegre. Allí, explica Duby, lo mismo que en la iglesia —que es el centro de cualquier monasterio— la materia se hace espíritu y los humores se destilan al contacto con el fuego.

En su parte externa, la casa corporal está rodeada por un muro que semeja el de una habitación privada. Penetrar, violar el cuerpo, está estrictamente prohibido. Sin embargo, este cuerpo o fortaleza

[52] Ibid.
[53] Ibid., p. 524.

está siempre sometido a ataque, rodeado por fuerzas demoniacas. Por eso hay que vigilarlo, cuidar sus entradas, una de las cuales es la boca.[54]

El cristianismo, en su variante latina, propició la fundación de grandes centros de la vida comunitaria; florecieron los monasterios dando a conocer en forma simultánea el evangelio y las plantas de la vid. Los monasterios debían buena parte de su prosperidad al aumento de áreas de cultivo de la vid al heredar los monjes tierras propicias que les eran cedidas por los particulares. Con el tiempo la Iglesia llegó a ser identificada con el vino, no sólo como la sangre de Cristo, sino como lujo y bienestar en este mundo.[55] Paradójicamente la Iglesia, institución que a través de sus padres alertaba contra los peligros de la bebida embriagante, era la principal productora de vino, y Cluny, en la región de Borgoña, fue uno de los centros monásticos de Europa. Sus monjes eran considerados expertos en el cultivo de la vid y se decía que seleccionaban para su mesa los mejores vinos, mismos que, en este caso, eran los de la casa. Se les acusó, inclusive, de vivir con gran lujo, de huir del trabajo manual y de dejarse seducir por el dinero. Los monasterios no reformados disfrutaban de una situación de privilegio, pues disponían, además de las limosnas de diversa procedencia, del producto de sus propias tierras dedicadas a la agricultura y al cuidado de los animales "de la granja"; recibían pagos en especie por los servicios prestados —sobre todo en forma de granos— que les eran entregados por los campesinos; y la naturaleza misma de la estructura monacal les facilitaba una protección más adecuada contra las posibles incursiones violentas de grupos anárquicos o armados dispuestos al pillaje. Todo esto sin olvidar que los monasterios fueron, sobre todo a fines del medievo, los centros de innovación técnica que permitieron en toda Europa un aumento de la actividad agrícola.

La antigua interpretación de la regla benedictina, la de Cluny, se había adaptado bien a las estructuras señoriales de la primera época feudal, pero llegados los siglos XII y XIII se hizo evidente la necesidad de una reforma profunda que estableciera, por compensación, sus modelos de perfección espiritual en la pobreza, el retiro, el trabajo y el despojo total de sí mismo.[56]

[54] Ibid., pp. 522-524.
[55] Johnson, 1977, p. 14.
[56] Véase el espléndido libro de Georges Duby, *Le Moyen Age* (1140-1280), sobre todo, "La voie cistercienne", 1984, pp. 57-62.

Respondiendo a diferentes necesidades, surgieron nuevas órdenes religiosas que, a la manera de Casiano, consideraban posible alcanzar un más alto nivel de perfección en la soledad, huyendo del mundo y de la carne. Había que combatir el mal —derrotar al Malo— no con el apoyo y la seguridad de un grupo numeroso, sino sólo, enfrentando los peligros que se encontraban adelante. Los cartujos llevaron este proceso de reforma al extremo y se distinguieron por su absoluta renuncia a los goces de los sentidos; proponían las virtudes de una vida monástica a la oriental, dirigida hacia un aislamiento que recordaba el del desierto, incluyendo la penitencia corporal voluntaria y el silencio de una celda, comiendo vegetales y raíces, viviendo a pan y agua.

Otras respuestas menos extremas tuvieron más aceptación. El éxito estuvo en la conciliación que logró Bernardo de Claraval (1091-1153) cuando encontró la fórmula para armonizar la regla benedictina de vida común con el ascetismo. Los monjes del Cister se alejaron de las ciudades, especialmente de París, "la nueva Babilonia";[57] así como de los clérigos a quienes consideraban inferiores en el orden de la jerarquía espiritual; y de la enseñanza escolástica que tachaban de inútil. San Bernardo insistió en la necesidad de regresar a la soledad, a la mortificación, a la oración y al trabajo manual. Nada le parecía más pernicioso que la dialéctica, que el vano esfuerzo del hombre por hacer inteligible la fe. La verdadera escuela es la de Cristo y en ella, "no se le paga al maestro, no se discute".[58] No rechazaba el estudio ni la reflexión sobre la Escritura, pero con su orientación otorgaba el primer lugar al amor pues, en el hombre, el reflejo de Dios no reside en la razón, sino en el amor. San Bernardo se alimentaba en la fuente del misticismo latino, que era San Agustín, y decía:

> Si renunciáis perfectamente a los placeres del cuerpo, si crucificáis vuestra carne con sus vicios y concupiscencias, si mortificáis vuestros miembros durante vuestra permanencia en la tierra, os mostraréis imitadores de Pablo, no apreciando más la vida material que la espiritual.[59]

Como la gula, tanto el comer como el beber sin mesura, no eran sino darle gusto al cuerpo, y esto implicaba dejarse dominar por la

[57] Ibid., p. 58.
[58] Ibid.
[59] San Bernardo, *Sermones in Cantica*, XXX, 10-12. En Estudio introd. de Almoina a la *Regla Christina Breve (1547)*. 1951, pp. 173-174.

parte material, sensual, animal de la persona con menoscabo del cuidado del alma, nada tiene de extraño que la gula haya sido considerada fuente, origen y causa de los vicios más diversos. En cambio por el amor, el alma pasa "del mundo de las sombras y de las formas externas, a la luz, a la gracia y a la verdad".[60] Su culminación es la unión extática del alma con Dios, unión de amor y de luz. Ésta es la embriaguez espiritual total y perfecta. En ella, el hombre se abandona y se pierde por completo. Esta experiencia, buscada por todos los monjes y lograda por pocos, sólo podía darse negando la otra embriaguez, la de la borrachera, pues en este caso la pérdida del autocontrol provocaba el triunfo de la sensualidad.

Los escritos de los padres de la Iglesia fueron fijando las normas de vida del hombre medieval. Servían de marco de referencia para señalar los parámetros ideales en cuanto al uso de la comida y la bebida. Veremos ahora un texto medieval de índole muy diferente. Su autor fue un clérigo que vivió en el ambiente mundano de la corte de los condes de Anjou, y nos ayuda a situar el hambre y la sed "reales" de los clérigos y religiosos a finales de la Edad Media. Estos temas de la vida diaria son parte de un esquema conceptual coherente que define a la sociedad en función de las actividades de sus miembros. Explica Georges Duby que en el medievo, unos "combaten", otros "oran" y otros "trabajan".[61] Benito de Sainte-Maure vivió en el siglo XII e introduce en su *Historia de los duques de Normandía*, un esquema ejemplar de la sociedad dividida en estos tres órdenes:

> Tres órdenes son cada cual para sí. Caballeros y clérigos y villanos [...]. Uno de los órdenes ora noche y día. El otro es el de los trabajadores.El otro vigila y mantiene la justicia.[62]

Caballeros, clérigos y villanos tienen sus debilidades y méritos propios y deben vencer dificultades particulares. Benito no clasifica aparte a los monjes, ni dice sobre ellos una sola palabra. Duby señala esta omisión y comenta que, en este caso, los monjes quedan abandonados en las fronteras del mundo al que han renunciado o bien se pierden entre los clérigos.[63] Más bien me parece que Benito prefiere

[60] Ibid., p. 59.

[61] Duby, 1983, p. 9.

[62] Benito de Sainte-Maure, *Historia de los duques de Normandía* (1173-1175 y 1180-1185). En Duby, 1983, p. 375.

[63] Ibid.

no señalarlos porque los modos de vida relajados que llevan tanto él como buen número de clérigos, no son coherentes con las duras normas que los fundadores y reformadores de los monasterios habían predicando para toda la Iglesia: "Cada orden sostiene a los otros dos. Y cada orden mantiene a los otros dos."[64]

La sociedad medieval concede a los clérigos ciertos privilegios, mismos que, en un mundo de escasez, no son nada despreciables, y Benito aprovecha la ocasión para justificar su vida holgada y la existencia señorial que él y otros clérigos llevan a la sombra de los nobles.

Los clérigos se formaban en las escuelas episcopales, a diferencia de los monjes, que llegaban muy jóvenes a las abadías. Éstos vivían con los productos de las tierras de sus monasterios y los habitantes vecinos se agrupaban junto a sus muros buscando protección. A cambio de esta seguridad, los campesinos daban al abad o superior su trabajo o pagos en especie. La vida de estos hombres del campo que, entre otros menesteres, cuidaban los viñedos de los monasterios que producían los mejores vinos de Europa, era poco fácil:

> Arrastran tanta pena y dolor. Soportan los grandes tormentos. La nieve, la lluvia y el viento. Trabajan la tierra con sus propias manos.[65]

Benito sabe que estos campesinos son necesarios para mantener el orden social y acepta que labor y dolor se identifican:

> [...] con grandes enfermedades y hambres. Éstos [los que trabajan con sus brazos] llevan una muy ruda vida. Pobres, sufrientes y mendigos.[66]

Desde la expulsión del paraíso, el hombre había sido condenado a ganar el pan con el sudor de su frente.[67] Por eso, si algún valor tenía el trabajo, era el valor penitencial y su justificación era la expiación de las culpas. Pero Benito, como clérigo que es, no sólo desprecia el mundo (aunque vive en él con comodidad), sino que tampoco es amigo del trabajo manual que debe ejecutar el campesino. Escribe este relato bajo el patrocinio de los duques de Anjou, al tiempo que

[64] Ibid., p. 376.
[65] Ibid., p. 377.
[66] Ibid.
[67] *Gén.*, 3, 19.

vive en su palacio donde desempeña un trabajo intelectual. Reconoce y acepta su situación de privilegio en comparación con los trabajadores de la tierra. Los clérigos:

> [...] tienen qué comer, con qué vestirse y calzarse, con mucha más paz y más seguridades, que las que tienen los trabajadores.[68]

Sin embargo, aún los clérigos deben someterse a ciertas privaciones. Benito vive bien y nada le falta, pero no le queda sino abstenerse de los placeres de la carne, o sea de los "goces terrenales asociados a la sexualidad": "Para ellos [los clérigos] son extraños y lejanos todos los goces terrenales."[69]

¿Qué hay en el mundo más deleitable que hacer el amor? Privarse de ese "goce" voluntariamente, dice Duby al analizar el texto, debe haber parecido a muchos clérigos razón suficiente para adquirir el derecho a vivir en la abundancia material y para beber, no en exceso, pero al menos con cierta liberalidad.[70]

Por los mismos años que Benito de Sainte-Maure escribía su *Historia de los duques de Normandía* en Francia, y al tiempo que señalaba problemas que, siglos después, iban a aflorar también en la Nueva España con la larga lucha entre el clero regular y el clero secular, nacía en Italia Francisco de Asís. Sin duda influido por el pensamiento de Casiano, él también actuó con el convencimiento de que el único hombre libre es aquel que logra sojuzgar al cuerpo.[71]

[68] Benito de Sainte-Maure, *Historia de los duques de Normandía* (1173-1175 y 1180-1185). En Duby, 1983, p. 376.

[69] Ibid., p. 377.

[70] Ibid.

[71] San Francisco usa frecuentemente el término *cuerpo* para referirse a la propia persona, en especial a "sus inclinaciones no conformes al Espíritu". En algunos casos tiene una significación claramente bíblico-paulina; Cf. *Rom.*, 7, 24; 12, 1-2; *San Francisco de Asís*, 1985, p. 20.

3. POBREZA Y PENITENCIA EN EL SIGLO XIII

Los siglos xii y xiii fueron un periodo de intensa búsqueda y discusión. Se aceleró la evolución de la economía y aumentó la actividad agrícola; fueron cobrando importancia los caminos, los mercados y las ciudades; el fermento creador se trasladó del campo a las ciudades (junto con el aparato necesario para controlarlo) y el dinero comenzó a representar un papel destacado en las transacciones cotidianas.[1] La acción de ganar dinero, de percibir u obtener un beneficio económico, se volvió común entre la gente. A la vez, fueron haciéndose evidentes signos de una creciente autonomía individual.

En una sociedad donde el ideal de santidad había sido hasta entonces fundamentalmente monástico, comenzaron a darse otras manifestaciones que respondían a las necesidades de la época. A pesar o tal vez en oposición a los crecientes atractivos sensibles que ofrecía la vida, aparecieron grupos que dieron un lugar privilegiado a la pobreza y al estudio. Estos ideales distinguieron a las dos órdenes que, fundadas en el siglo XIII, fueron las primeras, trescientos años más tarde, en llegar a la Nueva España para ocuparse de la cristianización de los indios. Ambas fueron mendicantes, pero la primera combatió a los enemigos de la Iglesia con los impulsos del corazón y con un estilo de vida profundamente evangélico, mientras que la segunda surgió como respuesta a los requerimientos modernos de enseñanza dentro de la Iglesia establecida. Se trata de los franciscanos y de los dominicos. No menciono a una tercera orden mendicante fundada en el siglo XIII —la orden eremítica de San Agustín— a pesar de que sus orígenes y evolución tienen numerosas afinidades con las dos primeras,[2] porque ninguno de los ocho

[1] Duby, en Ariès, II, 1988, pp. 511-512.

[2] A finales del siglo iv, San Agustín fundó algunas comunidades eremitas en el norte de África. Casi mil años más tarde y habiendo conservado el mismo espíritu de pobreza, convivencia comunitaria y estudio, nació la Orden Eremítica de San Agustín mediante dos bulas dadas por Inocencio IV en 1243. Para conocer el desarrollo de la orden en la Nueva España a partir de su llegada en 1533, puede verse: Antonio Rubial García, *El convento agustino y la sociedad Novohispana (1533-1630)*, México, Universidad Nacional Autónoma de México, 1989.

catecismos publicados por Zumárraga que motivaron este trabajo son de origen agustino.

Franciscanos y dominicos se propusieron, tomando sus propios caminos, denunciar el dispendio y la corrupción de los prelados de Occidente que no vivían ya conforme a la enseñanza de los apóstoles y que, en lo que atañe a los alimentos, con frecuencia comían, bebían y vivían como verdaderos señores. En otra dimensión, también cuestionaban la falta de solidez y coherencia de clérigos que, a la manera del ejemplo de Benito de Sainte-Maure mencionado anteriormente, se habían acomodado a los usos mundanos haciendo a un lado los orígenes evangélicos de la Iglesia.

LA ESPIRITUALIDAD FRANCISCANA

Francisco de Asís (1182-1226) dedicó más esfuerzo, tiempo y gusto a dar un testimonio personal de vida que a discutir, disciplinar y argumentar con eficiencia. No fue sólo el fundador de la primera orden religiosa que hizo la evangelización de la Nueva España, sino el iniciador de una escuela de espiritualidad comprometida y radical en que la experiencia de vida y el aprendizaje práctico resultaron más efectivos que largos y profundos estudios teológicos. Tanto él como sus frailes mendicantes insistían en que su regla de vida debía centrarse en la simple observancia de los evangelios, haciendo hincapié en el desprendimiento y la penitencia. Tomás de Celano, su discípulo y biógrafo, dice que "escribió para sí y sus hermanos, presentes y futuros, con sencillez y pocas palabras, una forma de vida y regla, sirviéndose sobre todo de textos del santo Evangelio, cuya perfección solamente deseaba".[3]

Francisco comenzó por presentar a Inocencio III un proyecto que resultó el primer intento por dar regla de vida a los hermanos menores (1209-1210). Pronto se añadieron normas y detalles al texto primitivo hasta completar, en 1221, un segundo escrito que se conoce como "regla no bulada". Más que tratarse de un texto legislativo, porque eso era, hace pensar en un ideario de vida que destaca la experiencia personal del autor[4] a partir de "la vida del Evangelio"[5]

[3] Celano, Vida primera, 32. En *San Francisco de Asís*, 1985, p. 161.

[4] Ibid., p. 88.

[5] "Ésta es la vida del Evangelio." Así comienza el texto de la primera regla. ibid., p. 91.

y en el que no tienen cabida los que se dejen llevar de la debilidad humana.[6] o se abandonen a los placeres sensibles. En efecto, el mal que anida en el hombre, y que él llama "ralea de demonios", "no puede salir más que a fuerza de ayuno y oración".[7] San Francisco comprende que en la vida no siempre es posible el cambio, el hombre no puede modificar su naturaleza inclinada al mal, pero sí puede ejercer técnicas apropiadas de control. El ayuno se vuelve una terapia que brinda a la persona la posibilidad de neutralizar el daño que ocasiona esa "ralea de demonios". Por eso manda a sus hermanos en religión que ayunen —que tomen una sola comida al día— desde la fiesta de Todos los Santos hasta Navidad y desde la fecha en que Jesús comenzó a ayunar, hasta la Pascua. Esto sin contar los viernes que, de por sí, eran fechas de penitencia.

En la práctica diaria, estos ideales de perfección y ascetismo resultaron de difícil aplicación, y Francisco tuvo que dedicar tiempo a redactar un tercer texto legislativo que suavizaba algunas normas de vida. Por un documento de la época conocido como *Leyenda de Perusa*, atribuido al hermano León y a otros compañeros, sabemos que, a pesar de ser menos exigente, este documento, que terminó por ser el definitivo, tampoco fue aceptado sin cuestionamientos. Resulta que mientras Francisco componía la nueva regla, sus frailes externaban serios temores de que aún ésta resultara "demasiado estrecha"[8] o tan exigente y dura que no la pudieran observar. Asustados, pidieron al hermano Elías de Cortona[9] que buscara a Francisco y le transmitiera sus inquietudes. Casi en franca rebeldía, se enfrentaron a Elías y le dijeron: "Queremos que vayas donde él y le digas que nosotros no queremos obligarnos a esa regla. ¡Que la componga para él, no para nosotros!"[10]. Sin embargo, después de recibirlos y escucharlos, Francisco concluyó que quienes no quisieran observarla podían salir de la orden y siguió adelante con su trabajo. Así este texto, que se conoce como segunda regla bulada, resultó ser el definitivo.

En la regla no bulada, Francisco había señalado que "esta [regla] es la vida del Evangelio de Jesucristo". En la versión definitiva, en

[6] *Leyenda de Perusa*, 17, ibid., p. 610.

[7] Primera regla, cap. III, ibid., p. 93; Cf. *Mc.*, 9, 28.

[8] *Leyenda de Perusa*, 17, ibid, p. 610.

[9] El hermano Elías tuvo cargos importantes dentro de la orden hasta que, depuesto de sus funciones, tomó partido de lado del emperador Federico II cuando éste se enemistó con Gregorio IX.

[10] *Leyenda de Perusa*, 17, ibid., p. 610.

cambio, suaviza el texto y se limita a decir que la regla y vida de los hermanos menores consiste en "guardar el santo Evangelio".[11] Esta versión fue confirmada en Roma el 29 de noviembre de 1223 por el papa Honorio III, tres años antes de la muerte de su autor.

Mientras en la regla no bulada destacaba la conveniencia de llevar la pobreza evangélica al extremo de ir por el mundo sin bolsa, ni "alforja, ni pan, ni pecunio, ni bastón",[12] en esta versión parece dar por sentado un desprendimiento previo que libera a la persona de las cargas materiales y por eso Francisco se limita a pedir a los hermanos que no se apropien nada para sí.[13] Aumenta el margen para la toma de decisiones y deja a cada quien la responsabilidad última de implementar en forma práctica estos principios de vida.

A pesar de la aparente severidad de la norma, se percibe en los textos franciscanos un espacio creciente para la libertad humana. Francisco redujo los días de ayuno obligatorio, dejando como voluntarios los cuarenta días que se guardaban en memoria del ayuno de Jesús en el desierto.[14] Las religiosas de Santa Clara también tenían cierta flexibilidad para tomar sus propias decisiones. Si estaban sanas y fuertes se les recomendaba conformarse con una comida al día, pero podían tomar dos en fechas feriadas y festivas "según la voluntad de cada una, de modo que no estuviera obligada a ayunar quien no quisiera hacerlo"[15].

Como resultado de la meditación en las Sagradas Escrituras, surge en esta época la idea de que la salvación no se consigue mediante una simple participación pasiva en los ritos religiosos, sino que se gana con un esfuerzo de autotransformación. Visto así, el mérito del ayuno de las monjas no estaría sólo en la aceptación mecánica de una norma reguladora impuesta desde afuera, sino en la intención personal con que se ejecuta la acción. Se invitaba así al individuo a penetrar en los huecos más recónditos del alma, a una exploración de la propia conciencia.[16] Los actos morales co-

[11] Segunda regla, cap. I, ibid., p. 110.

[12] Primera regla, cap. XIV, ibid., p. 101; Cf. *Lc.*, 9, 3; 10,4; *Mt.*, 10,10.

[13] Segunda regla, cap. VI, ibid., p. 113.

[14] Estos cuarenta días que se inician con la Epifanía o "manifestación" de Jesús a los gentiles son diferentes de la cuaresma que nosotros conocemos, o sea, del periodo que comienza el miércoles de ceniza y culmina con la fiesta de Pascua de resurrección. La segunda Regla se refiere a esto cuando especifica, la cuaresma "que dura hasta la Resurrección del Señor, ayúnenla". Segunda regla, cap. III, ibid., p. 112.

[15] Normas sobre el ayuno de santa Clara, ibid., p. 119.

[16] Duby, en Ariès, II, 1988, p. 513.

mienzan a "interiorizarse" en Europa a partir del siglo XIII, inclinando la balanza hacia un espacio privado que cada día tiene menos implicaciones comunitarias. Si, como parece ser el caso, la evolución continuó en esa dirección, resulta que los frailes que llegaron a la Nueva España para cristianizar a los naturales traían consigo una visión del mundo que muy difícilmente podía ser aceptada y asimilada por una cultura que no entendía el concepto de individuo en la misma forma, ni practicaba la introspección como ejercicio regular.

El hecho de explorar la conciencia no invalidaba el uso de los tradicionales sistemas de control basados en la represión. Las constituciones de la orden de los predicadores redactadas en 1228 especifican que es falta grave "haber quebrantado sin causa y sin licencia los ayunos habituales" y la omisión se castigaba ayunando tres días a pan y agua. Además, quien murmurara o se quejara de un alimento o bebida debía abstenerse de tomarlo por los siguientes cuarenta días.[17] Del texto se desprende que, si no bastaba la labor de convencimiento, había métodos cohercitivos de obligar a los religiosos a someterse a la autoridad.

Volviendo a San Francisco, sus escritos personales tienen la espontaneidad de un proyecto nuevo y entusiasta y, a pesar de sucesivos y profundos arranques de austeridad y renuncia, parecería que el santo no fue ajeno a los placeres sencillos de la vida. Los textos legislativos especifican "cómo han de ir los hermanos por el mundo", esto es, qué norma deben seguir los frailes para relacionarse con la gente que van encontrando en su continuo peregrinar. Como viajaban a pie, como su regla no les permitía llevar alforja, pan ni dinero y puesto que las distancias largas no podían ser cubiertas en una jornada, debían consentir la hospitalidad que se les brindara al detenerse a descansar. Acorde con la vieja tradición del pueblo de Israel, entrar en una casa significaba aceptar y ser aceptado, dar y recibir y, en resumen, compartir. Por eso, en toda casa que entren, "les está permitido, según el santo Evangelio, comer de todos los manjares que se les sirvan".[18] El término manjar se usaba desde aquellas épocas para designar todo lo que se puede o que se vale

[17] Constituciones antiguas de la orden de predicadores, en *Santo Domingo de Guzmán*, 1987, p. 745.

[18] Segunda regla, cap. III, ibid., p. 112. El texto de la primera regla es semejante: "Y permaneciendo en la misma casa [en la que hayan entrado], coman y beban lo que hay en ella". Primera regla, cap. XIV, ibid., p. 101; Cf. *Lc.*, 10,7.

comer.[19] Esto significaría que, para Francisco, las reglas de la hospitalidad debían prevalecer sobre otras normas legalistas o restrictivas incluyendo aquellas que limitaban el consumo de carnes entre los religiosos.

En más de una ocasión la historia ha mostrado que algunos discípulos de personajes destacados pueden resultar "más papistas que el papa". En cierta medida éste fue el caso del hermano Tomás de Celano. Por su cargo de biógrafo oficial de San Francisco, le correspondió servir como jefe de un equipo de compiladores encargados "de escribir para consuelo de los presentes y recuerdo de los venideros, los hechos y los dichos del glorioso padre nuestro Francisco".[20] Se trata, por lo tanto, de un escrito en que se destacan los hechos o las circunstancias de la vida del fundador de la orden que se consideran dignos de imitación y se resta importancia a otros que, a su juicio, tienen menor valor didáctico. Esta biografía apologética fue redactada entre 1246 y 1247, veinte años después de la muerte de Francisco y refleja una tendencia hacia la ascética monástica tradicional.[21] Celano no se dirige al pueblo en general, sino a un grupo particular de lectores: sus hermanos franciscanos. Distingue la vida comunitaria que debe ser regular y disciplinada y arremete contra los ociosos y los glotones quienes, al parecer de fray Tomás, no debían tener cabida en el ambiente conventual.

Se refiere a todos los que, viviendo en el convento, prefieren holgar en lugar de trabajar y se queja de que "ni gustan de progresar en la acción ni pueden adelantar en la contemplación".[22] Se trata de una grave acusación si tenemos en mente que el quehacer de los frailes y religiosos era básicamente orar e ir por los caminos llevando el Evangelio. "Después de haber escandalizado a todos por su singularidad, trabajando más con las fauces que con las manos [estos flojos] detestan al que pide cuenta en la puerta y no aguantan que se les toque ni con la punta de los dedos." Celano pone el dedo en la llaga cuando los acusa de quc en su casa, antes de tomar la vida religiosa, no les quedaba más remedio que vivir del sudor propio y

[19] Cobarruvias (1611); Cf. Joan Colominas, *Breve diccionario etimológico de la lengua castellana*, 3a ed., Madrid, Editorial Gredos, 1983.

[20] Introducción a la "Vida segunda" de San Francisco. *San Francisco de Asís*, 1985, p. 136.

[21] Ibid., p. 137

[22] Fray Tomás de Cedano, Lamentación dirigida a él [San Francisco] sobre los ociosos y los glotones. "Vida segunda", cap. CXXI, ibid., p. 323. Las siguientes citas textuales corresponden a este episodio y por eso no se señalan.

en cambio, "[...] ahora, sin trabajar, comen del sudor de los pobres". Este comentario confirmaría indirectamente que, en efecto y a pesar de la divulgada austeridad conventual, los religiosos comían mejor y con menor esfuerzo dentro de los muros conventuales que fuera de ellos.

En el siglo XIII era afortunado quien comía dos veces al día y, con harta frecuencia, las calamidades naturales o el mal manejo económico obligaban a la gente a limitarse a una comida. Los documentos mencionan como causas de estas desgracias: tempestades, inundaciones, pestes, frío excesivo y veranos lluviosos, entre otras. En años en verdad malos, el ayuno era continuo y obligado para la mayoría de la población, y "había gran mortandad"; entonces la gente comía cortezas de árbol, pasto o carne de caballo.[23] En 1239 hubo gran hambre en Inglaterra y "la gente se come a sus hijos". En 1243 se habla de la "baja del valor de la moneda" y, ante la carestía de los productos, se prohíbe a los ciudadanos de Londres comerciar con trigo y centeno. En 1252 el pasto no creció por la sequía y "hubo gran hambre y gran mortandad de hombres y ganado".[24] Por razones diversas, la oferta de alimentos era casi siempre deficiente en relación a las necesidades mínimas de la población por lo que no comer carne o ayunar a "pan y agua ha de haber sido bastante común. Sin embargo, entre los llamados "espirituales franciscanos" que conformaron el núcleo cercano a San Francisco, hubo muchos miembros de familias nobles y de mercaderes que pertenecían a los grupos más acomodados de las ciudades italianas. Estos jóvenes renunciaron a sus riquezas para hacerse más pobres que los mendigos y más necesitados que los desposeídos de las ciudades y del campo.[25]

Los textos franciscanos identifican a los golosos con multitud de faltas adicionales: son ociosos o perezosos, pues aparentan estar ocupados aunque no hacen nada; escandalizan a quienes los rodean con su actitud egoísta; son irascibles porque no permiten que se les reprenda; irresponsables porque, cuando el hambre los acosa, "acusan al sol de haberse dormido"; indignos del hábito franciscano pues "demuestran que no son hijos de Francisco, sino de Lucifer" y, por último, son también frívolos y ligeros por no

[23] Cornelius Walford, *The famines of the world: past and present*, marzo 19 de 1878, Journal of the Royal Statistical Society, v. 41. Cit. por Prendice, 1946, pp. 30-31.

[24] Ibid.

[25] Cohn, 1985, p. 15.

buscar "las riquezas [verdaderas] de los méritos en este tiempo fugaz y falaz". Al parecer de Celano, estos malos ejemplares son más numerosos que los hermanos virtuosos, pues hay más "remisos que dispuestos al esfuerzo". Sin embargo, la culpa no es sólo de ellos, sino de los prelados que toleran todos estos vicios y, en ocasiones, hasta los disimulan.

Si algunos escritos dedican espacio a fustigar a quienes dan gusto a "la carne, al mundo y al diablo"[26] al tiempo que piden que se haga del cuerpo "objeto de oprobio y desprecio",[27] otros elevan el banquete a un nivel de profundo contenido espiritual. Tomo como ejemplo un poema escrito probablemente hacia mediados del siglo XIII y atribuido a Juan de Parma, ministro general de la orden entre 1247 y 1257. Este franciscano cayó en desgracia y después fue depuesto y procesado por orden de Alejandro IV (1260), como sospechoso de joaquinismo,[28] aunque los "espirituales"[29] le recordaban con especial veneración. Se trata de un especie de "auto sacramental" titulado *Sacrum commercium* o *Alianza de San Francisco con dama Pobreza*, que combina el fervor evangélico con la experiencia mística y señala la fascinación de los franciscanos por alcanzar una meta atractiva e imposible al mismo tiempo.

El texto incluye un "Banquete de la Pobreza con los hermanos [de San Francisco]". No resulta fácil armonizar el concepto de *banquete* —que en la Edad Media significaba "un festín, combite y comida espléndida, abundante de manjares y rica en aparato"[30]— con la idea de pobreza, que es sinónimo de "menesteroso y necesitado".[31] En este caso la renuncia voluntaria de los asistentes a los placeres sensuales asociados habitualmente con un banquete: ver, oler, tocar y gustar, les proporciona la plenitud y el verdadero gozo, mismo que no puede ser explicado ni descrito de manera racional. Este banquete espiritual es una manifestación extrema de cierto tipo de misticismo que fue popular a fines de la Edad Media y que sólo

[26] Carta a todos los fieles, primera redacción, *San Francisco de Asís*, 1985, p. 54.

[27] Carta a todos los fieles, segunda redacción, ibid., p. 57.

[28] Los joaquinistas tomaron su nombre de Joaquín de las Flores, autor de *El evangelio eterno*; eran partidarios de la extrema pobreza y pregonizaban el fin del mundo.

[29] Los "espirituales", el ala más radical del franciscanismo, fueron repetidamente censurados por sus tendencias heterodoxas y al fin condenados por el papa Juan XXII en 1317 y 1326, ordenándose su disolución. Véase Baudot, 1983, p. 91.

[30] Cobarruvias (1611).

[31] Ibid.

puede ser comprendido en el marco de una aniquilación voluntaria de la propia persona para darle ese lugar a Dios en la tierra.[32]

El convite se inicia cuando Francisco y sus hermanos en religión invitan a la dama Pobreza.[33] Llegando al lugar del banquete, ella dice: "Mostradme primero el oratorio, la sala capitular, el claustro, el refectorio, la cocina, el dormitorio y el establo, los pulcros asientos, las mesas bien pulidas y las casas inmensas",[34] pero pronto cae en la cuenta de que "[...] todo brilla por su ausencia". Luego, recordando las reglas de la hospitalidad, sugiere que le acerquen agua para lavarse las manos y toalla para secarse. Termina por lavarse con una vasija de arcilla medio rota y secarse con la túnica de uno de los asistentes. Encantada, se sienta a la mesa a comer unos mendrugos de pan acompañados con agua fría y hierbas silvestres amargas. Los frailes se disculpan por no ofrecerle sal para sazonar las hierbas, ni cuchillo para cortar el pan seco, ni vino, pues consideran que "[...] *lo esencial para la vida del hombre son pan y agua*; además, no está bien que tú bebas vino, ya que la esposa de Cristo debe huir del vino como del veneno". Al final, sin haber comido ni bebido, pero contentos y satisfechos como si hubieran compartido hasta la saciedad los manjares más variados, la dama Pobreza y sus acompañantes se retiran a descansar. Después de haber leído este episodio, no debería asombrarnos imaginar a los frailes recién desembarcados en la Nueva España, admirando a los indios pobres en la habitación, parcos en el comer y modestos en el vestir. No les resultaba fácil explicarse que, lo que era para ellos renuncia voluntaria y ejemplo de disciplina y sacrificio, correspondía en buena medida a la manera habitual de vivir de los naturales.

Al final del camino de la vida, poco antes de su muerte, Francisco invita a los hermanos a compartir los sufrimientos de la pasión y pide a Jesús que le conceda dos gracias. Lo que San Francisco deseaba era lo mismo que Benito de Sainte-Maure hacía lo posible por evitar. Primero, en la medida de lo posible, poder sentir "los sufrimientos que tú, mi dulce Jesús, has debido soportar en la pasión cruel.

[32] Braunstein, en Ariès, II, 1988, p. 625.

[33] Al escribir la "Vida segunda" de San Francisco, Celano ya había hecho repetidas menciones al amor y a la fidelidad del santo hacia la "señora" pobreza. Se refería a la pobreza como su "señora" y su "dama" en el lenguaje caballeresco de la época. *San Francisco de Asís*, 1985, p. 931.

[34] *San Francisco de Asís,* 1985, pp. 957-958. Los siguientes párrafos entrecomillados se refieren al mismo texto y por eso no están señalados.

Segundo, que yo perciba en mi corazón, en la medida de lo posible, este amor sin medida en el cual ardes y que te condujo a sufrir voluntariamente todas las penas por nosotros, miserables pecadores''.[35] En esta forma aceptaba el trabajo y el dolor que otros miembros de la Iglesia rehusaban con horror. Cuando los franciscanos de ''estricta observancia'' llegaron a las Tierras Nuevas, también encontraron el trabajo y el dolor que la sociedad europea identificaba tradicionalmente con los grupos más pobres, ignorantes y explotados.

En su conjunto, los escritos de San Francisco tienen un contenido evangélico de tolerancia y caridad que no todos sus seguidores quisieron o supieron valorar debidamente. Desde los primeros años del franciscanismo se inició un debate que resultó permanente en la historia de la orden; el ideal original de absoluta pobreza evangélica fue puesto a prueba por las necesidades y las estructuras de la misma institución. Por tratarse de un cuerpo religioso clericalizado y en continua expansión, se perfiló poco a poco entre sus miembros una tendencia a alinearse con las órdenes tradicionales.[36] Frente a los frailes ''observantes'' fieles a los ideales de una Iglesia comprometida con una pobreza total, estaban aquellos religiosos ''conventuales'' más conformistas que buscaron la forma de sacarle la vuelta a esa entrega incondicional de vida y a los que Celano había ya calificado de frívolos y golosos.

En 1215 tuvo lugar un evento que dejó un fuerte impacto en la manera de vivir el cristianismo y que más tarde afectó directa y profundamente la evangelización americana. Se trata del Cuarto Concilio de Letrán, que hizo posible un profundo cambio en la práctica de los sacramentos, sobre todo de la penitencia y la eucaristía. La penitencia consistía, hasta entonces, en una ceremonia colectiva y pública reservada a los pecados más graves y su práctica no estaba sujeta a un calendario regular, pero las deliberaciones de los padres conciliares resultaron en un enfoque más personal e íntimo acerca de las causas del pecado. A partir de entonces se pidió a todos los cristianos que al aproximarse la Pascua, se prepararan para la comunión examinando su conciencia para poder confesarse. Esta confesión debía ser privada, regular y obligatoria. Georges Duby afirma que la decisión de obligar a todos los cristianos a la confesión

[35] Cit. por Duby, 1984, p. 159.
[36] Baudot, 1983, pp. 90-91.

anual fue en parte una medida represiva e inquisitorial que permitía que afloraran en las conciencias de los individuos posibles herejías y actitudes de rebeldía o insubordinación.[37]

El penitente debía declarar su pecado en función de su situación familiar, del medio social al que pertenecía y de sus motivaciones personales. Mediante un esfuerzo de autorreflexión, se interrogaba sobre su conducta y sus intenciones y se entregaba a un examen de conciencia. Afirma Jacques Le Goff que, en esta forma, "quedaba abierto un nuevo frente: el de la introspección", que lentamente fue transformando los hábitos mentales y los modos de comportamiento. Sería válido afirmar que aquéllos fueron los comienzos de la modernidad psicológica.[38] De ser así, no puede negarse al sacramento de la penitencia importantes cualidades terapéuticas al permitir al pecador "bien dispuesto" volver sobre los hechos pasados que le causaban culpa o desasosiego y "vaciarlos" en otra persona para liberarse de sentimientos negativos. Desembarazado de su carga moral, podía retomar su vida diaria con una actitud más positiva.

Este proceso se llevaba a efecto mediante un diálogo privado entre el pecador y su confesor o, dicho con otras palabras, entre el alma y Dios y sólo surtía efecto cuando había "propósito de enmienda", esto es, cuando a la práctica de decir los pecados seguía un esfuerzo sincero de autocorrección. Por último, para satisfacer la culpa se recomendaban al penitente diversos ejercicios de mortificación de la carne, incluyendo la renuncia a la cantidad y calidad de la comida y la bebida. Al hablar de Santo Tomás veremos cómo esta nueva moral penitencial afecto al bebedor excesivo o desordenado.

En el mismo concilio se fijó el dogma de la transustanciación y ahora se llamaba al pueblo a consumir el pan de vida y a colocar el cuerpo de Cristo en el interior de sus propios cuerpos para un encuentro íntimo. Esta práctica dignificaba a la persona humana que, a pesar de vivir inmersa en el mundo, se convertía en un tabernáculo.[39] Decía San Francisco exaltando el valor de la Eucaristía, "Cuán santo, y justo y digno debe ser quien tiene en sus manos, toma con el corazón y con la boca, y da a los demás en alimento a Cristo Jesús".[40] Más tarde, los frailes que vinieron a la Nueva

[37] Duby, en Ariès, II, 1988, pp. 531-533.
[38] Le Goff, 1987, pp. 16-17.
[39] Duby, en Ariès, II, 1988, pp. 531-533.
[40] *San Francisco de Asís*, 1985, p. 103.

España enfrentaron el dilema de una posible ordenación del clero indígena y tuvieron que preguntarse si un selecto y pequeño grupo de nuevos cristianos americanos —los alumnos distinguidos del Colegio de Santa Cruz— podía alcanzar la madurez suficiente para reclutar entre sus filas a los agentes activos de estos dos sacramentos que propiciaban una relación individual, privada e íntima entre Dios y los hombres. Este tipo de relación a la manera cristiana europea generó en su momento malentendidos e incomprensiones con los naturales de la Nueva España.

También durante el siglo XIII se estableció en Francia el concepto de "parroquia" cuyo responsable, a diferencia de los monjes que trabajaban, estudiaban y oraban alejados del mundo, se ocupaba en impartir los sacramentos y en predicar la palabra viviendo entre los laicos. Se prohibió a los parroquianos recibir los sacramentos en otra iglesia y, como ya vimos, todos los cristianos debían confesarse y comulgar al menos una vez al año. En esta forma la población quedaba agrupada en pequeños rebaños —las parroquias— que podían ser observados, controlados y supervisados con eficacia.[41] Los párrocos eran en Europa los ojos y oídos del pueblo y en ocasiones se les veía como pequeños tiranos. En la Nueva España, la lucha entre los regulares y los clérigos para adjudicarse los pueblos de indios —llegando a ser así los ojos y oídos de la comunidad— fue larga y agria a partir de la segunda mitad del siglo XVI y se agudizó en la época del obispo Palafox y Mendoza. A mediados del siglo XVIII, cuando los obispos lograron el control directo de la mayoría de los pueblos de indios a través de párrocos "beneficiados", desplazando a los religiosos de esas funciones, concluyó para efectos prácticos el periodo de evangelización.

San Francisco apoyó a la Iglesia romana en la persecución que estaba llevando a cabo contra los herejes que rechazaban el valor del sacerdocio. La urgencia de la época era más indicada para destruir las desviaciones doctrinales y rectificar la fe del pueblo —construir racionalmente el dogma— que para cantar el amor de Dios. De aquí, como veremos a continuación, deriva parte importante de la aceptación que alcanzó de inmediato la orden de los predicadores.

[41] Duby, en Ariès, II, 1988, p. 529.

LOS DOMINICOS Y LA ENSEÑANZA

Igual que los franciscanos, los predicadores establecieron la pobreza total como norma de vida, con una excepción, sus libros. No podían tener propiedades y mendigaban su pan de puerta en puerta, pero llevaban sus herramientas de trabajo bajo el brazo. Su misión era luchar contra los enemigos de la Iglesia, atacar a la herejía y a la incredulidad, y los medios para lograrlo eran la razón, el estudio y la lectura. Su vocación era la acción y pusieron hincapié en el trabajo intelectual constante y metódico desarrollado en equipo.

Las constituciones antiguas de la orden (1228)[42] incluyen numerosos datos sobre la comida y bebida de los frailes en el convento. En este caso, igual que en el ya mencionado ejemplo franciscano, es posible que los frailes comieran en comunidad mejor calidad de ingredientes o de manera más regular de lo que lo hacían sus familiares y amigos fuera de él. Tomaban dos alimentos al día consistentes en "dos platos cocidos"; por viaje o enfermedad se les permitía comer carne y en el convento podían, inclusive, compartir su plato con los vecinos inmediatos de mesa.

Los contemporáneos de Santo Domingo de Guzmán (c. 1170-1221) dejaron varias biografías suyas sin contar numerosos documentos relativos a la fundación de la orden. Allí pueden localizarse múltiples referencias a los alimentos, al pan y al vino, al ayuno y a la abstinencia. Los documentos acentúan las virtudes humanas de Santo Domingo, incluida la templanza en el comer y beber y muestran su vida como un modelo ideal digno de ser imitado.

Las "actas de los testigos de Bolonia" reúnen la información solicitada en 1233 por el papa Gregorio IX para responder acerca del género de vida y muerte de fray Domingo y proceder a su canonización. Los testimonios son coincidentes, se apegan a patrones aceptados con anterioridad y la narración responde a un ideal de vida encarnado en la persona del futuro santo. Sin embargo, algo nos dicen también acerca de la vida diaria de los propios narradores. Vimos que, en un mundo de recursos limitados y carencias generalizadas, la abundancia era una excepción y seguramente hubiera resultado superfluo para la gente común discutir esporádicos exce-

[42] Las actas de los primeros capítulos generales no han llegado hasta nosotros. Las más antiguas que se conocen se redactaron siete años después de la muerte de Santo Domingo, cuando Jordán de Sajonia convocó a un capítulo general. Véase *Santo Domingo de Guzmán*, 1987, pp. 718 y sig.

sos gastronómicos. Como los dominicos eran frailes mendicantes, iban por los caminos "mendigando" igual que los franciscanos; esto es, aceptando lo que los habitantes de la zona podían y querían regalarles. Domingo "comía cuanto le ofrecían de comer por el camino, sin mostrar desagrado"[43] "Frecuentemente [los frailes] comían mal o eran mal recibidos y no tenían lugares adecuados para dormir [...]". Tal vez por eso Domingo "siempre se acostaba vestido, con la capa, el cinturón y calzadas las botas; nunca sobre colchón, sino sobre la tierra, o sobre una tabla, paja o cualquier bálago".[44] Un testigo que lo conoció afirma que era "parco en la comida". A juzgar por la descripción, esto significa que cuando en el refectorio sus compañeros "tenían dos platos, él se contentaba con uno". Tal vez por pura debilidad no era extraño que fray Domingo dormitara sobre la mesa mientras sus compañeros comían, pues "[...] se le apoderaba el sueño en la mesa de una manera irresistible."[45]

Entre los testigos interrogados después de su muerte, está una mujer que aporta datos más específicos sobre lo que se consideraba una comida frugal a mediados del siglo XIII: Guillermina, mujer de Elías Martín, afirma haber comido en la misma mesa que fray Domingo más de doscientas veces, pero no haberlo visto comer nunca más de la cuarta parte de un pescado, o más de dos yemas de huevo, ni comer más de un trozo de pan.[46] ¿De qué tamaño eran esos pescados o cuánto pesaba el pan? No lo sabemos, pues a pesar de ser ama de casa observadora o tal vez por tratarse de asuntos rutinarios y modestos, Guillermina no lo aclara. Otros testigos añaden que Domingo tampoco comía carne, "ni alimentos condimentados con carne o grasa, si lo advertía",[47] prefiriendo "algo hecho con frutas y legumbres"[48] y "tanto en la enfermedad, como estando sano, observaba todos los ayunos prescritos por la regla".[49]

[43] Actas de los testigos de Bolonia, fray Ventura de Verona, en *Santo Domingo de Guzmán*, 1987, p. 146.

[44] Actas de los testigos de Bolonia, fray Guillermo de Monferrato, ibid., pp. 152-153. *Bálago*. "La paja del heno o del centeno que sirve para henchir y llenar las albardas, xergones y otras cosas." *Diccionario de autoridades* (1726).

[45] Actas de los testigos de Bolonia, fray Esteban de España, *Santo Domingo de Guzmán*, 1987, p. 167; Fray Juan de España, ibid., p. 160. "Su comida, un solo plato sin exquisiteces." Narración sobre Santo Domingo, de Pedro Ferrando, ibid., p. 240.

[46] Ibid.

[47] Actas de los testigos de Bolonia, fray Ventura de Verona, ibid., p. 146.

[48] Actas de los testigos de Bolonia, fray Guillermo de Monferrato, ibid., p. 152.

[49] Ibid.

El vino era la bebida común en Europa al punto de que, a pesar de tantas limitaciones y penitencias aceptadas por los frailes, no se encuentran referencias negativas al fruto de la vid en los documentos consultados. Fray Domingo advierte contra numerosas conductas perniciosas, pero no presta la menor importancia al posible vicio de la embriaguez, borrachera o beodez; simplemente, se olvida de mencionarlos. ¿Sería porque nadie se emborrachaba o porque, siendo el vino la bebida tradicional, la norma era más flexible de lo que llegó a ser en épocas posteriores? Los documentos no dan respuesta, pero lo primero es altamente improbable. No así lo segundo, pues los clérigos, monjes y frailes, la Iglesia medieval en su conjunto incluyendo a los prelados y al pueblo, asociaban el vino a la sangre de Cristo y el pan a su cuerpo. Por eso, el pan seguía siendo la comida por excelencia y el vino, la bebida perfecta.

Los biógrafos de fray Domingo —Santo Domingo a partir de 1234— narran en varias ocasiones prodigios relacionados con panes y vino milagrosamente multiplicados por intercesión del santo. Por ejemplo, estando los frailes sentados a la mesa en el refectorio comunitario, Santo Domingo se aparece entre sus hermanos predicadores y todos comparten la misma copa de vino. "Aunque todos bebieron cuanto quisieron, la copa no disminuyó, permaneciendo llena."[50] Fray Domingo no rechazaba el vino, aunque lo rebajaba tomándolo "mezclado con tres partes de agua".[51] Los frailes debían beberlo mediado con agua pues, si lo tomaban puro, se les acusaba de "avidez en el beber".[52]

El vino era bebida permitida y habitual en los conventos al grado de que, según la tradición, Santo Domingo hizo un milagro produciéndolo en abundancia como respuesta a la petición de una devota suya. Cuentan que durante un verano faltó vino en el convento de los frailes de un pueblecito llamado Placia, en la isla de Sicilia. Enterada la señora, y sin decir palabra a su marido, enviaba diario la correspondiente ración de vino a los frailes hasta que el tonel de vino quedó vacío. Temerosa de que su marido le prohibiese la amistad con los frailes al darse cuenta de que éstos habían bebido el vino sin su autorización, la mujer "invocó al bienaventurado Do-

[50] Este milagro es una alusión a la convivencia de la última cena. Beata Cecilia Romama, Relación de los milagros obrados por Santo Domingo en Roma, ibid., p. 671.

[51] Actas de los testigos del Languedoc, Guillermina, mujer de Elías Martín, ibid., p. 184.

[52] Gerardo de Trachet, Las vidas de los Hermanos, ibid., p. 617.

Fig. 3. Estudiantes disipados. En el siglo XV, los jóvenes universitarios debían estudiar las artes liberales. El programa pedagógico incluía las disciplinas del "trivio" o rama literaria (gramática, retórica y dialéctica) y del "cuadrivio" o rama científica (aritmética, geografía, música y astronomía). Este aprendizaje debía satisfacer las exigencias del conocimiento natural del hombre y, además, prepararlo al conocimiento de Dios, esto es, al estudio de la teología. Los estudiantes borrachos han disminuido o perdido, al menos temporalmente, su capacidad de razonar y, por lo tanto, de aprender. Un ánfora abierta sobre la mesa de la taberna y la bolsa tirada en el suelo, indican que han gastado todo su dinero en beber "hasta caer".

mingo, confiando plenamente en sus méritos'' y se produjo el milagro al punto de que con el vino que dicha familia solía consumir en mes y medio, ahora ''[...] tuvieron suficiente la familia y los frailes durante cuatro meses''.[53]

Francisco moría en 1226, Domingo en 1221 y en 1225 nacía Tomás de Aquino quien, acompañado de una segunda generación de frailes mendicantes, reunió los elementos de una pastoral que contribuyó a reafirmar el control de la Iglesia sobre los laicos, incluyendo el relacionado con el uso de la bebida embriagante.

Los jóvenes teólogos dominicos que habían estudiado en París y conocido allí el pensamiento de Aristóteles, iniciaron los primeros análisis lógicos de los textos bíblicos. Las escuelas urbanas propusieron una teología que presentaba a Cristo como un maestro que distribuye la luz de la inteligencia, que lleva un libro en la mano y que enseña la verdad a los hombres. En la facultad preparatoria de artes, los futuros teólogos se formaban en la dialéctica. La ''lección'' se iniciaba al contacto directo con los autores y le seguía la ''disputa'' o ejercicio formal de discusión que afianzaba a los jóvenes en el espíritu propicio para el combate doctrinal.

Tomó importancia el silogismo y se analizaron los modos de expresión en función de los mecanismos que los razonamientos imponían al lenguaje. La escolástica se deslizó poco a poco hacia el formalismo. Lo que había comenzado por ser un lucha contra la herejía, terminó por identificarse en los medios cultos con el rigor y la claridad intelectual. Estos especialistas de la predicación, sobre todo los dominicos, pero también los franciscanos en alguna medida, se impusieron a los obispos locales y a sus sacerdotes. El móvil de la predicación había sido la oración y la alabanza a Dios. Ahora, la persuasión sistemática se volvió un instrumento común de la enseñanza.

Los educadores con sus pupilos y los confesores con sus penitentes, se propusieron liberar el alma de las vanidades y deseos que se asociaban a los ''cinco sentidos''. Al hacerlo, estaban retomando una actitud que ya se había dado en la Roma pagana donde tanto el abuso del alcohol como de la sexualidad eran considerados peligrosos para la virilidad.[54] El romano se resistía a ser esclavo de las pasiones y quienes se entregaban a los excesos y se dejaban llevar pasivamente por la sensualidad o por los efectos de la bebida excesiva

[53] Ibid., p. 437.
[54] Paul Veyne, en Ariès, I, 1987, p. 204.

eran vistos como personas que, tras un aparente desenfreno, disimulaban una debilidad personal y una carencia de autocontrol. Como se verá a continuación, Santo Tomás no resultó inmune a estos conceptos heredados del mundo clásico y los incorporó de manera velada en su exposición acerca de las virtudes.

Tomás de Aquino (1227-1274) retomó las preocupaciones e ideales de Santo Domingo de Guzmán y resumió, ordenó y concretó en la *Suma Teológica* la argumentación de la Iglesia en torno a todos los campos de la moral humana, incluyendo el de los males derivados de la comida y bebida desordenadas. Como arma utilizó la dialéctica y estudió las demostraciones racionales del filósofo pagano Aristóteles. Concentró su interés en las consecuencias de la pérdida de la razón que eran el resultado inevitable y perverso de la bebida excesiva.

Explicaba Santo Tomás que el hombre desea la felicidad y que los actos humanos son buenos o malos en la medida en que son o no medios para el logro de dicho fin. La felicidad debe entenderse, desde luego en relación al hombre como tal; o sea al hombre como ser racional. Todo acto humano individual, es decir, todo acto deliberado, puede ser bueno o malo pero nunca indiferente. Los actos buenos son aquellos que están de acuerdo con el orden de la razón y los malos son los que están en desacuerdo. Esto nos lleva al terreno de las virtudes morales, una de las cuales es la templanza que Santo Tomás define como un "término medio". El objeto de ésta y de las otras virtudes morales es asegurar o facilitar la conformidad a la regla de la razón y esta conformidad o templanza implica que se eviten los extremos de exceso y del defecto. Por eso la templanza es el justo medio en el comer y beber; en el primer caso se llama abstinencia, en el segundo, se llama sobriedad.[55] "Los placeres de la mesa o del sexo pertenecen a la virtud de la templanza [...]. La moderación de la comida es la abstinencia; la de la bebida es la sobriedad y la del placer producido por el coito, es la castidad".[56]

Como puede apreciarse, la medida de los actos humanos es la razón, porque a ella corresponde dirigir la actividad del hombre hacia su fin. Pero, ¿qué pasa cuando la razón se ve disminuida o confundida por los efectos de las bebidas embriagantes? Santo Tomás explica que el bebedor pierde el rumbo, queda turbado, le

[55] *Suma teológica*, 2-2 q. 143, a. único.
[56] Ibid., 1-2 q. 60, a. 5; 2-2 q. 143, a. único.

falta dirección y no tiene manera de dirigirse hacia su fin. El hombre es formalmente "hombre" por la inteligencia, pero cuando abusa del vino se priva de la razón y termina por quedar reducido a un nivel de vida inferior al que le corresponde. Por eso, cuando la embriaguez o pérdida de razón por culpa del vino se vuelve un hábito, la falta adquiere la gravedad de pecado mortal.

Para que una falta adquiera el carácter de "grave", sigue enseñando Tomás, deben darse, todos en forma simultánea, varios requisitos: 1. Pleno conocimiento por parte de la inteligencia; la persona debe entender lo que está haciendo, debe actuar "a sabiendas". 2. Libertad absoluta por parte de la voluntad que, sabiendo que actúa mal, decide ir adelante en busca de un bien falso. 3. Materia grave. Sólo las acciones negativas, sea con Dios, con la persona misma o con los demás, pueden ser materia de falta grave.

Traducido al terreno específico de los bebedores, se requería: perder el uso de la razón por beber en exceso, haberse dado cuenta de que se iba a producir este efecto y, por último, preferir, sobre cualquier otra consideración, el goce de la bebida al goce del ejercicio de la inteligencia.[57] Nótese que estas normas tocan directamente a la individualidad del hombre y hacen a cada quien responsable de "su" propia pérdida de razón.

Santo Tomás describe también lo que él nombra los cinco "placeres desordenados" que resultan de la falta de equilibrio en el comer y beber: primero, la gula disminuye la razón, produce ceguera mental y perturba la inteligencia, mientras que la abstinencia fomenta la agudeza de percepción; segundo, una vez dormida la razón, viene la necia alegría; tercero, el goloso habla en exceso; su lengua se inflama con fuego; cuarto, los movimientos y gestos externos propios del bufón indican la ausencia de la razón y; quinto, la inmundicia, bien se tome como excesiva emisión de cualquier superficialidad, bien en forma más concreta, por la emisión de semen.[58]

Consideraba que la sobriedad era especialmente aconsejable para ciertos grupos de personas. Se refiere a los jóvenes porque la concupiscencia se exalta "con el hervor de la edad"; a las mujeres porque

[57] Ibid., 2-2 q. 150a. 1 y 2. Éste es el caso del que sabe "que la cantidad es exagerada y suficiente para embriagar, y prefiere, no obstante, embriagarse a privarse de la bebida [...] tal embriaguez es pecado mortal, pues consciente y voluntariamente se priva del uso de la razón, que nos hace evitar el mal y conseguir el bien, exponiéndose a peligro de pecar".

[58] Ibid., 2-2 q. 148, a. 6.

son débiles y no hay en ellas "sensatez suficiente para resistirla" y los viejos a quienes por su experiencia "corresponde dirigir y enseñar". Por último, debían ser especialmente moderadas las máximas autoridades religiosas y civiles: los obispos, que debían ejercer su ministerio con devoción, y los reyes "que tienen que gobernar al pueblo".[59] Obsérvese que, en lo que respecta a las personas mayores, la actitud de Santo Tomás era opuesta a la de los antiguos mexicanos; mientras el primero les exigía sobriedad para actuar como guías morales de la comunidad, éstos eran más permisivos y no castigaban a los bebedores de edad avanzada.

Veremos ahora cómo, pasada la conquista, el contacto entre indios y españoles trajo consigo la presentación simultánea de las dos maneras de usar la bebida embriagante, cada una fundamentada en su respectiva cultura.

[59] Ibid., 2-2. q. 149, a. 4.

Segunda Parte

LA BEBIDA EMBRIAGANTE EN EL ENCUENTRO DE DOS MUNDOS 1523-1536

4. ERASMO Y EL HUMANISMO EN ESPAÑA

LOS PRIMEROS franciscanos que llegaron a la Nueva España, incluyendo a los tres flamencos (1523), al llamado grupo de los Doce (1524) y al primer obispo de México (1528), eran promotores de una visión evangélica de la religión, en muchos puntos, diferente de la visión institucional, formalista y autoritaria que prevalecía en Europa. Veremos ahora, a grandes rasgos, en qué consistía ese modo de ver la vida que trajeron los franciscanos a la Nueva España.

En *La conquista espiritual de México*, Robert Ricard afirma que, en su opinión y salvo excepciones, los misioneros de la Nueva España no hicieron un esfuerzo general y metódico en la presentación del dogma.[1] Más bien parece que hasta la muerte de Zumárraga, la Iglesia no se lanzó a un esfuerzo abierto de "americanización del dogma", entendido éste como adaptación en las formas, puesto que un cambio en el discurso nunca estuvo ni pudo haber estado en la mente de la Iglesia.

En efecto, fuertemente influidos por la doctrina evangélica del amor de Dios hacia sus criaturas, estos frailes vieron en la evangelización una empresa cuya finalidad a largo plazo era la plena incorporación del indio al cristianismo. Si así fuera, las ideas erasmistas que, como veremos, el obispo difundió durante su gestión, fueron decisivas para normar la conducta de los evangelizadores en la primera mitad del siglo XVI.

La realidad novohispana era más rica y variada de lo que podría parecer a primera vista. La evangelización debe haber sido una empresa muy compleja y bastante más conflictiva de lo que cabe imaginar en el seno de una Iglesia que se considera depositaria de la verdad "única". Tras el tradicional concepto de esa unidad doctrinal, asomaron en la primera mitad del siglo XVI diversas tendencias que amenazaron a las estructuras religiosas convencionales.

Desde principios de siglo se había manifestado en España un pluralismo religioso cuyos efectos se dejaron sentir pocos años más

[1] Ricard, 1986, p. 191.

tarde en la Nueva España. Allá antes, en el primer cuarto del siglo, y aquí después, en las décadas de 1530 y 1540, la manera de percibir, explicar, vivir y transmitir la religión fue plural.[2] Estos conceptos fueron compartidos por todos los llamados, justificadamente o no, ''heterodoxos'' de esa época. En el fondo, la polémica entre estos innovadores y la corriente contrarreformista que prevaleció a mediados de siglo con el Concilio de Trento, no era tanto un problema de ortodoxia o herejía, cuanto el resultado de dos maneras diferentes de ver la vida y de vivir el cristianismo.

Tanto allá como acá, lo que estaba a discusión era la manera de entender la religión; significaba en el fondo reconsiderar y replantear una cuestión delicada y vivencial para el hombre del siglo XVI: ¿qué es ser cristiano? En la Nueva España, los misioneros recién desembarcados se hicieron además otro cuestionamiento que era la consecuencia directa de la pregunta anterior: ¿cómo enseñar a la gente nueva en la fe a ser cristianos?

Este pluralismo religioso que no rompía con la unidad fundamental de la Iglesia tenía, en el caso americano, su complemento en una posible integración cultural-étnica del indígena que, en caso de ser aceptada y seguir adelante, serviría de base a un futuro mestizaje español-indio. Ambas cuestiones, religiosa y étnica, no eran problemas separados, sino que tenían implicaciones comunes. La manifestación más coherente y más fácil de observar de esta apertura en la Nueva España fue el experimento de integración educativa que llevaron a cabo los franciscanos en Tlatelolco, en colaboración con las autoridades civiles, a partir de 1536.

En España, los primeros años del siglo XVI fueron de optimismo y esperanza, de reformas y de polémica y, por un corto tiempo, pareció posible cambiar el curso de la historia a través de reformas internas y sin llegar al rompimiento con las instituciones. Por los mismos años en que se llevó a cabo la conquista de México, los autores humanistas que hicieron posible el Renacimiento español trataron de volver a poner al alcance de todos los cristianos las cuestiones que a todos interesaban. Esto significaba una reacción contra el grupo de ''especialistas'' o teólogos que habían pasado, del Evangelio —de uso, lenguaje y comprensión general—, a la teología accesible sólo a un grupo de iniciados. Este selecto grupo escribía en latín, asociaba

[2] Véase la introducción de Kelley, 1977, a ''Los sermones del doctor Constantino Ponce de la Fuente.

vagamente su conocimiento a las instituciones a las cuales pertenecía y formaba una élite intelectual que llegó a considerarse a sí misma la depositaria exclusiva del conocimiento y de la acción (de la "verdad" y del "bien"). Con ellos, los problemas de la existencia que, en Europa, en vísperas de los viajes de Colón, seguían siendo los de la fe, habían pasado a ser el asunto de los especialistas.[3]

El erasmismo fue uno de los hilos más importantes dentro de los movimientos reformistas antielitistas del siglo XVI. Se manifestó en una nueva forma de entender la religión y de dar sentido a la vida cristiana volviendo a las fuentes evangélicas y con el apoyo de los filósofos greco-latinos. Erasmo de Rotterdam fue el representante más vigoroso de este humanismo cristiano que se divulgó como la "filosofía de Cristo".

Esta tendencia tuvo relación con la seguida por los franciscanos observantes a favor de una exaltada espiritualidad que se originó a partir del siglo XIII, alentada por el cardenal Cisneros. Su manifestación extrema fue el movimiento de los "iluminados" sevillanos con quienes, como veremos, tuvo estrecho contacto Constantino Ponce de la Fuente.

El cambio se inició a fines del siglo XV y al cobrar fuerza durante más de veinte años (1495-1517) culminó en la fundación de la Universidad de Alcalá y en la elaboración de la *Biblia Políglota*. Al mismo tiempo que los españoles navegaban por primera vez frente a costas mexicanas, la Universidad de Alcalá publicaba la *Biblia Políglota* que incluía los textos originales completos del Viejo y del Nuevo Testamento en todas las lenguas clásicas utilizadas para su difusión, incluyendo un vocabulario y análisis gramatical.[4] El primer volumen, resultado de un enorme esfuerzo de erudición, y también la exposición de textos comparativos más ambiciosa de su época, apareció en 1517. Por una ironía del destino, esto sucedía al tiempo que Lutero clavaba sus noventa y cinco tesis, inferidas también de la Biblia, en la puerta de la iglesia de Wittenburg, dando inicio a la Reforma protestante. Ese mismo año, tan pródigo en acontecimientos, moría el cardenal Cisneros.

El estudio y la difusión de la Biblia en lenguas vulgares contribuyeron a formar un clero español mejor educado; Cisneros buscó en

[3] Certeau, "Místicos en los siglos XVI y XVII".

[4] Alcalá se fundó entre 1502 y 1508 y sus primeras *Constituciones* se promulgaron el 22 de enero de 1510. Véase Bataillon, 1982, pp. 11-13.

esta forma la manera de poner la cultura y el humanismo del Renacimiento al servicio de la teología. Los teólogos y filósofos españoles así formados estaban convencidos de la primacía del pensamiento religioso, pero trataban al mismo tiempo de hacer compatible el concepto tradicional de autoridad con la posibilidad individual de desarrollar el libre albedrío y la conciencia personal.

A estas dos actitudes —filosofía de Cristo y humanismo cristiano— y simpatizando con ellas, debe añadirse un intento que podría llamarse "utópico", encabezado por los franciscanos, cuyo objetivo era fundar en la Nueva España una Iglesia nueva no contaminada por los vicios de la sociedad europea. Su justificación era edificar en el alma limpia e ingenua de los indígenas una religión sinceramente cristiana, a la manera primitiva y, para lograrlo, no servían las enseñanzas de las escuelas teológicas o filosóficas, ni las ceremonias exteriores, ni las supersticiones que recargaban la práctica del culto, sino el cristianismo evangélico.[5]

Éste era un mundo nuevo, propicio para fundar una Iglesia también nueva, apostólica y evangélica basada en la caridad, pues todos "somos miembros unos de otros, y como miembros ayuntados hacemos un cuerpo".[6] Esta manera de ver la vida era la negación de todas las discordias que enfrentan a los individuos, a las clases y a las naciones; todo egoísmo, todo cálculo era incompatible con esta actitud.[7]

La doctrina evangélica, decía Zumárraga contagiado de este fervor, es manjar simplísimo y "[...] entera y verdaderamente mira a los que tienen los ánimos más simples y puros".[8] En la misma forma los apóstoles, que eran pobres, simples y sin letras, predicaron por todo el mundo a los sabios y poderosos.[9]

El centro de esta línea renovadora eran los escritos de Erasmo (c. 1469-1536). A través de la corriente filosófica y moral conocida como "filosofía de Cristo", él había buscado la manera de reformar y actualizar a la Iglesia desde dentro, para llevarla a una "nueva Edad de Oro", misma que no estaba en un retorno a los textos de los griegos ni en ningún lugar imaginario o perfecto. El ideal erasmiano consistía en vivir cotidianamente la doctrina de

[5] Almoina, 1951, p. XII.
[6] *Enchiridion*, p. 325.
[7] Cit. por Bataillon, 1982, p. 203.
[8] *Dotrina Breue (1543-1544)*. Conclusión.
[9] Ibid., fol. a IIJ.

Cristo y en renovar la religión volviendo a su espíritu y a sus fuentes originales, pero sin apartarse de la unidad católica. Muy importante, ni el maestro ni sus discípulos pretendían, como lo hizo Lutero en esos mismos años, tener autoridad para interpretar las Escrituras ni tampoco justificar al hombre por la fe, independientemente de sus obras.

Entre los escritos de Erasmo, el más divulgado y comentado en España fue el *Enchiridion* o *Manual del caballero cristiano*, que se publicó por primera vez en latín en Lovaina (Bélgica) en 1515 y que durante los años siguientes desempeñó un papel importante, no sólo en la vida espiritual de España, sino de los cristianos de toda Europa que tuvieron acceso a la obra mediante frecuentes traducciones.[10]

Cuando apareció en Sevilla la versión española en el verano de 1526, tenía la aprobación de don Alonso Manrique, arzobispo de Sevilla e Inquisidor General, y el entusiasmo por Erasmo era el fenómeno que más llamaba la atención de los observadores de la vida espiritual española.[11]

Un año antes, Erasmo Schets, mercader de Amberes, reportaba a su homónimo de Rotterdam acerca de la reacción tan favorable que sus escritos provocaban en España:

> Hasta tal punto te glorifican la mayor parte de los hombres grandes, doctos e ilustres de aquella nación, que si te aconteciere ir a su tierra, saldrían a tu encuentro hasta la mitad del camino. De doctrina y escritos nada se lee ya ni se estima entre ellos que no sea tus libros. Dicen que con su lectura se alumbran verdaderamente en espíritu de Dios, consolándose sus conciencias. Te saludan como el hombre único en el mundo que, más que otro cualquiera hasta la fecha, supo verter en discretísimos escritos la doctrina divina, para consuelo y descanso de las almas piadosas.[12]

Erasmo revitalizó a la sociedad española. En 1522, Juan de Vergara escribía que era indecible la admiración que sus escritos

[10] El éxito del *Enchiridion* fue inmediato: se le tradujo al inglés (1518), checo (1519), alemán (1520), holandés (1523), francés (hacia 1525) e italiano (1531). Bataillon, 1982, p. 190.

[11] Esta edición fue tan bien recibida y se agotó tan pronto, que para el verano fue preciso hacer un segunda tirada. Ibid., pp. 192 y 193.

[12] Carta de Erasmo Schets a Erasmo. Amberes, 30 de enero de 1525. En Erasmo, 1932, p. 16.

provocaban en los españoles doctos, indoctos, religiosos y laicos.[13] Todos los que sabían leer y deseaban una superación interior, leían el *Enchiridion* para sentirse iluminados por el espíritu de Dios. Erasmo describía los efectos que debía producir en los cristianos la lectura de las Sagradas Letras:

> Luego sentirás una divina inflamación, una nueva alegría, una maravillosa mudanza, una consolación increyble, una afición muy de otra manera que antes, un desseo de una reformación nunca pensada.[14]

Éstas y otras ideas similares constituían una clara invitación para hacer surgir dentro de cada cristiano un hombre nuevo capaz de armonizar la "verdad" y el "bien", lo dicho con lo hecho y lo pensado con lo expresado. No favorecía incondicionalmente la austeridad del claustro, los ayunos ni la abstinencia y para él, la auténtica perfección residía en los impulsos interiores del alma, no en el género de vida, el alimento o el vestido. Refiriéndose al ayuno, por ejemplo, decía:

> Buena obra es esa, a lo que parece de fuera. Mas ¿a qué fin tira esa su abstinencia? *Si es porque lo manda la Iglesia, bien haces.* Más si es por codicia de ahorrar el gasto, o porque quieres ser tenido por santo, ya tu ayuno va enlodado [...].[15]

En tanto que el hombre, cualquiera que fuera su posición, respetara los mandamientos, el laico no tenía nada que envidiar al religioso; después de todo, los votos sólo habían sido instituidos por los hombres y los mandamientos, por Dios. Todavía más importante era su valoración de la caridad; en ella veía la única manifestación viva del espíritu. Por eso, cualquier reforma emprendida por el hombre, fuera religioso o seglar, debía ser interior. La piedad y la caridad no eran privilegios de los religiosos, y los laicos podían ejercitarlos en la misma forma y con igual eficacia.

> Yo te digo, hermano, que lo principal de la religión verdadera, que es la cristiana, no consiste en meterte frayle, pues sabes que el hábito, como dizen,

[13] Carta de Juan Vergara a Juan Luis Vives. Valladolid, 6 de septiembre 1522. En Erasmo, 1964.

[14] *Enchiridion*, pp. 136-137.

[15] *Enchiridion*, cit. por Bataillon, 1982, p. 197.

no haze al monje. [...] Por esso, ni yo te combido a ella ni tampoco te quito la gana della; de una cosa sola te aviso aquí, que no pienses que está solamente la santidad y culto divino en el manjar ni en el hábito.[16]

EL *ELOGIO DE LA LOCURA* Y LAS DOCTRINAS "HUMANISTAS"

Para comprender la influencia erasmista en las doctrinas de Zumárraga, no basta leer el *Enchiridion* y la *Paráclesis*; el *Elogio de la locura* resulta invaluable para ampliar y explicar los temas que Erasmo presenta formal y seriamente en aquellas obras, pero que desarrolla en ésta. Bajo la apariencia de un pasatiempo ligero e irónico, encuentra la forma de divulgar una serie de conceptos y de hacer críticas que hubieran resultado intolerables si se hubieran expresado en forma convencional.

No es él quien se expresa, sino la señora Stulticia o sea, la Locura. Nadie tiene de qué enojarse si se siente aludido en el *Elogio* de manera crítica, pues nadie puede tomar en serio los discursos de una loca. El análisis implacable de las otras obras de Erasmo se transforma aquí en un trabajo maestro de fina ironía y buen humor. ¿Cómo puede el autor permitirse tantas audacias, calar profundamente y al mismo tiempo divertir a su lector? Tal vez porque detrás de la crítica, el *Elogio de la locura* encierra toda la vitalidad de una época y la esperanza de una reforma de vida que trató de alcanzar en su momento a todos los miembros de la sociedad, incluyendo a la Iglesia con sus teólogos, clérigos, monjes, frailes, obispos, cardenales y papas; a los ricos y poderosos del mundo, los príncipes y los reyes. La *Locura* censura directamente y sin temor —es su privilegio de loca— la necia creencia en milagros, que constituyen una fuente de provecho para sacerdotes y predicadores; el culto supersticioso y egoísta de los santos; las indulgencias y las envidias y pequeñeces de los religiosos.[17]

El *Elogio de la locura* puede ser un buen vehículo para ayudar a comprender el conflicto que vivió España, y que se reflejó en la Colonia, durante la primera mitad del siglo XVI cuando se planteó aquí la posibilidad de vivir el cristianismo a partir de dos principios distintos: el Evangelio o la teología. Erasmo, hemos visto ya, tomó

[16] *Enchiridion*, pp. 409-413.

[17] Erasmo, *Elogio de la locura*, 1981. Véase el pról. de Teresa Suero, pp. 63-64.

partido por el cristianismo evangélico que concebía la vida como una locura de amor y se mostró inclemente en sus juicios hacia los filósofos escolásticos que se perdían en sutilezas teológicas, "que no saben nada de nada y pretenden conocerlo todo".[18] Valoró, en cambio, la locura de Jesús que amó a los pobres y se entendió con ellos, lo mismo que con los ignorantes, los niños y los humildes pescadores. Jesús fue sabio, expresa Erasmo, porque quiso salvar a los creyentes mediante la locura de la predicación evangélica. Podemos imaginar lo sugerente que pudo haber resultado el texto de Erasmo para los frailes observantes que, en un acto de locura dejaban su mundo y la cordura aparente de una cultura ordenada conforme a la razón, para traer a los habitantes de las tierras nuevas, "la locura del Evangelio".

A partir de un juego de ingenio entre ambas locuras, la del sabio y la del ignorante, la del rico y la del pobre, la de la autoridad y la de la gente común, Erasmo enseña divirtiendo y facilita la comprensión de muchos temas e ideales que, a través del *Enchiridion* y la *Paráclesis*, pasaron a las doctrinas que Zumárraga publicó en la Nueva España.

También puede asociarse el pensamiento de Erasmo, por lo que tiene de universal y humanista y no porque su texto se refiera específicamente a estas tierras, con circunstancias de la vida práctica en la Colonia y con críticas a deficiencias y limitaciones que él sitúa en Europa, pero que son semejantes a las que terminaron por invalidar en la Nueva España el proyecto educativo indígena del Colegio de Santa Cruz. Señalo algunos ejemplos:

La voluntad del autor por ser leído y comprendido por todos los hombres, incluyendo los que no eran sabios y letrados. En el prefacio de la obra, dirigido y dedicado a su amigo Tomás Moro, Erasmo espera que la obra sea de su agrado pues "debido a la increíble suavidad y dulzura de tu corazón, con todos los hombres tratas, con todos te avienes y con todos te diviertes".[19]

Capacidad de autocrítica, reconociendo que los sabios y los teólogos también pueden equivocarse, por lo que la verdad y el bien no son prerrogativas exclusivas de la autoridad. Hay algunos oídos que no pueden escuchar sino alabanzas:

> Por eso verás algunos religiosos que entienden su misión de manera tan extraña, que antes tolerarán una gravísima blasfemia contra Cristo, que la

[18] Ibid., p. 203.
[19] Ibid., pról., p. 88.

más leve broma sobre un pontífice o un príncipe, sobre todo si viven a sus expensas [...].[20]

Menciona el temor que experimentan ciertos hombres, mal llamados "instruidos", ante la posibilidad de que el mundo descubra su verdadera y profunda ignorancia. Estos retóricos:

[...] tienen por cosa preclara introducir en su latín algunos pequeños vocablos griegos, con los que hacen a menudo un mosaico fuera de lugar. Y en el caso de que ignoren estas lenguas, no tienen más que sacar de pergaminos apolillados cuatro o cinco palabrejas que suman al lector en las tinieblas [...] y los que no las comprendan les rindan por lo mismo mayor admiración.[21]

Éste era el caso de los frailes y clérigos de limitada formación que, llegados a la Nueva España, escondían sus flaquezas tras una endeble capa de latín y griego. Mendieta narra un caso ejemplar al referirse a un clérigo ignorante y soberbio que, en su momento, se vio expuesto al ridículo por un alumno indio de Tlatelolco que estaba bien preparado.[22]

Erasmo fustiga la falta de sentido del humor o de lo que comúnmente se entiende por alegría de vivir de que hacen gala ciertos sabios y gente de autoridad, hasta que terminan por hacerle la vida difícil a todos:

Llevad un sabio a un convite, y aguará la fiesta con su triste silencio o con molestas cuestioncillas. Llevadlo a un baile y diréis que salta como un camello. Llevadlo a un espectáculo, y sólo su rostro bastará para que el público no consiga divertirse[...].[23]

Muñoz Camargo narra un caso peculiar en que los indios novohispanos acusan a los frailes de locura y enfermedad. Se refiere a los indígenas que vieron la poca disposición de los franciscanos hacia las alegrías de la vida y que, sobre todo en un principio, observaban que estos "hombres sin sentimientos", locos y extraños, renunciaban por voluntad propia a los placeres sensibles. Esto resultaba muy

[20] Ibid., pról., pp. 92-93.

[21] Ibid., p. 101.

[22] El relato del fraile franciscano puede verse al principio del cap. 11 de este trabajo. "Se modifica el proyecto original de Santa Cruz."

[23] Ibid., p. 136.

difícil de explicar para los naturales que sin duda buscaban el placer y el contento en los mismos festejos y celebraciones comunitarias que condenaban los frailes.[24]

Erasmo simpatiza poco con los monjes, los religiosos y los frailes incluyendo, en primer lugar, a los franciscanos. La *Locura* afirma que nadie los tolera, al extremo de que, si les encuentran casualmente, crean que es señal de mal agüero. Sin embargo, los hombres de la Iglesia se sienten sumamente satisfechos de sí mismos y:

> [...] estiman como signo de la más alta piedad estar tan ayunos de toda clase de estudios que ni siquiera sepan leer. Además, cuando cantan los salmos, pronunciados, pero no entendidos, y atruenan el templo con sus voces de jumentos, creen verdaderamente que proporcionan un gran deleite a los oídos de las personas celestiales.[25]

Continúa diciendo que los religiosos "piden a voz en grito el pan de puerta en puerta, sin dejar hostería, carruaje o navío que no asalten", perjudicando así, al hacerles la competencia, a los demás mendigos. Son hombres sucios, ignorantes, groseros e impúdicos. Algunas veces les horroriza el contacto con el dinero, "pero no el del vino ni el de las mujeres".[26]

Veremos que la Iglesia novohispana negó la ordenación sacerdotal a los estudiantes indígenas de Tlatelolco acusándolos de ser aficionados a la bebida y a las mujeres. Al mismo tiempo, hubo indios nobles como don Carlos de Tezcoco que, con agudo sentido crítico, recriminaron a los frailes españoles por cometer con relativa impunidad las mismas faltas.[27]

La preocupación de estos malos frailes no es parecerse a Jesucristo, sino diferenciarse entre sí: los hay cordeleros (franciscanos) que a su vez son recoletos, menores, mínimos y bulistas, otros prefieren llamarse benedictinos, bernardinos, agustinos, etc., como si no fuera suficiente llamarse cristianos.[28]

[24] Véase en el cap. 5 de este trabajo, "Los españoles no bebedores vistos por los indios".

[25] Erasmo, *Elogio de la locura*, 1981, p. 215.

[26] Ibid., p. 216.

[27] Véase en el cap. 11 de este trabajo, "El caso del indio que sí comprendió".

[28] Cordeleros: eran los franciscanos fundados en 1223, llamados así por el cordón o cuerda que ceñían en la cintura. Los Bulistas se apoyaban en una bula de Eugenio IV. Erasmo, *Elogio de la locura*, 1981, p. 217.

Los antecedentes de las pugnas y rivalidades entre el clero secular y el regular, o entre frailes relajados y de estricta observancia que tuvieron lugar en la Nueva España, tenían sus razones en el conflictivo y heterogéneo mundo que describe Erasmo. Si dentro del clero español había tantas carencias y si ésta era la gente que pasaba a América, resultaba casi imposible encontrar a los religiosos idóneos en número suficiente para llevar a cabo la evangelización cabal de los indios.

Erasmo menciona con sarcasmo a un fraile que durante más de once lustros hizo vida de esponja, sin moverse del mismo lugar; y a otro que en sesenta años no tocó ninguna moneda, "a no ser con los dedos doblemente enguantados"; y a uno más que ayunaba siempre, comiendo una sola vez al día en que se "llenaba el estómago hasta rebozar". ¿Dónde, pregunta la *Locura*, están las obras de fe y de caridad?[29]

A pesar de tantos abusos cometidos, nadie se atreve a molestar a los frailes, sobre todo a los mendicantes porque, por su oficio de confesores, detentan los secretos de todos:

> No es lícito descubrirlos [los secretos], a no ser cuando, después de haber bebido, quieren deleitarse con agradables anécdotas, y aun así dicen las cosas para que se entiendan por conjeturas, callando siempre los nombres. Pero si alguien irritara a estos zánganos, entonces se vengarían en sus sermones, designando al enemigo mediante alusiones indirectas.[30]

Sabemos que en la Nueva España, y sobre todo a partir del siglo XVII —en que había disminuido el número de indios y aumentado el de los confesores—, la práctica de la confesión se volvió desagradable para los indios que se acercaban al sacramento de mala gana y que, dicho por los mismos sacerdotes, callaban sus faltas por temor.

En el *Elogio de la locura*, Erasmo toma alternativamente dos posiciones encontradas respecto a la gula: cuando él habla a título personal, la razón se impone y triunfa la templanza, pero cuando la *Locura* toma la palabra, gana la pasión y se manifiesta en plenitud la alegría desbordante e incontrolada que acompaña al exceso.

En el primer caso, Erasmo se muestra abierto partidario del triunfo del espíritu, al igual que su contemporáneo fray Francisco de Osuna

[29] Ibid., pp. 217-218.
[30] Ibid., p. 219.

en el *Tercer abecedario espiritual*[31] y enaltece el valor de la mortificación como medio para alcanzar la virtud. Visto con esta óptica —la de la razón— el apetito carnal y la necesidad de alimentarse, son pasiones que dependen estrechamente "de la grosería del cuerpo", igual que el sueño, la ira, la soberbia y la envidia. La gente devota les ha declarado guerra sin cuartel, a diferencia de la gente vulgar, que considera "que sin ellas no es posible la vida".[32] En todos los actos de la vida hay un aspecto visible o tangible y otro invisible o intangible. El ayuno, por ejemplo,

> [...] no consiste tanto en abstenerse de comer carne y de cenar —que es lo que el vulgo considera lo esencial del ayuno—, como en desprenderse todo lo posible de las pasiones, para que la ira y la soberbia no se muestren con su ordinario desenfreno, y para que el espíritu, más alivianado de su carga corporal, llegue a gustar y poseer los bienes celestiales.[33]

La influencia de los monjes del desierto y de los padres de la Iglesia es innegable en estos comentarios del *Elogio*,[34] pero hay pasajes de la misma obra en que la *Locura* toma la palabra y expone su parecer, mismo que, como era de esperarse, es opuesto al de los monjes penitentes. El marco de referencia que escoge la *Locura* en esta ocasión no es cristiano ni evangélico. Usa como punto de partida el discurso grecolatino porque Erasmo, el humanista del Renacimiento, no resiste la seducción del pensamiento clásico. Si para los estoicos la sabiduría consiste en el dominio de la razón, Baco representa el triunfo de la embriaguez, o sea el abandono y la locura que son inseparables de la pérdida del juicio. Como resultado de este planteamiento, la *Locura* hace un magnífico panegírico de la embriaguez:

> ¿Por qué Baco es siempre el efebo de hermosos cabellos? Sencillamente porque vive, ebrio e inconsciente, entre festines, danzas, cánticos y juegos y no tiene con Palas el menor trato. Por lo contrario, se aleja de ella, y tiende tan poco a pasar por sabio, que quiere que se le honre únicamente con burlas y chanzas.[35]

[31] Véase en el cap. 10 de este trabajo, "La negación del placer".
[32] Erasmo, *Elogio de la locura*, 1981, p. 264.
[33] Ibid., p. 264.
[34] Véase en el cap. 2 de este trabajo, "Los padres de la Iglesia; el rechazo a los placeres."
[35] Erasmo, *Elogio de la locura*, 1981, p. 116.

La locura consiste en dejarse llevar por las pasiones. Para que la vida del hombre no fuera triste y amarga, Júpiter, el padre de los dioses, relegó la razón "a un pequeño ángulo de la cabeza del hombre y abandonó el resto del cuerpo a todas las pasiones".[36] Colocó a la concupiscencia en el bajo vientre y enfrentó este tirano a la razón. A partir de entonces, la razón y las pasiones luchan furiosamente. Orgullosa de su poder, la *Locura* explica que, por lo general, la razón suele ceder y rendirse ante ella. Como la vida del hombre no es fácil ni placentera, la *Locura* puso a su lado a la mujer, "animal loco e inepto sí lo hay, pero gentil y suave al mismo tiempo, que en la vida doméstica atenúa y endulza con su locura la melancolía y aspereza de la índole varonil".[37]

La mujer no puede ser virtuosa y el vicio se agrava cuando pretende revestirse de virtud, "yendo contra la naturaleza". Para dejar claro este punto, la *Locura* explica que, con la mujer, sucede lo mismo que con la mona, "aunque la mona se vista de seda, mona se queda". Esto significa que la mujer es siempre mujer, esto es, loca, aunque se ponga una máscara de virtud.[38]

Baco es también el símbolo de la alegría y de la risa que acompañan a los banquetes; "¿Y qué diré de lo que hacen los dioses, ya bien bebidos, después de los festines?", pregunta la *Locura* con una buena dosis de picardía,[39] al considerar que no puede haber fiesta sin la presencia de las mujeres y del vino. Termina este párrafo explicando que no todos los hombres se rinden ante la mujer; hay algunos, sobre todo entre los viejos, que son "mucho más bebedores que mujeriegos [y] que encuentran el supremo deleite en las bebidas".[40]

La *Locura* sigue divagando y pasa a describir la exuberancia fantasiosa de una buena mesa en que se exhiben confituras, manjares y golosinas; comer y beber es mucho más que alimentarse, e   arle contento al cuerpo, deleitar no sólo el gusto, sino la nariz, los ojos y los oídos. Todos los sentidos se involucran en un conjunto de risas, burlas y donaires:

> De esta clase de postres soy yo única repostera. Todas las ceremonias de los banquetes, el sorteo para designar al rey del festín, el juego de los

36 Ibid., p. 120.
37 Ibid., p. 121
38 Ibid., p. 122.
39 Ibid., p. 120.
40 Ibid., p. 123.

dados, los brindis recíprocos, las rondas de vino, [...] danzar y hacer tonterías, no fue inventado por los siete sabios de Grecia, sino por mí, para la salud del género humano.[41]

Locura y razón alternan en la obra; ¿cuál de las dos protagonistas del relato es el verdadero Erasmo? Cuestión ardua de responder, pues no es fácil distinguir la línea fugaz, tenue y cambiante que en la vida real separa la locura de la razón. Erasmo utiliza a la *Locura* para señalar los vicios y fallas de la sociedad de su tiempo. Ella se encarga de fustigar a clérigos y religiosos por no ser capaces de predicar el verdadero cristianismo con el ejemplo de su vida. En este caso la *Locura* pudiera ser para Erasmo la protagonista de la razón.

Respecto a las bebidas embriagantes, su posición es también ambigua o, al menos, poco ortodoxa. La *Locura*, como hemos visto, es la verdad disfrazada y aprueba el gozo sensual y el desorden que acompañan a la bebida. Erasmo parece aceptar la alegría como elemento fundamental de la existencia y afirma que una vida triste no merece llamarse vida. Difícilmente se expresaría así de la ocasión festiva en que se bebe vino, si no hubiera sido él mismo una persona amante de los gozos de la vida, lo cual no implica necesariamente abusar de ella. Ni la lectura del *Enchiridion* ni de la *Paráclesis* contradicen esta afirmación como podrá verse más adelante.

Hablaré ahora de otro autor brillante y polémico que, lo mismo que Erasmo, llegó a las tierras nuevas en el equipaje y con los libros de Zumárraga.

El doctor Constantino y el cristianismo armonioso

El doctor Constantino Ponce de la Fuente, español de origen judío, fue sin duda la personalidad más vigorosa que dieron los conversos a la Iglesia de España en la época del Emperador Carlos V.[42] Fue durante 22 años, a partir de 1533, predicador de la catedral de Sevilla y sólo salió de esa ciudad algunas temporadas que pasó en el extranjero. Desde Sevilla conoció el pensamiento de Erasmo y recibió también la influencia del espíritu moderno del cardenal Cisneros.

[41] Ibid., p. 124.
[42] Bataillon, 1982, p. 523.

Sevilla era en aquel entonces la puerta del Nuevo Mundo; literalmente el lugar por donde entraban a España los aires de un mundo nuevo o, dicho en otra forma, la ciudad de donde salían hacia América la cultura occidental y la religión cristiana. No hay que olvidar que esta ciudad fue también el centro de una poderosa difusión del ideal evangélico elaborado principalmente a partir de dos fuentes: el libro y el sermón. Constantino se distinguió en ambos campos. Su elocuencia en el púlpito le dio tanta fama que varios prelados quisieron, sin éxito, atraerlo a sus diócesis. Carlos V lo hizo capellán y predicador suyo y con él viajó varios años por Alemania y los Países Bajos. Vuelto a Sevilla, explicó en diversos sermones, lecciones y comentarios los *Proverbios*, el *Eclesiastés*, el *Cantar de los Cantares* y la primera mitad del *Libro de Job*.

A más tardar en 1543 —no sé si hubo una edición anterior— publicó su obra más importante, ambiciosa y completa, la *Suma de Doctrina Christiana*, obra que contenía "todo lo principal y necesario que el hombre christiano debe saber y obrar".[43]

Igual que el *Enchiridion* de Erasmo, la *Suma* de Constantino presenta el cristianismo como un todo unificado; verdad espiritual y acción se sostienen mutuamente, aunque Constantino es más minucioso y fijado en los detalles de la vida real.[44] Esta obra en la que no se pronuncia ni una vez el nombre de Erasmo, constituye, a juicio de Bataillon, una de las expresiones más importantes del ideal cristiano erasmista en España.[45]

El mismo Menéndez Pelayo, crítico decidido de todos aquellos moralistas que él llamó "los heterodoxos españoles", entre cuyos miembros más conspicuos incluyó a Constantino, no pudo dejar de reconocer la elegancia y sencillez de la *Suma*. Afirma que es "el mejor escrito de los catecismos castellanos". Sin embargo, añade a continuación que no es el más puro. A su juicio, el libro es mucho más peligroso por lo que calla que por lo que dice. "Cuando habla de la Cabeza parece referirse siempre a Cristo. No alude una sola vez al primado del pontífice, ni lo nombra, ni se acuerda del purgatorio

[43] *Suma de Doctrina Christiana*. En que se contiene todo lo principal y necesario que el hombre christiano debe saber y obrar. Colofón: Acabose la presente obra: compuesta por el muy reuerendo señor el doctor Constantino: fue impressa en la muy noble y muy leal ciudad de Seuilla: en las casas de Juan cromberger que sancta gloria aya: año de mill y quinientos y quarenta y tres: a siete dias del mes de Deziembre; Véase también Menéndez Pelayo, 1987, II, p. 62.

[44] Bataillon, 1982, p. 536.

[45] Ibid., p. 539.

Fig. 4. Zumárraga utilizó un modelo único con ligeras variantes como portada de cuatro diferentes Doctrinas. Por orden cronológico la primera es la *Dotrina Breue (1543-1544)* cuyo contenido es, en su conjunto, un homenaje silencioso, pero incondicional, a Erasmo de Rotterdam. Erasmo deseaba poner la riqueza del cristianismo evangélico al alcance de todos, incluso de los "ínfimos y pequeños".

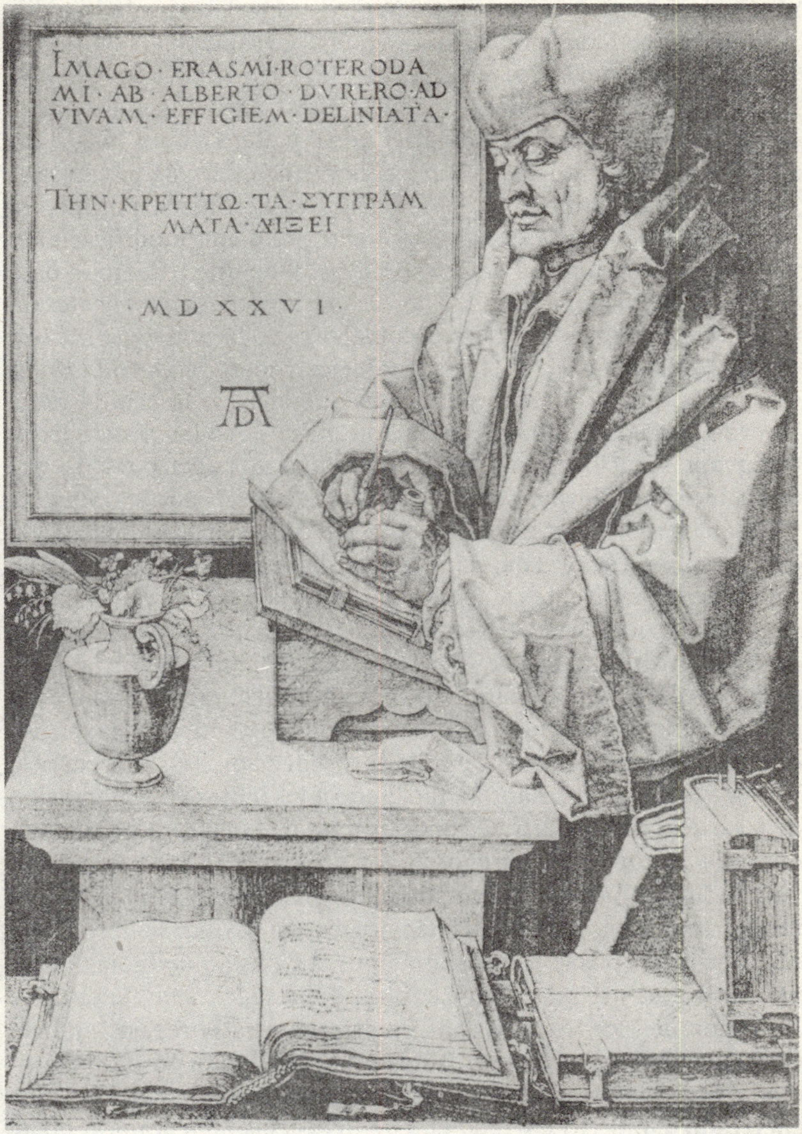

Fig. 5. Erasmo consideraba que el laico poco tenía qué envidiar al religioso; después de todo, los votos que obligan a éstos sólo habían sido instituidos por los hombres y los mandamientos que obligan a todos, por Dios. Su *Manual del caballero cristiano* y la *Paráclesis* sirvieron, textualmente, para elaborar buena parte de esta *Dotrina Breue (1543-1544)*.

ni mienta las indulgencias.''[46] La Virgen se menciona sólo lo indispensable y no recomienda la invocación a los santos.

La obra tuvo tal éxito, que en el año 1551 iba ya en la 5a. edición. Sería justo, dice Bataillon, añadir a estas impresiones una más, hecha en México en 1545-1546, si no se tratara de un plagio sin nombre de autor, que constituye el homenaje más significativo al libro de Constantino.[47] La observación es pertinente porque, en efecto, la *Suma de Doctrina Christiana* sirvió con modificaciones mínimas —como podrá verse en el Cap. 9 de este trabajo— para formar la *Doctrina Cristiana: más cierta y verdadera para gentes sin erudición y letras* que imprimió Zumárraga en la ciudad de México en 1546 y que vino a completar ideológicamente a la *Dotrina Breue* erasmiana que había sido publicada, también en la capital de la Nueva España, en 1543-44. Bataillon afirma que los franciscanos observantes, incluyendo a Zumárraga, han de haber pensado que este catecismo reducido a lo esencial, que hacía a un lado los milagros y quitaba importancia a la representación e imagen de los santos con el propósito de evitar confusiones entre la fe y el paganismo, podía constituir un excelente catecismo para los indios.[48] Gruzinski, a su vez, señala que en su deseo de ir a lo esencial y de evitar ese desconcierto, un ala de la Iglesia franciscana privaba al cristianismo de los medios de materializar o de visualizar conceptos que eran ajenos y lejanos a las culturas indígenas. Dicho en otra forma, piensa que las imágenes, relatos de milagros, devoción más abierta a la Virgen y a los santos, habrían facilitado a los indios la comprensión de las categorías y clasificaciones propias de la cultura occidental, que eran desconocidas para los indios.[49]

En 1546, año de la publicación mexicanizada de la *Suma*, Constantino todavía gozaba de su buen nombre en Sevilla; su libro había sido aprobado por la Inquisición y por el Consejo de Indias, tenía privilegio real y se reimprimía con éxito. Su suerte cambió durante la década de 1550 cuando, por predicar contra la recién fundada Compañía de Jesús, comenzó a sospecharse sobre su posible heterodoxia. Fue a dar a las cárceles de la Inquisición donde pasó dos años encerrado y falleció en 1560 en circunstancias lamentables; no se

[46] Menéndez Pelayo, 1987, II, 63; Cf. García Icazbalceta, 1889, p. 299; Bataillon, 1982, p. 826.
[47] Bataillon, 1982, p. 540.
[48] Ibid.
[49] Gruzinski, 1988, pp. 244-245.

aclaró si por haberse suicidado o como resultado de los malos tratos recibidos. Las causas de su posible suicidio tendrían una triste y brutal relación con la manera de beber; se dijo que había introducido en su garganta los pedazos del vaso en que le servían el vino.[50] Ni aun muerto alcanzó la paz. El Santo Oficio quemó su estatua y sus huesos en un auto celebrado dos meses después.

A la presencia real, aunque silenciosa, de Erasmo y Constantino, se debe que conceptos esenciales de la "filosofía de Cristo" hayan sido aprovechados durante unas pocas décadas para la evangelización de los naturales en la Nueva España. Sin embargo, ésta no fue la única opción de aprendizaje indígena, porque desde la llegada de los frailes a la Nueva España se manifestó también otra corriente que deseaba y pugnaba por un modelo de cristianización diferente. Veremos ahora en qué consistieron ambos modelos y qué ventajas o problemas se encontraron para su posible implantación.

[50] Menéndez Pelayo, 1987, II, 72.

5. LA SEDUCCIÓN DE DOS NUEVAS BEBIDAS

LA CONQUISTA fue encuentro de dos culturas; pero también implicó, en una proporción más modesta, el contacto —o tal vez el choque— entre dos bebidas embriagantes diferentes. En este apartado intento vislumbrar ese encuentro a través de algunos textos no doctrinales para poder esbozar el valor que una y otra cultura dieron a la bebida embriagante que les era novedosa.

Entre 1524, año en que tuvieron lugar los *Coloquios*, y 1548 cuando murió Zumárraga, el uso ceremonial del *octli* fue desvaneciéndose en la memoria de los hombres indígenas que iban envejeciendo.

Durante esta época, los evangelizadores no hicieron en los textos doctrinales una distinción formal entre el vino de uva y el pulque; ambas bebidas embriagantes recibieron el nombre genérico de "vino". Estos términos se identifican con las dos culturas que se encontraron en Mesoamérica al tiempo de la conquista. Por eso, y a sabiendas de que los brebajes que embeodan son múltiples en ambos mundos, me limito a estudiar el pulque y el vino, mismos que llamo "bebidas embriagantes".[1] Bebidas seductoras, peligrosas y poderosas que, al sacar de juicio y turbar los sentidos, podían ser, en última instancia, un elemento para aproximarse o, inclusive, identificarse con el mundo que las sociedades tradicionales consideran real o verdadero. Tal sería el caso de la embriaguez ritual entre los mexicas o, en sentido figurado, el de la embriaguez mística en los círculos de mayor espiritualidad a principios del siglo XVI.[2]

[1] El *Diccionario de Autoridades* (Madrid, 1737) define el vino como "el licor que se hace del zumo de las uvas exprimido, y cocido naturalmente por la fermentación". El *Diccionario de Mejicanismos* (Méjico, 1959) define el pulque como la "bebida embriagante, espirituosa, blanca y espesa de aspecto nauseabundo y sabor desagradable que se obtiene haciendo fermentar el aguamiel, o jugo que dan los bohordos del maguey, cortados antes de florecer". La definición me pareció suficientemente comprensiva y delimitativa, pero como los calificativos peyorativos que la acompañan no pueden ser explicados ahora, será conveniente ignorarlos hasta intentar comprender, al desarrollar el trabajo, lo que el pulque significó para los hombres de cultura judeo-cristiana.

[2] El tema de la bebida embriagante, y sobre todo el de su abuso, es delicado y complejo; rebasa con mucho los límites fijados para este trabajo. Por eso me he limitado

En estos primeros años de evangelización, el pulque, bebida de consumo popular cada vez más generalizada, estuvo presente en la vida diaria de los indios y, muy pronto también, de los negros, los mulatos y las castas que fueron sumándose a la población original del Nuevo Mundo. Al mismo tiempo, observamos con curiosidad que este brebaje está ausente de los textos normativos que la Iglesia seleccionó, elaboró y editó en México para transmitir a los indígenas. En este tiempo Zumárraga imprimió sus doctrinas; fue el periodo del "silencio pulquero" porque, ni con el nombre de *octli* ni con el de pulque, entró la bebida en los *Coloquios* de los doce franciscanos (1524) o en las ocho doctrinas que el obispo Zumárraga dispuso para su publicación entre 1543-1544 y 1548. Pero, si consideramos que en estos años el pulque seguía siendo la bebida indígena embriagante por excelencia en la Nueva España, el silencio resulta elocuente. Pudiera ser que a los moralistas les resultara innecesario hacer la distinción al elaborar los textos normativos. El pulque era la bebida embriagante propia de América, como lo era el vino de la vid en la zona de influencia mediterránea. Ambas, cada una en su entorno cultural y geográfico, eran bebidas de gusto general y de consumo popular y, en principio, las dos debían quedar sujetas al mismo control general de la Iglesia.

Sabemos por otra parte, a través de informes, crónicas y abundante correspondencia contemporánea de diversa índole, que tanto los religiosos que evangelizaron a los naturales durante ese periodo como también la Corona, tenían conciencia del daño que la bebida desordenada y creciente causaba entre los naturales. Por eso se intenta ahora, a partir de textos que, a diferencia de las doctrinas, no tenían intención normativa, penetrar el significado de ese silencio. He tratado de evitar el término "alcoholismo"; las fuentes no lo usan en el siglo XVI y en la actualidad se le asocia con circunstancias peculiares derivadas de la enfermedad que recibe ese nombre. Los especialistas piensan que el alcohólico tiene ciertas características que no todos los borrachos o briagos comparten, o sea que no todo bebedor desordenado puede o debe ser considerado alcohólico.[3]

a ciertos aspectos del discurso moral y a relacionarlo con los posibles modelos de evangelización indígena, implícitos en las doctrinas del obispo Zumárraga.

[3] El hábito de la bebida embriagante, aun acompañado de ciertos patrones de conducta negativos, no es sinónimo de que el sujeto haya desarrollado un problema de alcoholismo definido como una enfermedad que hoy en día se define como "incurable, pro-

Los religiosos y el vino

La conquista espiritual que iniciaron los franciscanos poco tiempo después de la caída de Tenochtitlan no fue empresa fácil. Dejando a un lado otro tipo de consideraciones, la necesidad de satisfacer, aunque fuera en forma precaria, su hambre y su sed, han de haber representado para los religiosos recién llegados un interminable y penoso esfuerzo. Es posible que su primer contacto con los naturales haya estado encaminado a resolver estas carencias.

Entre el reto para solucionar sus necesidades elementales y el que implicaba evangelizar a los naturales, transcurría el tiempo de los frailes en las tierras nuevas. Fray Juan de Zumárraga mostraba su preocupación por la situación de penuria en que vivían los religiosos, trabajando mucho y comiendo poco y mal:

> Así se nos murió fray Martín de Valencia, de pura penitencia, y fray García de Cisneros, provincial el año pasado; y fray Antonio de Ciudad Rodrigo, que es ahora provincial de un año acá, está en eso; y este domingo que yo lo llevé a predicar, que de pura flaqueza se cae de su estado, ni puede comer. Y crea vuestra merced, que solas las confesiones de los indios y aprender su lengua, con andar a pie y comer tortillas y agua, desmayan en el espíritu y cuerpos; y así los de acá se nos mueren y los de allá no vienen, yo y todos desmayamos.[4]

Como venían de la vieja cultura mediterránea, sería interesante saber qué actitud personal tomaron los religiosos recién desembarcados en lo que atañe a su tradicional bebida embriagante. Vimos que el uso moderado del vino no podía estarles prohibido; era parte de la vida diaria europea y, sobre todo, el ingrediente indispensable para efectuar la transustanciación durante el sacrificio de la misa. También era un sustituto del agua que con frecuencia estaba contaminada y causaba trastornos y enfermedades. Pero en la práctica, el vino de Castilla ha de haber sido caro, malo y escaso en las nuevas

gresiva y mortal'', pero que puede ser ''arrestada'' o detenida con éxito. La Fundación Hazelden ha publicado abundante material sobre este tema. Pueden leerse, entre otros: Richard O. Heilman, M.D. *Early recognition of alcoholism*; J. George Strachan, L.L.D. *Alcoholism, tratable illness*; así como las publicaciones de ''Alcohólicos Anónimos''. Además: Edward W. Desmond *et al.*, ''Out in the open'', Time, November 30, 1987.

[4] Carta del obispo de México, fray Juan de Zumárraga a Juan de Sámano, Secretario de S. M. México, 20 de diciembre de 1537. Cit. por Cuevas, 1928, I, p.174.

In eccl̄ia volo q̄nq̄ ver
ba sensu meo loqui: vt
alios instruaꝫ. Paul⁹
p̄me coꝝ.xiiij. capite.

Doctrina cristia=
na: mas cierta y v̄dadera p̄a gēte sin erudi
ció y letras: ē q̄ se cōtiene el catecismo o in
formació p̄a indios cō todo lo principal y
necessario q̄ el x̄piano deue saber y obrar.

Fig. 6. Portada de la *Doctrina Cristiana: más cierta y verdadera (1546)*, posiblemente el catecismo más humanista y evangélico de cuantos salieron de las imprentas americanas. Esta *Doctrina*, publicada por Zumárraga, transcribe textualmente la *Suma* del Doctor Constantino (Fig. 13) que, años más tarde, fue condenada en España por la Inquisición. Sin embargo, el brazo inquisitorial nunca alcanzó al obispo de México que había hecho suyos, palabra por palabra, los conceptos de Constantino, aunque sin mencionar su nombre. Por una ironía del destino, Zumárraga iba a morir en México tranquilo y respetado en 1548, mientras que, en Sevilla, el autor de la *Suma* era acusado de luterano, esto es, de hereje y heterodoxo. Murió preso en 1560 antes de que pudieran mandarlo a la hoguera y la Inquisición debió resignarse a llevar a cabo un Auto de fe póstumo y a quemar sólo su efigie y sus restos.

colonias, puesto que llegaba "mareado" de España después de un largo y aventurado viaje. Era una bebida apreciada aunque difícil de obtener; Motolinía se lamentaba de que, en ocasiones, "[...] el vino para decir las misas, muchas veces se hallaba con trabajo, que era imposible guardar las ceremonias con todos [...]".[5]

En 1538 fray Juan de Zumárraga era ya un hombre mayor, pero el vino seguía siendo su bebida predilecta. En una carta escrita a Suero del Aguila se lamentaba del poco tiempo que podía dedicar a la lectura:

> [...] no tengo tiempo de día para leer, y la noche es el mi consuelo: dexo las cenas y aun el vino para poder gozar de las cosas grandes que vienen quando ya se va acabando la vida; ya tengo cerca de setenta años [...].[6]

Los españoles preferían el vino de uva y no eran partidarios del pulque; para ellos esta bebida era un gusto adquirido y el olor del aguamiel fermentado les resultaba repulsivo las primeras veces que lo bebían, pero estaban dispuestos a tomarlo si no encontraban a la mano el añorado vino español. Parece que a Motolinía no le disgustó su sabor; explicaba que del *metl* o maguey salía un licor que "es como aguamiel: cocido y hervido al fuego hacese un vino dulcete, limpio, lo cual beben los españoles y dicen que es muy bueno y de mucha sustancia y saludable".[7]

El vino español producía en los religiosos reacciones ambivalentes; era buscado y temido, deseado y rechazado a la vez. Mariano Cuevas dice que los frailes no lo bebían, no sólo por razones económicas, sino por ser causa y origen de múltiples faltas contra la castidad a la que estaban especialmente obligados los religiosos:

> El vino, siempre los padres antiguos de esta provincia tuvieron por vicio beberlo así por venir de España y valer caro, como también porque en esta tierra es fuego y enciende el cuerpo desmesuradamente.[8]

Por las mismas razones, los guardianes de los monasterios procuraban que sólo hubiese una pequeña botija de vino para las misas; cuando el obispo Zumárraga envió al padre Ciudad Rodrigo y a los

[5] Motolinía, segunda parte, cap. 4.
[6] Cit. por Almoina, 1951, p. X.
[7] Motolinía, tercera parte, cap. 19.
[8] Cit. por Cuevas, 1928, I, 175. Lo toma de Mendieta, *Historia eclesiástica indiana*, sobre todo del libro quinto.

frailes de su convento una botija de vino como regalo para celebrar la Pascua, éste no quiso recibirla y mandó decir que si tanto amaba a sus frailes, no permitiera que se relajaran en malas costumbres.[9]

Si los españoles no olvidaban el vino cuando venían a América, los indios tampoco estuvieron dispuestos a dejar su querido vino de la tierra, el viejo *octli* que ahora, después de la caída de Tenochtitlan, se conocía cada día más con el nombre de pulque.

Hay numerosa documentación, tanto de funcionarios civiles como del clero, que nos sugiere lo aficionados que eran los indios a la bebida. Como ejemplo puede citarse el siguiente párrafo escrito por Motolinía hacia 1536. Narra el fraile que los que gobernaban los pueblos de *Yacapichtlan* y *Uaxtepec*:

> [...] eran indios quitados de vicios y que no bebían vino; que era esto como cosa de maravilla, así a los españoles como a los naturales, ver algún indio que no bebiese vino, porque en todos los hombres y mujeres adultos era cosa general enbeodarse; y como este vicio era fomes y raíz de otros muchos pecados, el que de él se apartaba vivía más virtuosamente.[10]

Taylor, por su parte escribe que, en sus informes, los españoles achacaban a la bebida embriagante prácticamente todos los pecados y problemas sociales entre los indios, "incluso la idolatría, la rebelión, la pobreza, la enfermedad, los crímenes con violencia, la infidelidad y el incesto".[11]

Los indígenas siguieron bebiendo, pero en un marco distante de las suntuosas y complejas ceremonias religiosas de su gentilidad. En efecto, los patrones que regulaban el consumo de bebidas embriagantes se modificaron en forma importante durante los primeros cincuenta años de vida colonial. Taylor señala tres factores principales: la inclusión de un mayor número de nuevos *macehuales* en el grupo de los bebedores; el ajuste de la embriaguez ritual de los campesinos a los numerosos días de fiesta del calendario católico y la comercialización del pulque.[12]

[9] *Relación de la Descripción de la Provincia del Santo Evangelio (1585)*, p. 84. Mendieta, libro quinto, cap. 21. Dice el mismo relato que ante la tentación, el guardián de la celda exclamaba: "Cilicios, cilicios, no vino".

[10] Motolinía, segunda parte, cap. 2. Torquemada, libro XVI, cap. 6. *fomes*. "Causa que nos incita y mueve a hacer alguna cosa." Más apropiada todavía es la definición de *fomes pecata*: "Inclinación o propensión que naturalmente tenemos a lo malo, heredada de nuestros primeros padres". *Diccionario de autoridades (1732)*.

[11] Taylor, 1987, p. 68.

[12] Ibid., pp. 110-111.

Los indios y el pulque

Respecto al primer punto; la manera de beber dependía no sólo de los hábitos personales del individuo, sino del lugar que ocupaba en la sociedad.

La antigua clase dirigente, formada por los indios nobles y los principales que se había responsabilizado por mantener el equilibrio de los grupos mexicas, perdió en los años inmediatos posteriores a la conquista buena parte de sus privilegios tradicionales y vio disminuida su autoridad para seguir imponiendo con eficacia la norma de sobriedad entre la población. En 1524, sólo tres años después de la caída de Tenochtitlan, los sabios que dialogaron con los frailes tenían ya conciencia plena de que aquello había terminado, porque se habían ido, "[...] los que nos guían, dicen el camino, los que ordenan como cae el año, como siguen su camino la cuenta de los destinos y los días [...]".[13]

Al empobrecerse la "gente de linaje" y dejar de tener acceso a la esmerada educación y rígida disciplina impuesta por sus antiguos maestros, las diferencias con los *macehuales* —plebeyos o gente del pueblo— fueron atenuándose, no porque éstos estuvieran mejor, sino porque aquéllos estaban peor.

Como su comportamiento había dejado de ser observado y juzgado con dureza por la sociedad y ya no eran castigados con eficacia, los indios nobles comenzaron a beber como lo hacían los *macehuales*, sin disciplina y en ocasiones múltiples. Éstos, a su vez, ya no respetaban ni temían a sus antiguos señores y se dieron cuenta de que, en lo que toca a la cantidad y lugar para beber, podían hacer cada día con mayor facilidad lo que les venía en gana.

En el proceso criminal seguido contra don Carlos de Tezcoco, vemos al propio cacique recriminando a los españoles por haber restado a los *pipiltin* o gente de linaje la autoridad necesaria frente al pueblo:

> En su tiempo no se asentaban los *maceguales* [la gente del pueblo] en petates ni en *equipales* [en esteras y en sitiales reservados a la gente de linaje]. Ahora cada uno hace y dice lo que quiere.[14]

[13] *Coloquios*, p. 141.

[14] *Proceso criminal del Santo Oficio de la Inquisición contra don Carlos, indio principal de Tezcoco*. Ampliación de la declaración que hizo Francisco Maldonado, pp. 40-41.

También había diferencias de comportamiento entre los campesinos menos expuestos al choque cultural que se dio en los centros urbanos, especialmente la ciudad de México o Tlaxcala, y los indios que vivían en estas poblaciones y cerca de los españoles. Según parece, tomaron las malas mañas de los recién llegados, al tiempo que se debilitaban sus propios valores.

El segundo punto es muy sugerente. Se refiere a los ajustes de la embriaguez ritual indígena cuando les fueron prohibidas sus antiguas celebraciones. Taylor se apoya en los testimonios de los religiosos, quienes se quejaban de que la embriaguez era un fenómeno cada día más extendido y destructivo entre los indios y de que, al beber, sobre todo en estas fechas todavía cercanas a su gentilidad, regresaban a sus actitudes idólatras prehispánicas. Lo mismo señala Gruzinski al afirmar que la Iglesia denunciaba la embriaguez en todas sus manifestaciones y reprobaba de igual manera las formas rituales y sagradas de beber que favorecían el éxtasis y la posesión.[15]

La Iglesia y los indios no asignaban al concepto de realidad las mismas fronteras. Para la Iglesia, la "razón" era sinónimo de lo "real"; para los indígenas, "razón" no era sino una de las instancias de la realidad. La Iglesia, por lo tanto, excluía de su campo formal los sueños, las alucinaciones y la embriaguez, al tiempo que las culturas indígenas les concedían una significación decisiva porque les facilitaban el contacto con otras fuerzas, mismas que los frailes calificaban de oscuras o demoniacas.[16]

Los indios estaban acostumbrados a tener festividades periódicas en que el trabajo y los ritos se encontraban profundamente entrelazados.[17] Como se les habían quitado aquellas que podían traerles reminiscencias de su vieja religión (que eran prácticamente todas), para continuar celebrando, sobre todo en ocasión del inicio de un nuevo ciclo agrícola, tenían que hacerlo en forma discreta, a espaldas de los misioneros, con menos participantes y generalmente en las noches.[18] Intentaban dar validez, aunque fuera a escondidas y exponiéndose a ser castigados, a una representación del mundo en que el *octli* tenía uso ceremonial y se asociaba a su numeroso panteón. En estos casos la pérdida del juicio, en ceremonias y circunstancias

[15] Gruzinski, 1988, p. 240.

[16] Ibid.

[17] "El trabajo mismo se efectuaba ceremonialmente y se le daba un acento de significado ritual." Taylor, 1987, p. 110.

[18] Véase Serna, 1953, I, pp. 303-305.

aprobadas por la misma comunidad, tenía valor religioso y reintegraba al bebedor a su mundo múltiple, sagrado y, por lo tanto, "verdadero".

Sin embargo, y a pesar de sus esfuerzos en contrario, el sentido original de las fiestas indígenas fue perdiéndose en los efectos de una creciente confusión, resultado de la falta de liderazgo y de la derrota pasada. Conservaron ciertos ritos asociados a la bebida embriagante; siguieron ejecutando algunos actos visibles y externos, pero fueron confundiendo las motivaciones profundas que habían dado sentido a esas actividades. En otras palabras, no encontraron la manera de mantener el proceso de comunicación o de continuidad que tradicionalmente se había establecido entre los viejos dioses y el hombre pues el mediador natural, el sacerdote nahua que los había guiado, ya no estaba entre ellos.

Junto con un creciente desencanto de la población, la religión fue perdiendo su carácter unitario y evolucionó en prácticas locales dispersas que fueron conformando una religiosidad popular. Motolinía explicaba al respecto que:

> Las fiestas que los yndios hazían [...] con sus cerimonias y solenidades, desde el principio que los españoles anduvieron de guerra, todo cesó, porque los yndios tuvieron tanto que entender en sus duelos, que no se acordavan de sus dioses, ni avn de sí mesmos, porque tuvieron tantos trabajos, que por acudir a rremediallos cesó todo lo principal.[19]

Los españoles promovieron nuevas maneras de festividades relacionadas con el calendario y el santoral cristiano con la esperanza de que, acostumbrándose a éstas, sería más fácil que olvidaran aquéllas. Pero un proceso de aculturación profundo y definitivo no era fácil de lograr y las nuevas festividades cristianas eran percibidas por los naturales en forma ambigua. Se trataba de fiestas asociadas a la religión, igual que lo habían sido las suyas, pero esta religión no toleraba excesos ni aun en ocasiones de excepción y exigía a los participantes mesura en sus acciones, equilibrio en la comida y bebida y el dominio continuo por parte de la razón. Durante éstas, los religiosos obligaban a los indios a abstenerse de beber pulque porque, comenzando a beber, no hallaban la forma de detenerlos. Aquí estaba la clave del problema pues, para los españoles, el sentido de la moderación estaba en la cantidad

[19] Motolinía, tercera parte, cap. 20.

(en la mesura que permite conservar el juicio) y para los indígenas, en el lugar apropiado y en las circunstancias del bebedor. Para éstos, las fiestas eran siempre el lugar apropiado y celebrar sin beber era poco menos que no celebrar. Para aquéllos, beber hasta embriagarse era renunciar a la parte más noble del ser humano: la lumbre de la razón. Dicho con otras palabras, los naturales estaban siendo obligados a aceptar, sin un entendimiento previo, formas de vida ajenas a su tradición. Al no entender con claridad con qué iban a sustituir aquello que se les exigía que abandonaran —en este caso el uso de la bebida embriagante conforme a sus tradiciones— se negaban, casi por principio, a aceptarlo.

Cuando los españoles tachaban a los indios de obstinación y entendimiento limitado, no se daban cuenta (ni tenían porqué hacerlo en el siglo XVI) de que, a juicio de los indios, lo que se les ofrecía no compensaba lo que dejaban. Por eso es sugerente ver, a través del Colegio de Santa Cruz y de las doctrinas "humanistas", el esfuerzo doctrinal real que hicieron los franciscanos durante unos cuantos años para que los indios comprendieran el "porqué" de la renuncia a sus viejas costumbres relacionadas con la bebida, para tomar después, eventualmente, un compromiso de sobriedad, o sea de moderación.

Gran número de indígenas vivían perdidos en el anonimato de la miseria, sujetos a la rutina de un tiempo que para ellos se repetía sin esperanza y subsistían con el maíz de unas cuantas milpas. Aún así, disponían con gran facilidad del pulque que producían sus propios magueyes. Como sabían que emborracharse estaba prohibido, embriagarse en las fiestas equivalía, además del gusto de beber, a cometer un pequeño acto de rebeldía y de protesta contra las nuevas autoridades que se les imponían. Irónicamente, esta censura pudo haber resultado en un aliciente para festejar y emborracharse cuando los indios encontraban la ocasión; además, cuando ésta no se presentaba, parece que los bebedores la buscaban. En la Junta Eclesiástica que tuvo lugar en 1539, los participantes ordenaron que en las celebraciones que tenían los indios, "[...] fiestas de su advocación [...], no beban en ellas vino de Castilla ni de la tierra".[20]

En la ebriedad colectiva resultante, o al menos bastante generalizada, todos los bebedores cometían la misma falta y en esta forma

[20] Las actas de esta Junta fueron publicadas por Lorenzana como "Apéndice" al tomo I de los *Concilios Provinciales Mexicanos* en 1769. En Cuevas, I, p. 429.

cada individuo se hacía solidario y corresponsable de la acción prohibida. En 1531, Vasco de Quiroga informaba al Consejo de Indias que los indios, que son tantos "como las estrellas en el cielo y átomos en el mar", viven muy aislados en sus pobres chozas y que "sin ser vistos ni sentidos", se emborrachan y hacen lo que quieren y no es posible "estorbarles borracheras e idolatrías ni otros malos ritos y costumbres que tienen".[21]

Como una mera consideración, podemos suponer que al embriagarse juntos y en circunstancias especiales, los involucrados contribuían a reforzar sus sentimientos internos de identidad étnica y cultural y aumentaban su cohesión social al margen de quienes pretendían modificar sus hábitos. Esta actitud era contraria a un eventual mestizaje cultural. Si así fuera, estaríamos ante el inicio de una solapada actitud de rebeldía contra la autoridad que distaba mucho de poder compararse con la aceptación generalizada de la norma entre los antiguos mexicanos, cuando había existido un consenso social en contra de los bebedores desordenados.

Como el pulque tiene un bajo contenido alcohólico, alrededor de un cuatro por ciento de su volumen en comparación con el diez o doce por ciento que contiene el vino de uva, los bebedores tardaban bastante en "perder el sentido" y por eso aumentaban los efectos embriagantes de la bebida añadiéndole unas raíces. En el siguiente texto, Motolinía no sólo deja testimonio de los recuerdos que tenían los indios de su "gentilidad" —de las que él no fue testigo, a semejanza de lo que sucedió con Sahagún cuando escuchaba los relatos de sus viejos informantes—, sino que las complementa con observaciones personales. Ambas experiencias, la indirecta referente al mundo nahua y la que pudo haber sido de primera mano por suceder después de la conquista, parecen mezclarse en el curso de la narración. Explica que "[...] era esta tierra vn traslado del ynfierno: ver los moradores della de noche dar vozes, vnos llamando a el demonio, otros borrachos [...]".[22] El fraile reitera el valor de la norma cristiana que identifica la embriaguez con la pérdida de la dignidad humana:

> Las beoderas que hazían mui hordinarias; es yncreyble el vino que en ellas gastavan, y lo que cada vno en el cuerpo metía. Antes que a su vino lo cuezan

[21] Carta del oidor Vasco de Quiroga al Consejo de Indias, el 14 de agosto de 1531. En Cuevas, 1928, I, 311.

[22] Motolinía, primera parte, cap. 2.

con vnas rrayzes que le echan, es claro y dulce como aguamiel. Después de cozido házese algo espero y tiene mal olor, y los que con él se enbeodan, mucho peor. Comúnmente comenzavan a bever después de bísperas, y dávanse tanta priesa a bever, de diez en diez, o quinze en quinze, y los escanciadores que no cesavan, y la comida que no era mucha, a prima noche ya yvan perdiendo el sentido, ya cayendo, ya asentando, cantando y dando bozes llamavan a el demonio. Era cosa de gran lástima ver los onbres criados a la ymagen de Dios bueltos peores que brutos animales; y lo que peor era, que no quedavan e aquel solo pecado, mas cometían otros muchos, y se herían y descalabravan vnos a otros, y acontecía matarse avnque fuesen mui amigos y propincos parientes.[23]

Perder la compostura, la mesura y el equilibrio; en eso consistía propiamente el pecado de la embriaguez. Era una falta moral y la aplicación de las sanciones pertinentes era competencia de las autoridades religiosas. Pero las consecuencias de la pérdida de juicio que enumera Motolinía y los daños físicos o materiales causados a su alrededor alteraban el orden social; por eso, a instancias de la Iglesia, la Corona se vio pronto en la necesidad de legislar sobre el particular.

El tercer punto mencionado, o sea la comercialización del pulque, tiene relación con la temprana legislación sobre esta materia.

La primera legislación relativa al pulque que se conoce data de 1529. No interfiere directamente con el uso de la bebida misma, sino con la raíz que se añadía para facilitar su fermentación y darle más fuerza:

[...] una raíz que ellos [los indios] siembran para efecto de la echar en el dicho vino para le fortificar y tomar más sabor en ello, con el cual se emborrachan y ansí emborrachados hacen sus ceremonias y sacrificios que solían hacer antiguamente, y como están furiosos ponen las manos los unos en los otros y demás de esto se siguen de la dicha embriaguez muchos y nefandos vicios carnales, de lo cual Dios Nuestro Señor es muy deservido y que para el remedio de ello convenía que no sembrasen la tal raíz.[24]

Esta real cédula no especifica el nombre de la raíz, aunque en este caso es probable que se trate del *ocpatli*, palabra compuesta por el término *octli*, pulque y *patli*, medicina. El *Códice Florentino* men-

[23] Ibid. *Propinco* o *propinquo*: cercano, inmediato o próximo. *Diccionario de autoridades*, 1737.

[24] La emperatriz, en Toledo, a 24 de agosto de 1529. *Leyes y Ordenanzas Reales de las Indias del Mar Océano*, por Alfonso Zorita, 1574, Libro 6, título 3, ley 4.

ciona a un personaje mítico, *Patécatl* y explica que "[...] hallo primero las rayzes que hechan en la miel" [aguamiel con que se hace el pulque], pero no dice el nombre de la raíz.[25] El *ocpatl* es el *cuapatle* o sea la corteza de la *Acasia angustissima* que se menciona como un aditivo ordinario al pulque en diversas *Relaciones geográficas* en el centro de México y en Oaxaca.[26] También era común combinar el pulque con frutas y las bebidas resultantes se conocían como "vinos de frutas o pulques curados".[27] Motolinía explica cómo se adicionaba el *ocpatli* al pulque:

> Cocido este licor en tinajas, como se cuece el vino [cuando se fermenta], y echándole unas raíces que los indios llaman *ocpatl* que quiere decir melezina [medicina] o adobo de vino, hácese un vino tan fuerte, que a los que beben en cantidad enboeda reciamente. De este vino usaban los indios en su gentilidad para embeodarse reciamente, y para se hacer más crueles y bestiales.[28]

A la mencionada cédula siguió otra semejante en 1545; esta vez a petición "de nuestras audiencias y prelados y religiosos y cabildo de la ciudad" [de México]. El texto indica que, tanto el clero regular como el secular, tenían ya serias inquietudes sobre la cantidad y circunstancias en que bebían los naturales y pedían el respaldo de la Corona para remediar el mal. La cédula, firmada por el príncipe Felipe, reiteraba que ni los indios ni los españoles, ni persona alguna hiciese "vinos de la tierra con raíces ni los vendiesen pública ni secretamente por el grande daño que de ello reciben los dichos indios a causa de los poner fuera de sentido y dar grandes aullidos y voces y que estando ansí idolatraban".[29]

Respecto a la comercialización, en los primeros años de la Colonia los indios no tuvieron problema para continuar destinando extensiones considerables de terreno al cuidado de los magueyes y el pulque se producía, compraba y vendía libremente.

Al principio era una actividad exclusiva de los indios, pero españoles y mestizos que no necesariamente lo bebían o se emborracha-

[25] *Códice Florentino*, libro décimo, cap. 29.

[26] Véase Gonçalves de Lima, 1956, pp. 31-32; Taylor, 1987, p. 53 y Hernández Palomo, 1979, pp. 28-29.

[27] Los pulques curados se llamaban *xocooctli* y si eran de piña, *matzaoctli*. Rojas Rabiela, 1989, p. 107.

[28] Motolinía, tercera parte, cap. 19.

[29] El príncipe, en Valladolid, a 24 de enero de 1545. *Leyes y Ordenanzas Reales de las Indias del Mar Océano*, por Alfonso Zorita, 1574, Libro 6, título 3, ley 5.

ban, pero que vieron en el comercio del pulque una buena oportunidad de ganancia personal, comenzaron a producirlo para consumo de los naturales y de la población en general. Así fomentaron una de las causas del problema, pues al aumentar la producción, y con ello la oferta, bajaron los precios y los indios, sobre todo los de la ciudad de México que no tenían sus propios cultivos, pudieron beber con más facilidad:

> Muchos españoles y mestizos que por holgar se han dado, así hombres como mujeres, a hacer vino de la tierra y meten en sus casas los indios, los encierran y esconden en ellas, después de borrachos les quitan la ropa y dinero y los dejan en la calle y no bastan excomuniones y penas que les están impuestas para lo remediar.[30]

Como puede verse, no faltaban individuos que, ante la abierta desaprobación de la Iglesia y la Corona, fomentaban entre los indios una creciente adicción por la bebida. Esto nos lleva otra vez a la real cédula de 1545, porque incluía un párrafo cuya importancia iba más allá de lo que podía parecer a primera vista. Se ordenaba "que a indios, ni negros y ni esclavos no se vendiese vino de estos reinos".[31] Con esta disposición, que reiteraba las recomendaciones de la Segunda Junta Eclesiástica de 1539, se prohibía en forma oficial y pública el vino de uva a los grupos no españoles que habitaban en la Nueva España.

Si recordamos las dificultades con que llegaba el vino de uva a las costas de Veracruz y si aceptamos que era una bebida de tradición y gusto españoles y no indígenas, la ley debería haber tenido pocas repercusiones en la manera de beber de los naturales durante los primeros años de la Colonia. Pero a mediados del siglo XVI, esta disposición ya ponía de manifiesto los intereses diversos de la sociedad, así como los medios distintos y de variable eficacia de que disponía para alcanzar fines múltiples y no siempre coincidentes. A grandes rasgos y a sabiendas de que es necesario enriquecer, matizar y afinar estos supuestos, puede pensarse en los siguientes:

Los productores peninsulares buscaban nuevos mercados y estaban dispuestos a enviar su vino disponible a las colonias, sin importarles quién lo consumiera.

[30] *Relación* de Pomar y Zurita, p. 115. En Cuevas, 1928, II, p. 28.

[31] *Leyes y Ordenanzas Reales de las Indias del Mar Océano*, por Alfonso Zorita, 1574. Libro 6, título 3, ley 5.

Los bebedores españoles novohispanos querían un producto barato y abundante. No veían con buenos ojos que aumentara la demanda —subiendo así los precios— del vino, que era para ellos una bebida codiciada y de difícil sustitución. Es de esperar que se negaran a compartir con los indios un bien cuya oferta era siempre deficitaria.

Los comerciantes novohispanos que podían ser indistintamente españoles, mestizos o indios coincidían con los productores peninsulares haciendo lo posible por impulsar la demanda. Los indios podían resultar, a la larga y una vez que se aficionaran, una clientela cautiva del vino importado, puesto que aquí no se cultivaba la vid. Esto sucedió a partir de la segunda mitad del siglo XVI; sabemos que para esas fechas se vendía vino español en pueblos indígenas del centro de México.[32] Para entonces, los mercaderes ambulantes de vino estaban convencidos de que la venta de este producto a los indígenas podía resultar un negocio muy lucrativo, "[...] y a veces era hasta un medio para manipular a los indígenas ebrios para que vendieran sus propiedades a precio de ganga".[33]

Otro sector de la sociedad, encabezado por los religiosos, se negaba a aceptar que tanto los indios como los españoles se aficionaran a la bebida por los daños morales que acarreaba la embriaguez y por la indisciplina y rebeldía práctica que manifestaban los borrachos. La bebida desordenada sólo contribuía a dificultar el proceso de entendimiento entre ambas razas. Por eso, en lo que respecta a los indios, tal vez lo más importante era decidir cuanto antes la estrategia de evangelización más efectiva para llegar a controlar la bebida desordenada a través de una catequesis eficaz.

La Corona todavía no percibía ingresos por la venta de bebidas embriagantes, ni se había establecido el Ramo del Pulque, pero estaba preocupada por el daño que aquéllas causaban en sus nuevos súbditos: insubordinación directa o indolencia, vida desordenada y trabajo irregular, entre otros muchos. Por eso, con la cédula de 1545 buscaba la manera de quitar ocasión y medios para que los indios se embriagaran. Por último, estaban las autoridades civiles locales, siempre alertas para ampliar sus áreas de control y deseosas de intervenir en la regulación, compra, venta y comercio de la bebida.

[32] Taylor, 1987, p. 65.
[33] Ibid.

Sabemos que la disposición de 1545 no se cumplió porque la prohibición tuvo que repetirse en 1594, 1637 y 1640.[34] Volver en forma reiterada a tratar el mismo asunto sólo indica que las reales órdenes no eran acatadas y que los indios continuaban tomando la bebida que les vendían los españoles y que les estaba prohibida. La Corona, que durante el gobierno de las dos audiencias y al principio del virreinato se había mantenido al margen de la comercialización del pulque, aprovechó los servicios de una burocracia cada vez más organizada, más ambiciosa y más numerosa para participar en fechas posteriores de los beneficios de un producto que, haciendo a un lado otras consideraciones, resultaba ser muy redituable. Fue tardíamente, en un periodo posterior al que alcanza este trabajo, cuando la Corona aprobó las ordenanzas para el Ramo del Pulque mediante una real cédula expedida el 6 de julio de 1672.

Después de estas consideraciones hechas a manera de antecedente al discurso sobre la bebida, queda en el aire una pregunta que muestra cómo, desde el punto de vista doctrinal, el problema iba más lejos y era más serio de lo que parecía a primera vista: ¿Qué significaban para los indios las disposiciones de 1545, y las que le siguieron en el mismo sentido, en lo que respecta a la norma cristiana de templanza? Porque al prohibirles el vino de Castilla, la Corona les quitaba la única bebida con propiedades embriagantes que la tradición cristiana veía con benevolencia. Así, los españoles guardaban el vino, aceptado por la tradición judeo-cristiana, y para los indios quedaba el pulque, bebida incomprendida y rechazada por ser parte fundamental de la cultura del pueblo derrotado.

LOS ESPAÑOLES NO BEBEDORES VISTOS POR LOS INDIOS

Frente a la abundancia de testimonios españoles sobre los efectos de la bebida embriagante entre los indios, encontramos menos fuentes indígenas disponibles en castellano que ayuden a dilucidar la forma en que éstos recibieron la norma cristiana sobre la templanza hasta mediados del siglo XVI. El texto de Muñoz Camargo, que veremos a continuación, ayuda a llenar esa laguna y permite tener una idea de lo que fue el sentir de los indios sobre estas materias. Se refiere a los

[34] Ibid.

franciscanos que dedicaban su vida a la penitencia y a la oración, que no buscaban placer ni contento y que, ante el asombro de los indios, renunciaban voluntariamente a las diversiones y a los actos deleitosos de la vida.

Nadie llena estos requisitos de renuncia mejor que el grupo de los Doce. Vivían, por elección personal y libre, una vida de absoluta penuria y estrechez. Fray Martín de Valencia, que era uno de los más exaltados, no perdonaba a su cuerpo ningún género de penitencia[35] y todos parecían competir por el uso de los cilicios y los azotes; andaban a la caza de ocasiones para ayunar y aceptaban gustosos vigilias y cansancios. Fray Antonio de Ciudad Rodrigo sólo comía tortillas, chile, capulines y tunas[36] y fray Martín de Valencia buscaba la manera de quitarle el sabor a lo poco que comía:

> Traía consigo ceniza para echar en la cocina y en lo demás que comía, por quitarle el sabor. Algunas veces, si estaba dulce el manjar, echábale agua con la ceniza, acordándose del profeta que decía: "comía yo ceniza así como pan, y mezclaba mi bebida con llanto".[37]

Los indios no comprendían que detrás de esta actitud estaba un compromiso de templanza en todos los aspectos de la vida, inclusive en el comer y beber. Faltar a la templanza en cualquiera de sus manifestaciones, "buscar placer y contento" en la vida, era para ellos ponerse directamente en ocasión de caer en faltas mayores, en especial contra la castidad a la que tanto religiosos como clérigos estaban obligados por voto solemne.

Los siguientes datos fueron recogidos por el cronista mestizo Diego Muñoz Camargo y forman parte de lo que Miguel León-Portilla ha llamado "la visión de los vencidos". Tenemos aquí una interpretación original de la manera como los indígenas vieron a esos hombres extraños que actuaban en forma tan inexplicable para ellos:

> Estos pobres deben de ser o están locos, dejadlos vocear, a los miserables. Tomádoles ha su mal de locura; dejadles estar, que pasen su enfermedad como

[35] Mendieta, libro quinto, cap. 5. Motolinía, tercera parte, cap. 2.

[36] Mendieta, libro quinto, cap. 21.

[37] Ibid., cap. 5; Motolinía abunda sobre el tema y explica que, si Fray Martin veía que lo que comía estaba sabroso, le echaba un golpe de agua encima como salsa. Motolinía, tercera parte, cap. 2.

pudieren. No les hagáis mal, que al cabo éstos y los demás han de morir de esta enfermedad de locura. Y mirad, si habéis notado, como a medio día, a media noche y al cuarto del alba, cuando todos se regocijan, éstos dan voces y lloran. Sin duda es mal grande el que deben de tener porque son hombres sin sentimientos, pues no buscan placer ni contento sino tristeza y soledad.[38]

Los indígenas acusan a los religiosos de ser "hombres sin sentimientos", porque reprimen o contienen las manifestaciones de placer. Lo que éstos veían como el dominio de la razón sobre los sentidos y del espíritu sobre el cuerpo, parecía locura a los indios todavía acostumbrados a pensar y actuar conforme a sus antiguas reglas de convivencia y sociabilidad.[39] "Sin duda es mal grande el que tienen", dicen asombrados al ser testigos del autodominio de los frailes.[40] En el proceso inquisitorial seguido en 1539 contra el cacique de Tezcoco don Carlos Ometochtzin podrán verse conceptos parecidos, cuando don Carlos se rebela contra la imposición cultural judeo-cristiana y recomienda a los indios:

[...]hermanos, goardemos y tengamos lo que nuestros antepasados tuvieron é goardaron y démonos a placeres y tengamos mujeres como nuestros padres las tenían [...][41]

Mencionaba que la gran mayoría de testimonios sobre el encuentro entre las dos bebidas embriagantes representa la visión del grupo triunfador que estuvo en posibilidad, tanto en el caso novohispano como en otros ejemplos históricos de conquista armada y violenta, de inicar un proceso muy complejo con el propósito de imponer sus creencias y su modo de vida a los vencidos. Pero en lo que atañe a la bebida embriagante, vimos que la Iglesia no trató de fomentar la bebida de tradición cristiana, sino que encaminó sus esfuerzos a evitar que el vino quedara al alcance de los indios. Por otra parte, tampoco intentó apropiarse del pulque indígena.

La confrontación doctrinal no iba a darse sobre la base de la práctica de la bebida misma, sino a nivel del discurso; los religiosos

[38] Diego Muñoz Camargo, *Historia de Tlaxcala*, publ. y anot. por Alfredo Chavero. México, Secretaría de Fomento, 1892, p. 165. Cit. por León-Portilla, 1986, pp. 24-25; León-Portilla, 1985, p. 20.

[39] Gruzinski, "*Normas cristianas...*", 1989, p. 111.

[40] Diego Muñoz Camargo, 1892, cit. por León-Portilla, 1986, pp. 24-25.

[41] *Proceso criminal del Santo Oficio contra don Carlos, indio principal de Tezcoco.* Declaración de Cristóbal, indio, vecino de Chiconautla, p. 49.

trataron primero de convencer y después de imponer a los indígenas las normas judeo-cristianas de sobriedad. En su etapa inicial y discursiva, los antecedentes de este proceso se encuentran en unos diálogos que recogió Sahagún y que, en alguna forma, debieron haberse dado en los primeros años de la Colonia.

6. LLEGAN LOS FRAILES FLAMENCOS Y EXTREMEÑOS, 1523-1524

LOS RELIGIOSOS que llegaron de España a partir de 1523 se encargaron de presentar a los indios una visión del mundo que era a todas luces nueva y ajena a su tradición. Primero llegaron los tres frailes flamencos; en agosto de ese año desembarcaron en Veracruz tres religiosos con características nada comunes. Fueron la avanzada de la orden franciscana "reformada observante" que había estado en contacto con el pensamiento de Erasmo y cuyas ideas e ideales tanto influyeron en el modelo de evangelización que culminó en la fundación del Colegio de Santa Cruz en 1536.

Estaba fray Juan de Aora, de quien su hermano en religión fray Jerónimo de Mendieta escribió que era "sacerdote honrado, ya viejo y cano" y que murió casi al llegar; le acompañaba fray Juan de Tecto (¿?-1525), "varón doctísimo", tanto así que Mendieta afirmó que no había "pasado a estas partes otro que en ciencia lo igualase". Venía de la Universidad de París donde estuvo catorce años enseñando teología y se cuenta que al preguntársele qué hacía en estas tierras, respondió con una combinación de fino humor y buena dosis de humildad: "Aprendemos la teología que de todo punto ignoró San Agustín", llamando teología, escribe Mendieta, "a la lengua de los indios".[1] Respuesta inesperada en boca de quien antes de venir a la Nueva España había sido confesor de Carlos V. Tecto trabajó en Tezcoco y en México con los niños indígenas y un año más tarde, en 1524, partió con Cortés a la infortunada expedición a las Hibueras, donde parece que murió de hambre, "arrimándose a un árbol de pura flaqueza".[2] El tercer viajero era fray Pedro de Gante (¿1480?-1572), otro hombre singular, fraile pero no sacerdote, pues por humildad nunca quiso ser ordenado.[3] Llegando fundó en Tez-

[1] Mendieta, libro quinto, cap. 17.

[2] Ibid.

[3] Le enviaron tres veces licencia para ordenarse, pero fray Pedro no quiso usar de ellas. El mismo Emperador le ofreció el obispado de México, al tiempo de erigir el obispado según unos, o al morir el señor Zumárraga, según otros. García Icazbalceta, 1954, p. 98.

coco una escuela para indios y al año siguiente la de San José en México, donde hasta mil niños indígenas aprendían canto, música, artes manuales y latín y se preparaban como catequistas para después difundir en los pueblos lo que se les había enseñado.

En una carta escrita a sus antiguos compañeros religiosos de Flandes, seis años después de su llegada, Gante explica su oficio y las motivaciones que lo detienen en la Nueva España. La escribe en castellano, lengua de la que ha "aprendido algo", pues si se valiera de "la lengua de estos naturales no me entenderíais".[4] Se disculpa por no haber escrito antes, pero "grande estorbo fue también haber olvidado del todo mi lengua nativa". Por eso pide que alguien traduzca la carta al flamenco o alemán, y que "la envíen a mis parientes para que a lo menos sepan de mí algo cierto y favorable, como que vivo y estoy bien".[5]

Gante vivió todavía cuarenta y tres años, sin regresar nunca a Europa y revela en esta carta una personalidad generosa, equilibrada y atractiva. En él se conjuga el triple ideal de la vida religiosa: orar, trabajar, estudiar. "Mi oficio es predicar y enseñar día y noche. En el día enseño a leer, escribir y cantar; en la noche leo doctrina cristiana y predico." Concibe la evangelización como una empresa en que deben imponerse las motivaciones positivas para que el indio proyecte su verdadera naturaleza, misma que está inclinada a la verdad y al bien. "Los nacidos en esta tierra son de bonísima complexión y natural, aptos para todo, y más para recibir nuestra santa fe." Respecto a su antigua religión, dice que los indios, en su gentilidad, sacrificaban a sus dioses "no por amor, sino por miedo y querían aventajarse unos a otros en ofrecer dones y sacrificios, para librarse con eso de la muerte". Si ahora (en 1529), nada hacen sino forzados y no actúan por amor y buen trato, "no parecen seguir su propia naturaleza, sino la costumbre, porque nunca aprendieron a obrar por amor a la virtud, sino por temor y miedo".[6]

EL GRUPO "OBSERVANTE" DE FRAY MARTÍN DE VALENCIA

En 1524, un año después del desembarco de los tres flamencos, llegaron los llamados "Doce", también de la orden franciscana, con

[4] Carta de fray Pedro de Gante, llamado también de Mura, fechada el 27 de junio de 1529 en el Convento de San Francisco de México. García Icazbalceta, 1954, pp. 103-104.
[5] Ibid.
[6] Ibid.

su guía y guardián fray Martín de Valencia. El caso de los Doce tiene especial significación por haber sido ellos los supuestos protagonistas de un extraordinario diálogo o *Coloquio* llevado a cabo el año de su llegada y que, por los temas tratados, sería un antecedente de las doctrinas publicadas por Zumárraga entre 1543-1544 y 1548.

Si los tres flamencos no eran observantes vulgares de la orden franciscana, mucho menos lo era el grupo de los Doce. Los seguidores de fray Martín eran también religiosos reformados, pero en este caso venían, no del refinado ambiente intelectual de Flandes, sino de la provincia franciscana observante de San Gabriel de Extremadura. La custodia de San Gabriel había sido elevada al rango de provincia en 1518 y fray Martín de Valencia había sido su primer provincial.[7] Mientras los flamencos conocían y admiraban a Erasmo, los extremeños de San Gabriel eran partidarios de una espiritualidad sin concesiones y representaban el ala extrema de la orden franciscana. Contagiados de un movimiento místico iniciado desde mediados del siglo XIII, éste y otros grupos afines al de la provincia de San Gabriel se apegaban a la cultura ordinaria de los habitantes de los lugares donde trabajaban y usaban el lenguaje común del pueblo. Eran parte de un movimiento que no era ajeno a una tendencia antiintelectual, antielitista y, a menudo, antiinstitucional.[8] Tal vez, inclusive, el radicalismo de los más exaltados pudo haberlos hecho impopulares en España y contribuido a convencerlos de venir al Nuevo Mundo cuando se presentó la ocasión.[9]

Ambos grupos, flamencos y extremeños coincidían, sin embargo, en lo fundamental: deseaban hacer realidad —cada quien por sus propios caminos— los ideales del cristianismo primitivo mediante una vida en que destacaban la piedad, la pobreza y la caridad; ambos seguían también las enseñanzas de San Pablo acerca de la superioridad de la caridad sobre las otras virtudes cristianas, inclusive la fe y la esperanza.[10]

El cronista franciscano Mendieta (¿1534?-1604) conoció a muchos de los Doce y, para documentar sus vidas, aprovechó también la información de primera mano que le proporcionó Motolinía. En su *Historia eclesiástica indiana*, incluye una corta biografía apologética de cada uno de estos frailes, en la que revela, dentro de las

[7] Motolinía, tercera parte, cap. 2.
[8] Certeau, "Místicos...", p. 2.
[9] Véase Bataillon, 1982, pp. 9 y 819.
[10] Véase I, *Cor.*, 13, 1-13.

limitaciones del caso, personalidades diversas que hacen de ellos un grupo más heterogéneo y complejo de lo que a primera vista pudiera parecer. Los frailes eran, además de Valencia: Martín de la Coruña (conocido también como Martín de Jesús), Juan Suárez, Antonio de Ciudad Rodrigo, Toribio de Benavente (Motolinía), García de Cisneros, Luis de Fuensalida, Juan de Ribas, Francisco Jimenez, Andrés de Córdoba y Juan de Palos. Dentro de la más pura tradición franciscana, todos se ufanaban de su pobreza, andaban descalzos, comían poco y mal y, subraya Mendieta, fueron varones de "juicio claro" y "gran prudencia".[11]

A pesar de estas características en común, no fueron un grupo tan compacto como a veces se piensa. Se les conoce con el nombre de los Doce, como si pensaran y actuaran al unísono, como si hubiera habido entre ellos en todo y por todo perfecta armonía y consenso, pero cada uno tenía su propia individualidad. Veamos algunos ejemplos.

Fray Martín de Valencia (1473-1534) era un hombre de profunda espiritualidad, pero también inestable y sujeto a periodos de grandes angustias, mismas que su biógrafo Mendieta describe como "terribles tentaciones del demonio" y que posiblemente hoy fueran calificadas por algunos especialistas como depresiones agudas y obsesivas. Bajo el efecto de las "tentaciones" que, debo reconocer, eran comunes en los místicos de finales del medievo, pasaba las noches sin dormir y dejaba de comer, al punto de tener "los huesos pegados a la piel". Parecía que se rechazaba a sí mismo, pues decía "ser hombre inútil y sin provecho", se negaba a hablar, no toleraba a sus semejantes, "no podía ver a los frailes con amor y caridad" y sufría de alucinaciones al punto de que "los árboles le parecían demonios".[12] "Era tan enemigo de su cuerpo que apenas le dexava tomar lo necesario."[13] La situación se tornó tan grave y las manifestaciones angustiosas tan agudas, que en una ocasión los religiosos, viéndolo "como embriagado", esto es como loco, y sin imaginar que se trataba de una experiencia mística gozosa en la que visualizaba la futura cristianización de los indígenas, considerándolo "fuera de juicio", tuvieron que encerrarlo. Lo llevaron a una habitación y "clavándole la ventana, y cerrándole la puerta de la celda, se torna-

[11] Mendieta, libro quinto, cap. 19.
[12] Ibid., caps. 2, 3 y 4.
[13] Motolinía, tercera parte, cap. 2.

ron a acabar los maitines''.[14] Todo esto sucedió todavía en España, hacia el año de 1512. Mendieta explica que, a su debido tiempo, ''sosegóse'' el franciscano y, doce años después, fue elegido con once compañeros para venir a convertir gentes indianas.[15]

En 1531, Valencia escribía a fray Matías Vueinssens una carta bien dispuesta en la que hacía resaltar la facilidad del indio para el aprendizaje. El tono en que está redactada es congruente con los esfuerzos que en ese momento llevaban a cabo los religiosos para dar a los indios más aprovechados una educación cuidadosa:

> Todos ellos [los frailes] salvo yo, han aprendido la lengua de los indios o, por mejor decir, diversas lenguas de ellos. [...] Son [los indios] de tenacísima memoria, dóciles y claros, sin doblez alguna. Son pacíficos, que nunca se oye en ellos contienda ni alteración. Aprovechan mucho en la doctrina cristiana y tienen mucha afición a las cosas que son de nuestra santa fe católica, y las aprenden más presto y mejor que los hijos de los españoles.[16]

A pesar de esta aparente conformidad con su actividad misional, al leer otras partes del texto podemos inferir que fray Martín seguía siendo una persona inestable y, en efecto, el optimismo que manifestó en su carta resultó pasajero. Pronto volvieron las imágenes negativas que se le revelaban en visiones o sueños y se desencantó con lo que él consideró la tibieza y frialdad de los indios de Nueva España, con ''su bajo talento'' y su poca aptitud a la contemplación.[17] Tuvo entonces ''revelaciones'' de otras gentes idólatras que vivían en China y que sí eran capaces de oración. Se le dio, entre otras, la visión de dos mujeres, cada una con un niño en brazos, que paradas a la orilla de un río buscaban pasar a la otra orilla:

> La una de ellas era fea, y feo y lagañoso también su hijo. La otra hermosa, y por semejante manera lo era también el hijo, y muy gracioso ... Fuele declarado en espíritu que aquella mujer fea era esta Nueva España o la Iglesia de ella, cuyos hijos, que son los aquí convertidos, son feos y lagañosos en sus principios, y con trabajo pasan las olas del mundo.[18]

[14] Mendieta, libro quinto, cap. 4.
[15] Ibid. Cf. *Relación de la descripción de la Provincia del Santo Evangelio (1585)*, ''Vida de fray Martín de Valencia'', cap. 4, p. 143.
[16] Convento de Tlalmanalco a 12 de junio de 1531. Mendieta, libro quinto, cap. 15.
[17] Ibid., cap. 10.
[18] Ibid., cap. 9.

Como la mujer hermosa y graciosa era "otra tierra nueva" donde debía fundar otra Iglesia, también nueva, fray Martín decidió desentenderse de los indios americanos que estaban mostrando ser menos dóciles y aprovechados de lo previsto, y hacer el viaje a China en busca del martirio.[19] Si terminó por quedarse en México, no fue por gusto, sino porque el barco que debía llevarlo desde Tehuantepec en 1533, no pudo zarpar por estar averiado.[20] Al año siguiente, "le dio el mal de muerte, que fue un dolor de costado"[21] y expiró en Ayozingo cerca de Tlalmanalco.[22]

Surgen preguntas que no pueden contestarse ahora con facilidad, pero que son sugerentes para estudios posteriores: ¿Hasta dónde en este caso particular, los arrebatos que impulsaban a fray Martín a iniciar con entusiasmo uno o más proyectos que luego abandonaba por frustración o desencanto, y su rechazo hacia los individuos o grupos que lo rodeaban y con los que se había identificado hasta entonces, no eran indicios de una falta de propósito que lo hacía impredecible? Si así fuera, cualquier cosa podía esperarse, dependiendo de su estado de ánimo.

Bajo los efectos del entusiasmo inicial de la llegada, ¿pudo y quiso este religioso promover una presentación o exposición de la doctrina cristiana ante los sabios indígenas? ¿Le habrán parecido, cuando los vio por primera vez, sujetos inteligentes, bien dispuestos y capaces de aprendizaje?

Veamos ahora el caso de fray García de Cisneros, religioso sin duda más pragmático que su superior. Resultó, sobre todo, más perseverante en su trabajo. Aprendió lengua de indios, fue maestro de ellos y concibió la evangelización como un proceso que debía permitir a los indígenas más despiertos y curiosos, no sólo recibir de manera pasiva el mensaje evangélico, sino involucrarse activamente en el proceso de cristianización de sus hermanos de raza. Con esta idea en la cabeza, el franciscano escribía sermones en lenguas de indios:

[19] Ibid., cap. 12.

[20] Ibid., cap. 8.

[21] Ibid., cap. 12.

[22] Había intentado en varias ocasiones convencer a Zumárraga y Betanzos para que hicieran ese viaje. Sin embargo, quisiera insistir, "El primero que esto intentó fue el santo Fr. Martín". Mendieta, libro quinto, cap. 12. Betanzos puede haber sentido la misma inclinación porque, como se dice vulgarmente en México, "no se hallaba entre los indios". Véase Ulloa, 1977, pp. 99-102. Zumárraga puede haberse sumado al grupo por las razones más diversas. No conozco lo suficiente acerca del tema para aventurar una explicación concreta.

> [...] y dejábalos en los pueblos por donde pasaba para que los más hábiles de ellos los leyesen y predicasen a los otros en los domingos y fiestas cuando se juntaban en la iglesia.[23]

En este caso, el fraile aceptaba la capacidad de los naturales para aprender los nuevos conceptos y, al mismo tiempo, transmitir esos conocimientos en sus comunidades. El siguiente texto de Mendieta coloca a fray García de Cisneros en la línea de la evangelización concebida como integración del indio a los conocimientos generales de la cultura judeo-cristiana. Este fraile:

> Instituyó el colegio de Santiago Tlatelulco a contemplación de los célebres varones D. Antonio de Mendoza, primer virrey de esta Nueva España, y D. Fr. Juan de Zumárraga, primer arzobispo de México. Puso por lectores en él religiosos santos y doctos, como fueron Fr. Arnaldo de Bassacio, Fr. Andrés de Olmos, Fr. Juan de Gaona y Fr. Bernardino de Sahagún. Al colegio intituló de Santa Cruz, y en él se enseñan a leer y escribir los niños hijos de los naturales comarcanos a la ciudad de México y otros de más lejos, y después se les lee latinidad.[24]

Con fray García de Cisneros se establece un eslabón entre la primera generación de evangelizadores desembarcados en 1524 y el proyecto educativo original del Colegio de Santa Cruz, que se echó a andar en 1536, cuya consecuencia se dejó sentir en las doctrinas publicadas por Zumárraga entre 1543 y 1548.

Fray Toribio de Benavente (¿?-1569), otro de los Doce, conocido como Motolinía, era también "varón muy espiritual de mucha y continua oración".[25] A diferencia de fray Martín, que muy pronto se desencantó de los indios y les perdió la paciencia, Motolinía, igual que fray García de Cisneros, no flaqueó en su labor evangelizadora. La empresa en que todos ellos participaron y las dificultades que superaron, contribuyeron a darles un sentimiento de orgullo comunitario y reforzaron los lazos de solidaridad del grupo. Afirma Motolinía que muchas veces los frailes que vienen a esta tierra son humillados por los españoles que no aprecian ni valoran la vida de renuncia y entrega de los frailes. Se les trata,

[23] Mendieta, libro quinto, cap. 23.
[24] Ibid.
[25] Ibid., cap. 22.

> [...] con ynjurias y murmuraçiones [...]. Y así, quando algún frayre de nuevo viene de Castilla, que allá era tenido por mui penitente y que hazía rraya a los otros, venido acá es como rrío que entra en la mar, porque acá toda la comunidad bive estrechamente y guarda todo lo que debe guardar".[26]

Motolinía hace hincapié en los méritos de sus hermanos franciscanos. La actitud humilde y solidaria de los frailes les ganó la preferencia de los indios, al punto de venir "llorando a dezir, 'que si se yvan y los dexavan, que tanbién ellos dexarían sus casas y se yrían tras ellos'", pues no querían que les diesen frailes de otras órdenes (dominicos o agustinos), "sino de los de San Françisco".[27] El título de su obra: *Relación de los ritos antigüos, idolatrías y sacrificios de los indios de la Nueva España, y de la maravillosa conversión que Dios en ellos ha logrado*, ilustra los dos ejes de su trabajo misional: destruir o, mejor dicho, arrasar con el pasado de estos hombres "bárvaros y sin letras"[28] y lograr que, con la llegada de los misioneros, Dios sea "ensalçado y glorificado" al hacer realidad la conversión de los indios".[29]

La primera parte de la *Relación de los ritos antigüos* narra la ejecución de la fase destructiva de la evangelización que se llevó a cabo justo durante los primeros años de la Colonia. Los términos pecado, demonio, infierno, idolatría, beoderas, agüeros y hechicerías son el marco de fondo de esos capítulos. Para Motolinía, embriaguez o beodera son sinónimos de idolatría y obra del demonio. No le preocupa tanto la bebida popular de naturaleza profana,[30] sino la embriaguez ritual que, como vimos, era aceptada por la sociedad indígena tradicional por su significación religiosa. Se trata de una embriaguez pública, comunitaria y asociada a fechas y ceremonias festivas. Fray Toribio la considera un mal de la "gentilidad" de los indios que, a pesar de la destrucción obsesiva de los ídolos que él lleva a cabo sin descanso, es muy difícil de erradicar:

> Desde a poco tiempo vinieron a dezir a los frayles cómo escondían los yndios los ydolos, y los ponían a los pies de las cruzes, o en aquellas gradas debaxo de las piedras, para allí hazer que adoravan la cruz y adorar a el demonio, y querían allí guareçer la vida de su ydolatría.[31]

[26] Motolinía, tercera parte, cap. 4.
[27] Ibid.
[28] Ibid, epístola prohemial.
[29] Ibid.
[30] Véase el cap. 1de este trabajo: "El pulque en la cultura mexica".
[31] Motolinía, primera parte, cap. 4.

Se refiere a ídolos de todos tamaños, materiales y formas: son mayores, medianos, pequeños y muy chiquitos; los hay de piedra, de palo y de barro cocido, de masa y de semillas envueltas en masa, de turquesas y dorados; tienen forma de hombres, de mujeres, de bestias fieras y de animales, de ave y de peces. Tarde o temprano, el culto de estos demonios se relaciona con el pulque o con brebajes que hacen perder el juicio y provocan visiones.[32] La beodera resultante libera a los indios de su aparente actitud cristiana y resurge en ellos el "hombre viejo", el que los misioneros con todo su trabajo y desvelos, oración, sacrificios y dedicación, no pudieron sustituir con eficacia por el "hombre nuevo".

Cuando el indígena fue cambiando sus patrones de conducta al beber pulque porque sus festividades públicas tradicionales habían sido suprimidas, fray Toribio y sus colegas religiosos pudieron hacerse, por un corto tiempo, la ilusión de que habían conseguido combatir con éxito la embriaguez ritual entre los indios pero, al prohibirles beber en público en ocasiones aprobadas, se produjo el efecto contrario. Los empujaron a hacerlo en privado, a escondidas y sin estar sometidos con eficacia a ninguna norma restrictiva. Con los años, como veremos más adelante, el remedio puede haber resultado peor que la enfermedad y el desencanto de religiosos y clérigos al ver los estragos que la bebida causaba entre la población, fue creciendo a partir de la segunda mitad del siglo XVI.

La espiritualidad y la inclinación mística propia de estos franciscanos ultraobservantes se evidencia en las preferencias de otros dos miembros del grupo. Si las circunstancias les hubieran resultado más favorables, si las necesidades espirituales y materiales de los indios no hubieran sido tan absorbentes obligándolos a encauzar sus actividades hacia la vida activa, temperamentos como los de fray Francisco Jiménez y fray Juan de Ribas hubieran optado por una vida de aislamiento y de contemplación.[33] El primero, a quien Mendieta califica de religioso "predilecto de Dios y de los hombres" (*dilectus Deo et hominibus*), tenía puesto su pensamiento en las cosas del espíritu, al grado de que se le olvidaba comer y mudar la ropa y andaba siempre "en continua oración mental tratando con Dios,

[32] Ibid., primera parte, cap. 4; primera parte, cap. 2.

[33] Antonio Rubial trata este tema en "La Insulana, un ideal franciscano medieval en Nueva España", 1978, pp. 39-46. Este proyecto involucró también a doce franciscanos, once de los cuales provenían de la provincia de San Gabriel y en él participó uno de los Doce: fray Juan de Ribas.

extático y fuera de sí, como enajenado de sus potencias y sentidos''.[34] El segundo fue fray Juan de Ribas, hombre tan celoso de la observancia de su regla, especialmente de la pobreza, al punto de que, en una ocasión acusó a fray Toribio —al que los indios llamaban Motolinía, que quiere decir ''el pobre''— de no vivir con suficiente pobreza.

Ambos tenían buenos estudios y experiencia académica: Jiménez era experto en derecho canónico y el emperador le ofreció el obispado de Guatemala, mismo que rechazó; Ribas, por su parte, era prelado de mucha ''autoridad y letras'', conocido y respetado por los demás superiores de su provincia.[35] Los dos se familiarizaron con la lengua y la cultura mexicanas y predicaron entre los indios. Jiménez fue el primero que hizo un ''arte y vocabulario'' en lengua mexicana ''y en ella escribió muy buenas cosas''.[36] También examinó libros y tratados escritos en mexicano ''por particular comisión a él dada''.[37] De ser así, ha de haber llegado a ser un buen conocedor de la cultura indígena en sus fuentes originales. Ribas también fue predicador constante, escribió una doctrina cristiana o catecismo y enseñó a los indios a representar en sus festividades los misterios de la fe y las vidas de los santos, buscando el modo de que los conversos los comprendieran y los memorizaran.

A la luz del mundo indígena, tan ajeno a la cultura cristiana de la que venían los Doce frailes, se pregunta uno, ¿cuál fue la modalidad de diálogo, discusión o intercambio de conceptos doctrinales que pudo llevarse a efecto cuando los franciscanos acababan de desembarcar?

UN DIÁLOGO ENTRE INDÍGENAS Y CRISTIANOS

Hacia 1564, fray Bernardino de Sahagún (c. 1500-1590) afirma haber recogido en Tlatelolco algunos ''papeles y memorias'' en lengua mexicana que no estaban escritos de manera ''bien congrua y limada'', sino que se encontraban en apuntes y borradores poco pulidos. Los protagonistas de este relato eran algunos *tlamatinime*, sabios indígenas sobrevivientes a la conquista, y los mencionados Doce

[34] Mendieta, libro quinto, cap. 25.
[35] Ibid., cap. 24.
[36] Ibid., cap. 25.
[37] Ibid.

primeros franciscanos. Los *Coloquios y Doctrina Cristiana. Con que los doce frailes de San Francisco, enviados por el papa Adriano VI y por el emperador Carlos V, convirtieron a los indios de la Nueva España.*[38] fueron presentados por Sahagún en forma de diálogo entre cristianos europeos y paganos indígenas, para dar oportunidad a que ambas culturas explicaran lo que Miguel León-Portilla calificó como "dos muy diferentes modos de entender la existencia".[39]

Fray Bernardino asegura haber descubierto y trabajado los mencionados documentos de sus hermanos en religión, casi medio siglo después de los hechos que se relatan pues, supuestamente, se trata de "papeles y memorias" de la época en que llegaron los "doze apostólicos predicadores".[40] De ser así, estaríamos ante el sumario de lo que debió ser el texto náhuatl de doctrina cristiana más antiguo de que se tiene noticia en la Nueva España (1524).

Cuando Sahagún, ya viejo, trabajó estos papeles, tuvo que venirle a la memoria con especial viveza el recuerdo de uno de los Doce, fray Antonio de Ciudad Rodrigo (¿?-1553) por ser el que lo trajo a México en 1529, cinco años después de los hechos relatados. Pasada su primera estancia en México, fray Antonio había regresado a España en 1526, con la intención de interceder por los indios, en especial de los que eran injustamente esclavizados y también para reclutar voluntarios que viniesen a evangelizar a la Nueva España. Cuando regresó a México en 1529, traía a veinte frailes, entre otros a fray Bernardino. Él escribió, dice Mendieta, acerca del "modo y plática que los doce primeros padres tuvieron en la conversión de los señores y principales de esta tierra".[41]

Robert Ricard acepta en principio la autenticidad de estos documentos, pero admite la posibilidad de que Sahagún haya hecho por su cuenta arreglos o ampliaciones al contenido de los textos originales que encontró, pues "sólo notas informes llegaron a sus manos".[42] Pero le parece difícil creer, teniendo en cuenta los escrúpulos de fray

[38] *Coloquios y Doctrina Cristiana. Con que los doce frailes de San Francisco, enviados por el papa Adriano VI y por el emperador Carlos V, convirtieron a los indios de la Nueva España.* En lengua mexicana y española. Los diálogos de 1524 dispuestos por fray Bernardino de Sahagún y sus colaboradores. Ed. fasc., introd., paleog., versión del náhuatl y notas de Miguel León-Portilla. México, Universidad Nacional Autónoma de México, 1986. (Fundación de Investigaciones Sociales, A.C.)

[39] Ibid., pról. pp. 15 y sig.

[40] Ibid., p. 75.

[41] Mendieta, libro quinto, cap. 41.

[42] Ricard, 1986, pp. 170-171.

Bernardino como historiador, que se haya tomado licencias importantes.[43] Sin embargo, como veremos a continuación, el documento —sobre todo la primera parte— presenta dificultades especiales y resulta poco probable que un intercambio de ideas en forma de coloquio dialogado haya podido llevarse a efecto el mismo año en que los Doce desembarcaron por primera vez en Veracruz.

Sahagún describe el contenido de los papeles que habían caído en sus manos: la primera parte constaba de treinta capítulos que incluían todas "las pláticas y confabulaciones y sermones" que pudieron llevarse a cabo entre los religiosos y los principales y señores y sátrapas de los ídolos; y la segunda consistía en un catecismo y doctrina cristiana, también en náhuatl, para que todos los adultos que se querían bautizar fueran primeramente instruidos.[44]

Por desgracia, tanto el texto recogido en náhuatl por Sahagún, como la traducción "bien congrua y limada" hecha bajo su dirección, se encuentran incompletos.[45] Este trabajo, que podría llamarse "de equipo" y que fue coordinado por el propio Sahagún, se llevó a cabo en Tlatelolco e involucró a cuatro distinguidos traductores que habían sido alumnos del colegio, y a cuatro viejos sabios cuyos nombres no conocemos.[46] Sahagún explica que trabajó esos papeles:

> [...] con los colegiales más hábiles y entendidos en lengua mexicana y en la lengua latina, que hasta agora se han en el dicho colegio criado; de los cuales uno se llama Antonio Valeriano, vecino de Azcapotzalco, otro Alonso Vegerano, vecino de Cuauhtitlán, otro Martín Jacobita, vecino deste Tlatilulco y Andrés Leonardo también de Tlatilulco. Limóse asimismo con cuatro viejos muy prácticos, entendidos ansí en su lengua como en todas sus antiguedades.[47]

Estos papeles eran la avanzada de un sistema de referencias no conocido por los indígenas antes de la llegada de los españoles. Presentaban una visión de la historia unificada y de valor universal; giraban en torno a Dios, "señor que gobierna en todas partes, en el

[43] Ibid.

[44] *Coloquios*, pp. 76-77.

[45] El libro de los *Coloquios* se encuentra en el Archivo Secreto del Vaticano. Por mucho tiempo permaneció en el olvido, hasta que el padre Pascual Saura se ocupó de localizarlo en 1922 y el padre José María Pou y Martí lo dio a conocer dos años más tarde. León-Portilla, 1986, p. 33; Ricard, 1986, pp. 109 y 166.

[46] *Coloquios*, pp. 25-26.

[47] Cit. por León-Portilla, 1985, pp. 25-26.

cielo, en la tierra, en la región de los muertos''[48] y proyectaban los acontecimientos como una marcha lineal a partir de un principio y conducente a una meta final.

En cambio, los indígenas tenían una visión no unificada del mundo que abría la posibilidad de que un día, la historia pudiera repetirse en forma idéntica.[49] Se trataba de un sistema múltiple, ''variable según la etnia, el lugar, el grupo social, el contexto ritual, etc.'',[50] y reflejaba una representación original de la realidad que tenía su origen en el viejo *xiuhpohualli* o cuenta de cincuenta y dos años que ayudaba al hombre a prever su destino sabiendo que las situaciones pasadas podían volver a presentarse.

Los frailes comenzaron su plática explicando a los señores y principales que no se turbasen ni se espantasen pues no eran dioses: ''[...] en la tierra somos nacidos y criados, comemos y bebemos y somos passibles y mortales como vosotros [...]''.[51] En la versión castellana del texto en náhuatl, preparada por el doctor León-Portilla, cambian algunas palabras aunque en esencia ambas expresen lo mismo:

> [...] también somos hombres como vosotros lo sóis, de ninguna manera somos dioses, también nosotros somos habitante de la tierra, también bebemos, también comemos. También morimos de frío, también padecemos calor, también somos mortales [...].[52]

En este caso, el contacto se estableció a partir de lo poco que podían tener entonces en común ambos grupos humanos, el consenso sobre el valor universal de la comida y la bebida sin los cuales el hombre muere. Cuando los sabios indígenas respondieron a los frailes, hablaban todavía en presente al referirse a su cultura:

> Y, he aquí, señores nuestros, están los que aún son nuestros guías, ellos nos llevan a cuestas, nos gobiernan, en relación al servicio de los que son nuestros dioses, de los cuales es el merecimiento la cola, el ala [la gente del pueblo]: los sacerdotes ofrendadores.[53]

[48] *Coloquios*, p. 115.
[49] López Austin, 1984, I, 71.
[50] Gruzinski, ''Normas cristianas...'', 1989, p. 113.
[51] *Coloquios*, p. 79.
[52] Ibid., p. 103.
[53] Ibid., p. 139.

Fig. 7. Baco con niños jugando. En la antigüedad clásica, Dionisios —Baco en el mundo romano— era responsable de la fermentación del jugo de la uva, de la abundancia de la cosecha y de la calidad del vino. Aquí no parece estar dormido, sino postrado bajo los efectos del vino. Encima de su cabeza, un niño travieso y desinhibido "hace aguas" inpunemente, mientras otro pequeño inventa travesuras entre sus piernas y un tercero le ofrece —todavía— una seductora copa repleta de vino. El tronco de la vid insinúa la raíz de una mandrágora, planta misteriosa y temida en la Edad Media que simbolizaba la fecundidad, revelaba el porvenir y procuraba la riqueza.

Sin embargo, el sentimiento de derrota cargado de fatalismo y la certeza de que ese modo de vida estaba llegando a su fin, podían percibirse cuando decían: "aún son nuestros guías"; queriendo decir, "todavía", "hasta este momento, "hasta ahora", implicando que el tiempo de que disponían se estaba acabando.

Los frailes afirmaban que el uso moderado del alimento era indispensable para mantener la vida, pero su exceso —gula y embriaguez— provocaba e inducía al hombre a todo género de pecados. Explicaron cómo Lucifer, caudillo de todos los demonios, reunió a sus diablos para hacer el mal a las criaturas y para que de muchas maneras ofendieran a Dios:

> Se juntaron todos con su caudillo el Lucifer, y él les habló a todos en esta manera: Ya habeís visto, hermanos míos, lo que nos ha acontecido: ya del todo Dios nos ha menospreciado y desechado; conviene que todos nosotros de una voluntad y concierto hagamos quanto mal pudiéremos a todas sus criaturas [...] os mando que sin cesar entendaís en prouocar y induzir a todos los hombres a todo género de pecados [...] en gula y borrachería, en embidia, yra y acidia [tedio, disgusto o ansiedad del corazón][54] porque siempre enojen a su criador.[55]

Los religiosos pusieron estas palabras en boca de Lucifer, identificando como causa del pecado de gula al demonio mismo y aprovecharon la ocasión para incluir la embriaguez en la lista de los siete pecados mortales o capitales. La mención a la embriaguez no parece haber sido el resultado de una preocupación por corregir un problema real, sino la ocasión para introducir a los naturales en el contenido del nuevo discurso moral. Esta presentación de la bebida embriagante no tenía nada en común con los cuatrocientos conejos, o sea, con las numerosas divinidades relacionadas con el pulque del panteón azteca.

Fray Bernardino explica que cuando terminó el discurso de los frailes, uno de los señores indígenas se puso de pie, saludó a

[54] *Acidia*. "Es lo mismo que pereza o flojedad y se caracteriza por un desabrimiento o desazón del alma que induce al hombre a la laxitud y a la vagancia." También equivale a tristeza, fastidio o aversión de la voluntad. Casiano, *Instituciones*, p. 345; El vulgo le llama pereza. *Diccionario de Autoridades*, 1726.

[55] *Coloquios*, p. 93. En este caso el texto en náhuatl también difiere ligeramente y se enumeran los pecados mortales, incluyendo la gula y la embriaguez. León-Portilla traduce *in tlauanaliztli* como "embriaguez", que es sinónimo de borrachería en el texto español.

los sacerdotes cristianos y "un poquito, un labio, dos labios [...]", dijo:[56]

> ¿Acaso aquí, delante de vosotros,
> debemos destruir la antigua regla de vida?[57]
> ¿La que en mucho tuvieron
> nuestros abuelos, nuestras abuelas,
> la que mucho ponderaron,
> la que mantuvieron con admiración
> los señores, los gobernantes?[58]

Los viejos mencionan, en efecto, un diálogo o una confrontación en que los españoles están "delante" de ellos. Por lo que se infiere del texto, se les pide que "destruyan" su antigua visión del mundo y que lo hagan de inmediato, "aquí". Detrás de esos cuestionamientos, se perciben la angustia y la impotencia de los indígenas ante la argumentación de los frailes.

De la segunda parte sólo ha llegado hasta nosotros el "Sumario de los capítulos" de lo que debió haber sido una exposición sistemática y amplia de la doctrina cristiana destinada a instruir a los señores indígenas. Por este sumario sabemos que la exposición se dividía en dos partes: la primera referente a las verdades que era necesario conocer como preparación al sacramento del bautismo y que termina con "el gran llanto que hicieron los oyentes doliéndose de su engaño pasado todo el tiempo [que] sirvieron a los ídolos"; y la segunda, consistente en la explicación de los sacramentos para afianzar en la fe a quienes ya pertenecían a la Iglesia. El último apartado se refiere a "lo mucho que deben los indios de estas tierras a los reyes de España y a todo el reino de España", afirmación que en 1524 resultaba prematura, por no decir inoportuna, si consideramos que los indios todavía no veían los posibles beneficios que debía traerles la conquista, pero sí experimentaban sus múltiples aspectos negativos.

De acuerdo con el texto pulido por Sahagún, la enseñanza de los frailes debe haber sido esmerada y profunda. Sus interlocutores eran un grupo selecto de indios principales y sacerdotes mejor preparados

[56] La expresión "un labio, dos labios", significa aquí "por medio de un intérprete". *Coloquios*, p. 137.

[57] "Antigua regla de vida", *huehue tlamanitiliztli.* Se refieren a las tradiciones y normas morales más valiosas para los nahuas. Ibid., p. 139.

[58] Ibid., p. 139.

intelectualmente que la mayoría de la población para recibir una instrucción más completa que debía facilitar el paso decisivo de su adhesión a la nueva fe.[59] Ricard resume el marco histórico en que debieron desarrollarse los *Coloquios*, haciendo notar que estas pláticas iban dirigidas a personas educadas, convencidas de su cultura tradicional, y todavía no conversas. Todo parece indicar que los religiosos tenían la esperanza de que, conociendo la verdad cristiana, los indios deberían, casi a pesar de ellos, aceptarla.

Algunos de los temas tratados representan una excepción en la Nueva España. Sería el caso, sobre todo, de los que debieron exponerse en el capítulo primero de la segunda parte: "De la inmortalidad del alma y del libre albedrío"; y de los títulos de los capítulos 5, 6 y 7 acerca de la forma de valorar los mandamientos que tratan "del amor de Dios", "del amor del próximo" y "de la esperanza y de los gozos del cielo".[60]

Por tratarse de un evento único y por las circunstancias históricas que vivía la muy Nueva España en 1524, sólo tres años después de la caída de Tenochtitlan, merece la pena hacer unas reflexiones adicionales acerca de la primera parte de este texto recopilado por Sahagún.

En relación a este documento, Miguel León-Portilla hace notar que en muy pocas ocasiones han podido documentarse "diálogos o coloquios entre quienes se ostentan como depositarios, por una parte, de las creencias y del saber de los vencedores y, por otra, de los conocimientos y tradición de los vencidos".[61]

A pesar de lo seductora que resulta la mera posibilidad del hecho, no puede uno dejar de preguntarse hasta dónde era factible un diálogo formal entre indios y europeos, cuando, en el mejor de los casos, los frailes recién desembarcados estarían apenas iniciándose en los misterios del idioma. Esto sin olvidar que fray Martín, quien debiera haber sido el moderador natural del evento, nunca llegó a dominar la lengua mexicana; "por ser ya viejo de cincuenta años cuando vino a esta Nueva España, no pudo darse mucho a la lengua de los naturales".[62] A la luz de las graves limitantes lingüísticas de estos religiosos en 1524 no habrán tenido más alternativa que delegar el delicado trabajo de comunicación entre ambas culturas en uno o

[59] Ricard, 1986, p. 171.
[60] Ibid., p. 77.
[61] *Coloquios*, introd., p. 15.
[62] Mendieta, libro quinto, cap. 7.

varios traductores. Pero, ¿qué traductor o "lengua" ajeno al grupo podía tener en 1524 suficiente dominio del náhuatl y del castellano para tratar asuntos tan delicados y expresar conceptos doctrinales que no tenían equivalencia apropiada en la otra lengua?

La formación religiosa que la mayoría de los Doce habían recibido en la provincia de San Gabriel y el radicalismo propio de ese ambiente alejado del erasmismo abierto y curioso que había alcanzado a otros núcleos franciscanos, tampoco facilitaba un intercambio directo de ideas con los dirigentes de una cultura que los frailes de tradición judeo-cristiana condenaban abiertamente. El texto mesurado de los *Coloquios* sería aparentemente incompatible con la actitud vivencial de unos hombres que, en ocasiones extremas, fueron tachados, entonces y después, de soñadores, fanáticos y dementes.[63] Pensando en la contraparte indígena, ¿hasta dónde los guías, los señores, los sabios indígenas que habían visto en tres años derrumbarse sus creencias, morir a su gente y perder sus señoríos, tenían el ánimo, la fortaleza o la voluntad de sentarse a discutir con quienes, desde su llegada a tierras de indios, les hablaban de amor al tiempo que destruían a sus dioses y perseguían a sus sacerdotes?

Sin embargo, no podemos ignorar la calidad intelectual de sus contrincantes, ya derrotados pero todavía en posesión de sus conocimientos culturales y religiosos. Esto podría haber motivado a los frailes más curiosos e ilustrados del grupo para realizar, aunque no necesariamente en forma de coloquio directo o diálogo formal, su mejor esfuerzo por presentar la doctrina cristiana a los sabios indígenas, usando argumentos dirigidos a la inteligencia con el propósito de convencer y no de imponer. Estos intereses serían congruentes con otras acciones que debieron llevarse a cabo durante los años siguientes a la caída de Tenochtitlan, y que fueron antecedentes de la fundación del Colegio de Santa Cruz. No olvidemos que Olmos reunió muchas pláticas de viejos o *huehuetlatolli* por encargo, ni más ni menos que de fray Martín de Valencia, y también de Sebastián Ramírez de Fuenleal. En 1533 le pidieron a fray Andrés que:

> [...] sacase en un libro las antiguedades de estos naturales indios, en especial de México y Tezcuco y Tlaxcala, para que de ello hubiese alguna memoria y lo malo y fuera de tino se pudiese mejor refutar, y si algo bueno se hallase,

[63] Agustín Yáñez, pról. a Las Casas, 1951, p. XXXVII.

se pudiese notar, como se notan y tienen en memoria muchas cosas de otros gentiles.[64]

Si estos *Coloquios* hubieran consistido en algún tipo de representación llevada a cabo con fines didácticos, podría tener relación con los autos sacramentales, que eran un género de obra popular en España en honor del Santísimo Sacramento y que pasó a la Nueva España con propósitos didácticos. Fray Juan de Ribas enseñó a los indios a representar en sus festividades los misterios de la fe y las vidas de los santos, por lo que, en este caso, su participación en un evento con estas características hubiera resultado natural. Cuando se organizaban autos, los indios se disfrazaban de ángeles, diablos y personajes diversos y actuaban con el acompañamiento de música, cantos y gritos. Se entablaban diálogos entre las figuras alegóricas de personajes "buenos" y "malos" y el pueblo se divertía, al tiempo que recibía un mensaje moralizante que debía facilitarle la comprensión y aceptación de los principios del cristianismo. En 1533, por ejemplo, se representó por primera vez ante los indios el *Auto del Juicio Final*, de fray Andrés de Olmos. Al término de la representación, Jesucristo subía al cielo por una escalera en compañía de los ángeles y los justos, al tiempo que Satanás se llevaba a sus siervos al infierno (*Mictlan*, la morada infernal) para castigarlos con una pavorosa serpiente de fuego y con dolorosas espinas metálicas ardientes.[65] Las actividades que desarrolló fray Francisco Jiménez entre los indios también serían fácilmente compatibles con la organización de este tipo de espectáculos recreativos y didácticos.

Al llegar a estas tierras, los religiosos no tenían todavía experiencia de lo larga y desgastante que iba a resultar la evangelización. Los sabios indígenas, hombres con "más luces" que el indio común y que no habían perdido la bondad original, pero que vivían en el error y, supuestamente, esperando la revelación del evangelio, deberían aceptar la verdad con más facilidad que el pueblo ignorante. ¿No decían los teólogos europeos que, conociendo la verdad, el hombre se enamora de ella y se siente atraído hacia el bien?

Lo lamentable de este episodio, cualquiera que halla sido la modalidad de su desarrollo, es que no tuvo resultados prácticos. La evidencia documental de los años siguientes a este acontecimiento,

[64] Mendieta, pról. al libro segundo.

[65] Olmos, 1983, pp. 53 y 55.

permite afirmar que los indios más pensantes y preparados no resultaron tan dóciles ni receptivos a la cristianización como lo hubieran deseado los europeos. Con los *Coloquios* de 1524, entramos de frente al problema de la comunicación que entre las dos culturas había, pues, desde sus inicios, el posible éxito de la evangelización estuvo estrechamente relacionado con la posibilidad de descubrirse, manifestarse o establecer relación con el "otro". Hablaré a continuación de las estrategias que la Iglesia consideró factible y deseable establecer para propiciar una corriente de acercamiento entre ambos grupos y llevar a efecto la cristianización indígena.

7. LOS INICIOS DE LA VIDA CRISTIANA Y LAS DOS POSIBLES VÍAS DE EVANGELIZACIÓN

VEREMOS ahora qué se entendía por iniciación en la vida cristiana y cómo, a partir de este aprendizaje, los misioneros se plantearon dos posibles vías de evangelización de los indios. La primera, factible a partir de la educación de un núcleo de alumnos más inteligentes o dedicados, estribaba en instruir a éstos en el cristianismo de manera profunda y pormenorizada. La segunda, de aplicación masiva, consistía en limitar la enseñanza a niveles elementales. En la exposición de motivos que llevaron a la fundación del Imperial Colegio de Santa Cruz de Tlatelolco en 1536 y en el análisis de las razones por los que cayó en franca decadencia años más tarde, pueden apreciarse ambas tendencias y sus posibles matices. Esta doble vertiente tuvo, a su vez, repercusiones directas en la selección de las doctrinas que publicó Zumárraga entre 1543 y 1548.

Un informe enviado por los franciscanos al rey de España en 1570 a petición del Visitador del Consejo de Indias, licenciado Juan de Ovando, resume los medios de que se valían los misioneros para lograr su propósito de evangelizar a los naturales pasado el periodo inicial de conquista armada:

> En todos los pueblos de la Nueva España a donde residen religiosos (a lo menos de esta Orden de S. Francisco) hay escuelas [...] Allí se juntan los niños hijos de los principales, y después que han aprendido la doctrina cristiana que para todos es el primer fundamento, luego son enseñados a leer y escribir.[1]

Su estrategia consistía en acercarse a los indígenas e impartirles una breve instrucción, con el fin de prepararlos para entrar en la Iglesia mediante el bautismo administrado masivamente en esos primeros años. Luego se organizaba para todas las edades y los dos sexos, una enseñanza metódica complementaria por tiempo indefinido. Escribía Zumárraga en el prólogo a las *Adiciones* de 1546:

[1] *Códice Franciscano*, p. 64.

Xristo quando enbio a predicar los apostoles por todo el mundo a todas las gentes y naciones les mando que les enseñassen los articulos de nuestra sancta fe antes que los baptizassen y los mandamientos despues.[2]

El bautismo colectivo que se llevaba a cabo en los primeros años de la Colonia era un acontecimiento alegre de participación masiva, pero que sólo tenía sentido como inicio de un modo de vida, en función de una continuidad que se lograba a través de la enseñanza de la doctrina, misma que, en tiempos de Zumárraga, se impartía en la mayoría de los casos de manera general y oral. No podía ser en otra forma pues, como veremos enseguida, las comunidades indígenas eran muy numerosas y los pocos frailes eran insuficientes para prestar a los naturales otro tipo de atención individual o más personalizada.

El bautismo era a la vez culminación e inicio, pues el nuevo cristiano, que en la primera mitad del siglo XVI era con frecuencia persona adulta, necesitaba completar su precaria formación religiosa con la enseñanza de la doctrina que recibía regularmente los domingos y días de fiesta. Primero los franciscanos (1523), después los dominicos (1526), los agustinos (1533) y luego otros religiosos y clérigos —sin olvidar a los jesuitas que llegaron después de muerto Zumárraga— se entregaron a la tarea de reunir a grupos de niños y adultos, hombres y mujeres todavía ignorantes de las cosas de la fe para enseñarles la "doctrina". Los franciscanos tomaron como centro de sus actividades la zona del altiplano mexicano donde la lengua común era el náhuatl o mexicano, a diferencia de los dominicos que se dirigieron hacia Oaxaca y de los agustinos que se establecieron en un principio en Guerrero y luego entre los otomíes y tarascos.[3]

El primer contacto que tenían los naturales con la vida cristiana se ajustaba bien a sus tradicionales patrones de vida comunitaria. La enseñanza directa era verbal (los indios no sabían leer), se impartía en las lenguas indígenas (que eran su idioma materno) y se daba de manera comunitaria (no había frailes suficientes para dar a los indios una atención individual).

1. Como la enseñanza era verbal, el trabajo de los misioneros era doble. Primero debían leer en voz baja el texto europeo escrito en

[2] *Adiciones (1546)*, pról.

[3] Para este tema, véase la excelente obra de Robert Ricard, 1986, especialmente la parte relativa a "La fundación de la Iglesia". Las zonas de influencia de las tres órdenes evangelizadoras pueden observarse gráficamente en Florescano, 1983, pp. 54-55.

latín o en español que les servía de guía, luego hacían la traducción mental que podríamos llamar "simultánea", incluyendo la adaptación o selección de conceptos que consideraban pertinentes para su particular auditorio y, por último, se expresaban en la lengua indígena en voz alta. Todo esto era factible sólo en el supuesto de que tuvieran ya un nivel mínimo indispensable de conocimiento del náhuatl o mexicano (en el caso de la zona geográfica y de las doctrinas que nos interesan). Los franciscanos así lo reconocían cuando explicaban que los indios se juntaban los domingos para aprender la doctrina, se sentaban en el patio de la iglesia, "[...] y antes del sermón dicen allí toda la doctrina dos o tres veces en voz alta, y luego les predica un religioso en su propia lengua".[4]

La otra posibilidad para quienes no hablaban con suficiente fluidez (y en el caso de los menos entendidos en lenguas indígenas, esto podía llegar a ser una necesidad imperiosa) consistía en llevar a la catequesis, previamente traducidas, algunas cartillas, una guía —especie de recordatorio manuscrito— o ayudarse con pinturas que les servían de libros. Esta actividad se desarrollaba predicando la doctrina cristiana,

> "[...] con pinturas, conforme al uso que antiguamente tenían y tienen [los indios], que por falta de las letras, de que carecían, comunicaban y trataban y daban a entender todas las cosas que querían, por pinturas, las cuales les servían de libros, y lo mismo hacen el día de hoy, aunque no con la curiosidad que solían."[5]

Los franciscanos hacían aquí referencia a una manera de enseñanza que permitía explicar a los paganos los misterios de la religión sin violentar sus métodos tradicionales de aprendizaje.

Estos manuscritos pictográficos a los que hace referencia el *Códice Franciscano*, tenían su origen en un método atribuido por primera vez a fray Jacobo Testera de Bayona, de donde derivó el nombre *testerianos*.[6] Se pensó en secuencias de dibujos estilizados que eran susceptibles de ser "leídos" por los naturales y tenían, además, la agradable peculiaridad de conjugar en su elaboración elementos de las dos culturas. Los primeros catecismos *testerianos* fueron probablemente inspirados

[4] Informe de la Provincia del Sancto Evangelio (aprox. 1570). En *Códice Franciscano*, 1889, pp. 66-67.
[5] *Ibid.*, p. 67; Cf. De la Torre Villar, 1981-1982, p. 103.
[6] Galarza, 1980, p. 13.

de modo directo por la iconografía cristiana, tomando como modelo las imágenes europeas disponibles en las tierras nuevas. Al principio los pintores indígenas o *tlacuilos* copiaban con bastante fidelidad esas imágenes, pero como seguían familiarizados con su sistema pictográfico tradicional, fueron incorporando a aquellas representaciones ciertos signos de filiación indígena hasta transformar la estructura misma del sistema creado originalmente por los padres.[7] Un buen ejemplo de estos manuscritos es la *Doctrina Christiana* (testeriana), que se encuentra en el departamento de etnografía del Museo Británico. Quede la referencia para algún curioso investigador pues, tratándose de un manuscrito y no de una publicación impresa por Zumárraga, su estudio no cabe en este ensayo.[8]

Al relacionarse con los neófitos, los misioneros enfrentaban problemas que iban más allá de la traducción literal de los términos y se agravaban cuando había que adaptar conceptos provenientes de la tradición judeo-cristiana que resultaban extraños a la visión indígena del mundo. Por eso, aun los buenos lingüistas tenían dificultades al traducir términos referentes a la doctrina y al dogma que resultaban ajenos a la mentalidad de los naturales, "los cuales no encontraban en los léxicos aborígenes su correspondiente concepto".[9]

2. Los indios tenían la misma limitación, pero al revés. Se les pedía que aprendieran de memoria las oraciones y podían recitarlas "en latín o en su lengua",[10] pero como no hablaban latín no podían entender su significado y los mismos sacerdotes se quejaban de que sus feligreses repetían las palabras sin entender su sentido.[11] Aun si rezaban en su lengua materna, cabe preguntarse cómo interpretaban conceptos muchas veces ajenos a ellos y difíciles de penetrar. Decía Zumárraga que:

> [...] los hombres de estos tiempos [...] han de saber retiniendo el sentido de las palabras, porque dezirlo como papagayo o picaza sin sentir lo que confiessan quienquiera vera quanto puede aprouechar.[12]

[7] Ibid., p. 14.

[8] La *Doctrina Christiana* fue estudiada por Joaquín Galarza y Aurora Monod Becquelin, quienes afirman "que es copia fiel de un manuscrito más antiguo, cuyo origen se remonta al siglo XVI". Galarza, p. 15. Proviene del Farnborough Found y su número de clasificación es Egerton manuscript 2898.

[9] De la Torre Villar, 1982, p. 19.

[10] *Códice Franciscano*, p. 100.

[11] Ibid., pp. 67 y 100.

[12] *Adiciones (1546)*, pról. Picaza: Se trata de la urraca, misma que el *Diccionario de*

La práctica de repetir las palabras de memoria continuó después de morir Zumárraga. En 1611, fray Martín de León explicaba que no debía aceptarse que los indios dijeran el credo en latín pues, "en el [credo] se encierran todos los articulos de nuestra fe, y no se lo consienta dezir en latin pues no lo entienden ni saben lo que quiere decir, mas que papagayos".[13]

La "Filosofía de Cristo" que difundió Erasmo hacía de los pobres y humildes —en este caso los indios— los favoritos de Dios y les daba las mismas oportunidades que a los hombres de otras culturas y ámbitos geográficos. Las doctrinas publicadas por Zumárraga fueron redactadas principalmente para beneficio de ellos, aunque reconociendo que el libro era para uso directo de los ministros que los atendían, fueran religiosos o clérigos. En efecto, los fieles tenían contacto con el texto casi siempre a través del sacerdote; éste era un especie de "comunicador" entre el discurso moral que se remontaba a la Sagrada Escritura, a la tradición de la Iglesia y a la autoridad de sus doctores, y que debía ser recibido por los laicos. Pero esta regla tenía sus excepciones; el mismo Zumárraga recomendó la difusión de sus catecismos entre los indios, se sobreentiende que mediante la lectura directa del texto, porque "muchos ya saben leer".[14]

Para entender la doctrina debían ser catequizados en náhuatl o mexicano y sólo los que ya hablaban español y habían alcanzado mejores estudios, como era el caso de los colegiales de Santa Cruz, podían tener acceso directo a las doctrinas impresas. Por eso, como se verá más adelante, la *Dotrina Christiana* bilingüe de fray Pedro de Córdova tuvo especial significación.

3. La enseñanza era comunitaria. En efecto, durante los primeros años de la colonia, los misioneros no se daban abasto para evangelizar al enorme número de indios con que entraron en contacto. Así se explican los bautismos masivos y también la catequesis general impartida en forma oral. Se ha calculado que la población indígena al tiempo de la conquista no era inferior a los 9 millones de habitantes, aunque algunos especialistas dan una cifra mucho más elevada, hasta de 25 millones. Cook y Simpson se inclinan por una cifra intermedia, 11 millones en 1519, aunque para 1540 es posible que el número se redujera casi a la mitad: 6 millones 427 mil y para el

autoridades (1737), define con mucha gracia como ave que "muda muchas veces la voz, imitando la humana y de los animales. Es muy atrevida y golosa".

[13] Fray Martín de León, *Camino del cielo (1611)*, fol. 104.

[14] *Dotrina Christiana (1544)*. Colofón.

cambio de siglo quedaran poco más de 2 millones de indios en la Nueva España. Si estos cálculos son correctos, la Colonia sufrió en verdad una singular tragedia demográfica.[15] Las consecuencias de esta realidad durante la segunda mitad del siglo XVI rebasan las metas de este trabajo, pero sería conveniente analizarlas en un trabajo posterior cuando se estudien los confesionarios para indígenas. Escribía fray Pedro de Gante:

> En esta provincia de México he bautizado con otro compañero más de doscientos mil, y otros tantos, que yo mismo no sé el número. Con frecuencia me acontece en un día bautizar catorce mil personas: a veces diez, a veces ocho mil.[16]

Las doctrinas o textos impresos

El término "doctrina" tenía dos connotaciones. Significaba en primer lugar el catecismo, o sea la plática general y verbal que se daba a los naturales reunidos en el atrio de la iglesia con el objeto de explicar la doctrina cristiana, misma que generalmente tenía lugar en las misiones los días de fiesta y domingos. En segundo lugar, la doctrina era sinónimo del texto manuscrito o impreso que contenía, con algunas variantes y en forma más o menos breve o amplia, aquellos elementos fundamentales de la vida cristiana que cualquier bautizado debía saber, creer y obrar para vivir y portarse como tal. Contenía cuatro partes que eran: credo, mandamientos, oraciones y sacramentos.[17]

La doctrina en su acepción de texto escrito solía incluir: la señal de la Cruz, el Padre Nuestro, el Ave María, el Credo, el Salve Regina, los Mandamientos de Dios y de la Iglesia, los Catorce Artículos de la Fe, las características de los pecados mortales y veniales, las obras de Misericordia, las Virtudes Teologales y Cardinales y los Dones del Espíritu Santo. En el caso de las doctrinas "humanistas" de Zumárraga, estos temas se amplían con otras explicaciones, como se verá en su momento. También se hacía la distinción entre las doctrinas

[15] Véanse los datos muy completos en "Expansión territorial y tragedia demográfica". En Calderón, 1988, p. 226.

[16] Carta de fray Pedro de Gante dirigida a los Padres y Hermanos de la Provincia de Flandes, a 27 de junio de 1529. En García Icazbalceta, 1954, p. 103.

[17] *Diccionario de Autoridades (1732).*

breves, que eran aquellas que contenían los principios esenciales de la fe y eran usadas por los principiantes; y las largas o extensas que servían para los que ya habían recibido la primera formación.[18]

En general las doctrinas o textos catequísticos impresos —y éste es el caso de los publicados por el primer obispo de México— lograron su cometido en forma diferente de la evangelización oral. Por supuesto, la completaron y enriquecieron pero, más importante, permitieron que las ideas llegaran mucho más allá de los grupos limitados donde podía extenderse el poder de la palabra. El libro permanecía y resistía los malos entendidos, las buenas y malas voluntades y la variada capacidad de sus lectores sin deformarse ni cambiar; era siempre un punto de partida para pensar.

Las doctrinas "humanistas" debían facilitar y enriquecer la capacidad del indio y destacar los aspectos positivos de su personalidad. Tener acceso a la doctrina implicaba iniciar un proceso positivo de aprendizaje; por eso el que conocía la doctrina superaba una etapa de ignorancia. Visto así el proceso de aprendizaje de la doctrina, la enseñanza era a la larga el único camino para disminuir la distancia entre los españoles y los indígenas.

Las primeras doctrinas cristianas hacían hincapié en la unidad de la fe y en el cumplimiento de las normas morales establecidas previamente, y de ellas derivaban iguales responsabilidades y obligaciones para todos los hombres, independientemente de su raza, cultura o situación geográfica. Por lo tanto, en teoría y a partir de una óptica cristiana, el bautismo borraba todas las diferencias y hacía al nuevo cristiano miembro de un mismo cuerpo: el cuerpo místico al que se refería San Pablo.

Esta manera de divulgar el discurso de la Iglesia no nos ha permitido conocer la respuesta indígena a las exigencias de la evangelización. Las reacciones han de haber sido mucho más complejas y variadas de lo que pudiera intuirse a primera vista. Si la predicación tropezaba, como lo señala Serge Gruzinski, con obstáculos lingüísticos, lexicales y conceptuales, no es de extrañar que las reacciones indígenas cambiaran "según el momento, el lugar, el grupo étnico y el medio sociocultural".[19]

Los religiosos franciscanos más ilustrados, en cuyas filas, como veremos, podía incluirse a Zumárraga, llegaron a la Nueva España

[18] De la Torre Villar, 1981-1982, p. 64.
[19] Gruzinski, "Normas cristianas...", 1989, p. 114.

con una actitud optimista, congruente con los vientos humanistas que sacudían a España a principios del siglo XVI. Dice León-Portilla mencionando a los religiosos más distinguidos que vinieron a la Nueva España, que si España:

> [...] empleó las armas del conquistador para hacer realidad el nacimiento de naciones, en la que lo indígena y lo hispánico se fundieron para siempre, envió a muchos de sus grandes humanistas, formados en la tradición de su más auténtico Renacimiento. Por ello los vínculos de nuestra historia en común, la de Hispanoamérica y España, han sido y son indisolubles, pues están fincados no sólo en la sangre sino, por encima de todo, en el espíritu y en la cultura.[20]

En la medida que se aceptaba que el hombre americano en proceso de evangelización era hijo de Dios y redimido por Él, como lo era el europeo, se hacía innecesario darle un tratamiento o instrucción que en lo fundamental fuera diferente del que se daba a otros cristianos. Si el hombre de aquí era el mismo que el de allá, ambos compartían un mismo destino y los principios morales debían tener la misma validez para todos. Cualquier innovación se hacía en cierta forma superflua, pues la naturaleza humana era una y la ley natural, derivada de esa misma naturaleza, también una.

Las diferencias entre la enseñanza que teóricamente recibían indios y españoles debían ser pasajeras y externas. La evidencia documental de las primeras doctrinas o catecismos impresos en la Nueva España, parece indicar que la distinción en la enseñanza debía hacerse sobre la base de los conocimientos previos de los fieles, fuesen españoles o indios, y que la dinámica misma del aprendizaje debía ir modificando esta situación hasta que el hecho de ser indio o español no implicara, al menos en teoría, justificación suficiente para distinguir entre proficientes e incipientes.

Si aquí iba a establecerse un mundo "utópico" cristiano en que la bondad natural del indio pudiera llegar a vencer los efectos de la idolatría, la razón terminaría por dominar sobre las pasiones y el amor vencería a la discordia. El indio, al conocer y amar a Dios, actuaría en consecuencia y se alejaría de la embriaguez que degrada al bebedor. Vista así, la embriaguez era un efecto de la ignorancia, no su causa. ¿Para qué ocuparse de los efectos pudiendo quitar las causas? Para que el hombre dejara sus malos hábitos, lo principal

[20] León-Portilla, 1984, p. 63.

no era amenazarlo con castigos o hacer el intento —de dudosa eficacia— por imponer la norma de sobriedad a la fuerza; sólo había que darle oportunidad de "conocer la verdad" y "enamorarse del bien". Por eso y para ello eran importantes las doctrinas y así se explica la fiebre editorial de Zumárraga como autor, editor, compilador, redactor y patrocinador económico de las mismas.

Mendieta señalaba el interés de Gante por enseñar a los jóvenes:

> Comenzose a leer la gramática a los indios en el convento de S. Francisco de México en la capilla de S. José, donde era su común recurso para ser enseñados en la doctrina cristiana y en todas las artes y ejercicios que su buen padre y guiador Fr. Pedro de Gante procuraba de los imponer.[21]

Esta forma de ver la evangelización encontró resistencia en otra corriente de pensamiento, menos numerosa al principio, pero que fue fortaleciéndose a la luz de la contrarreforma española. En su versión extrema, este grupo manifestaba dudas acerca de la racionalidad de los indios. Los más moderados, en cambio, aceptaban a los naturales como hombres de su misma naturaleza,[22] pero se planteaban inquietudes respecto a su capacidad para asimilar los valores esenciales de la cristiandad. A estos juicios negativos expresados por muchos miembros de la Iglesia debía sumarse un factor de incomprensión generalizado entre la población de origen europeo que resultaba del desconocimiento de la realidad "del otro", o sea del indio.

La controversia fue larga, compleja y apasionada. El punto principal —la racionalidad del indio— pudo resolverse de manera favorable cuando Paulo III expidió la bula *Sublimis Deus* (1537), declarando que los indios eran verdaderos hombres.[23] De aquí se seguía que, en principio, eran aptos para recibir la fe, pero continuó la polémica respecto a su capacidad para asimilar el mensaje cristiano.

A partir de las dos corrientes de pensamiento antes mencionadas y de todas las combinaciones factibles, se plantearon dos posibles vías para la evangelización de los indios. Ambas se manifestaron, primero en la evolución del Colegio Imperial de Santa Cruz de Tlatelolco a partir de la década de 1530 y, después, en las ocho

[21] Mendieta, libro cuarto, cap. 15.
[22] Véase Ortega y Medina, 1987, p. 44.
[23] Ibid., pp. 34 y 44.

diferentes doctrinas castellanas o castellano-mexicanas que se publicaron por mandato del obispo Zumárraga en la década siguiente.

En ambos casos pueden seguirse las alternativas que resultaron de ambas tendencias: la primera (a) veía la posibilidad de incorporar al indio a los principios de la cultura judeo-cristiana. Debía dar al grupo indígena la posibilidad de llegar a entender, al paso del tiempo y a través de las primeras generaciones de alumnos egresados del Colegio, el discurso cristiano en su versión más evangélica, poniendo la "verdad" y el "bien" al alcance de todos.[24] La "verdad" debía llevar a los alumnos a la esencia de las cosas; por eso el estudio serio y perseverante de la doctrina iba a permitir a los indios comprender el discurso cristiano, considerado como el conocimiento fundamental. El "bien", por su parte, armoniza y se complementa con la razón. De allí que, en la práctica, el indio podía llegar a vivir las enseñanzas "verdaderas" contenidas en el evangelio. Para lograr estos propósitos, había que elevar el nivel de aprendizaje de los alumnos hasta hacerlo comparable con el de los buenos centros de enseñanza europeos. La segunda opción (b) consistía, a grandes rasgos, en limitar la enseñanza de los naturales a niveles básicos, y en modificar, seleccionar y simplificar los textos para adaptarlos a lo que comenzó a ser definido como la "especial" capacidad de los naturales.

El primer modelo sólo podía dar resultados después de llevar a cabo una selección cuidadosa de los sujetos, a diferencia del segundo que era de aplicación masiva. Aquél implicaba un trabajo paciente y sostenido encaminado a despertar la curiosidad, el interés y la voluntad del educando para animarlo a penetrar en un terreno cultural y religioso desconocido. Tanto los maestros como los alumnos, los que enseñaban como los que aprendían, debían hacer un verdadero esfuerzo de superación. Posiblemente en el proceso, que no dejaba de ser una aventura hacia terrenos poco familiares y por lo tanto peligrosos, tanto unos como otros acabarían influyéndose y modificándose mutuamente.

La segunda opción requería un esfuerzo menos personalizado, era más rápida y fácil de llevar a efecto. Al simplificar la enseñanza podía exigirse lo mismo a todo el mundo y si los medios persuasivos

[24] Verdad es la validez o la eficacia de los procedimientos "cognoscitivos". Se trata de la cualidad por la que un procedimiento cognoscitivo cualquiera resulta eficaz o tiene éxito. El bien es aquello que es conforme a la razón, que armoniza con ella.

no bastaban, podían completarse o suplirse con otros de carácter coercitivo o disciplinario, mismos que también podían aplicarse para la opción (a), pero que no eran los más recomendables, por no ser las más congruentes con los otros objetivos.

Aquélla era factible, al menos en una primera etapa, sólo para "unos pocos", porque ni eran muchos los que querían o podían aprender tanto, ni eran suficientes los que estaban preparados y disponibles para enseñarlos. Ésta era apropiada para las multitudes porque podía impartirse masivamente y no requería tanto refinamiento didáctico; tenía la gran ventaja de la simplicidad.

Una última consideración; hemos visto que implantar cualquiera de los dos modelos de evangelización requería de los elementos humanos apropiados. ¿Fueron los frailes las personas idóneas para esta tarea? ¿Idóneas a juicio de quién? La información, al menos la que se maneja para este trabajo, ha llegado filtrada justamente a través de quienes hicieron la evangelización. Los frailes fueron, en este caso, juez y parte, al mismo tiempo los actores y los relatores del drama. Lo escribieron a través de lo que Gruzinski llama "una educación cristiana y una oreja occidental",[25] por lo que nada tiene de extraño que su presentación de la evangelización sea la autojustificación de la misma.

Entre los primeros religiosos franciscanos que llegaron a la Nueva España venía sin duda gente que tenía las cualidades necesarias para hacer factible el primer modelo expuesto. En conjunto, esa primera generación de religiosos mostró una creatividad, perseverancia y fortaleza acorde con los ideales de una "observancia" que se vio favorecida por el movimiento reformador español de Cisneros. Pero siguiendo sus pasos, en números crecientes y por las razones más diversas, vinieron frailes y clérigos comunes y no excepcionales. Buenos o malos, eran el reflejo de las limitaciones de la sociedad española que ya había reprimido dentro de su seno las manifestaciones erasmistas. La Iglesia no podía dar en América a los naturales lo que rechazaba en el viejo mundo para los europeos. Las fuentes del siglo XVI señalan reiterativamente la ignorancia, incompetencia, frustración y hasta corrupción de los clérigos y religiosos —no sabemos con seguridad si en proporción al número total eran pocos o muchos— que pasaban a la Nueva España y que aquí dedicaban su vida a la práctica pastoral con resultados mediocres.

[25] Gruzinski, 1979, p. 8.

Por eso, cuando la primera generación de evangelizadores comenzó a faltar a mediados de siglo, incluyendo a Zumárraga (1548), Motolinía (1569), Olmos (1571), Gante (1572), Molina (1585), Sahagún (1590) y Mendieta (1604) entre otros, y no dejaron, al menos en número suficiente, sucesores capaces de dar nuevo impulso a su tarea original, la evangelización comenzó a ser sustituida por una práctica pastoral más burocrática e institucional, con características más acordes con las presentadas en el segundo modelo.

Veremos ahora las circunstancias que acompañaron a la fundación del Imperial Colegio de Santa Cruz y cómo, en el proyecto general de educación que se planteó en sus inicios, estaban incluidos los elementos que hubieran permitido a los indígenas comprender el significado y el alcance de la norma de templanza que predicaban los misioneros y que Zumárraga expuso en sus doctrinas.

FUNDACIÓN DEL IMPERIAL COLEGIO DE SANTA CRUZ, 1536

La voluntad inicial de la Iglesia por cristianizar a los indios conforme al modelo europeo erasmiano, está íntimamente relacionada con el proyecto educativo llevado a cabo por los franciscanos en Tlatelolco. No es casual, afirma Bataillon, que ese periodo de influencia erasmista en la Nueva España corresponda a la fundación del Imperial Colegio de Santa Cruz, dedicado a la educación superior de indios nobles:

> Y no se diga que los apóstoles franciscanos de la Nueva España no necesitaban acudir a Erasmo en busca de lecciones de evangelismo, y que se valieron de sus libros por pura casualidad, porque los tenían a mano y hallaban en ellos sus pensamientos expresados vigorosa y elegantemente, aunque con audacias que reprobaban. En esto consiste por lo general una influencia: en dar voz a tendencias profundas que no saben expresarse.[26]

Éste fue un periodo de optimismo y esperanzas en que se buscó el desarrollo simultáneo de la inteligencia y de la voluntad con el deseo de hacer factible que el indio identificara la verdad con el bien. Se pensó que dando a los naturales las mismas oportunidades de educación e instrucción que en principio tenían los jóvenes europeos, un grupo selecto y creciente de hijos de nobles y principales indígenas

[26] Bataillon, 1982, p. 825.

1. *Tezcatzoncatl*. Uno de los dioses nahuas del pulque. Sahagún lo describe como "otro diablo" al que adoraban los indígenas en su gentilidad. A su lado un maguey, planta común en la zona del altiplano de México y su producto más conocido y amado por los antiguos mexicanos: el pulque joven y espumoso contenido en una olla ceremonial. La comunidad hacía en honor de *Tezcatzoncatl* "mil fiestas y regocijos" y participaban hombres y mujeres de todas edades: niños y niñas, mozos y mozas, viejos y viejas.

¶ Capitulo quinto, de diuersas maneras de borrachos.

2. Este joven bebedor ¿indígena?, coronado a la manera de los dioses del vino de origen mediterráneo, camina con aire despreocupado y canta mientras derrama el contenido de un cántaro de barro de forma casi idéntica a la representada en la lámina siguiente. Trabajo realizado por uno de los tlacuilos que ilustraron el maravilloso *Códice Florentino*, versión última de la *Historia general de las cosas de la Nueva España* a la que Sahagún y sus informantes dedicaron largos años. El artista debió conocer el simbolismo de las hojas de parra en la iconografía clásica y cristiana.

¶ El moço desbaratado, anda como [illegible] lo muy beodo, y fanfarronea mucho, ni puede guardar secreto; amigo de mugeres

3. Una pareja de jóvenes tomados de la mano señala con gesto crítico al mozo disipado que es "muy beodo", fanfarrón, amigo de mujeres y no puede guardar secreto. No se conforma con la copa de pulque, conocido también como vino de la tierra, que lleva en la mano derecha, sino que se reserva el contenido de la jarra que sostiene con la izquierda. Aunque el dibujo incluye tres figuras, el bebedor desordenado se encuentra separado, simbolizando el aislamiento social a que lo condenaba la sociedad mexica.

4. Esta ilustración relacionada con los signos y días del calendario ritual usado por los mexicas, representa la segunda casa del signo conejo, "en la cual nacían los borrachos". Con la llegada de la fecha dos conejo, se incrementaba la energía de los cuatrocientos conejos o sea de los innumerables dioses del vino y, por eso, los niños y niñas nacidos bajo el signo dos conejo tenían la inclinación a beber *octli* o pulque. Éste y los otros dibujos que ilustran el *Códice Florentino* son la culminàción de los trabajos iniciados en Tepepulco desde 1558-1560, y debieron ser realizados por los dibujantes colaboradores de Sahagún en el convento de Tlatelolco hacia 1578 o 1579.

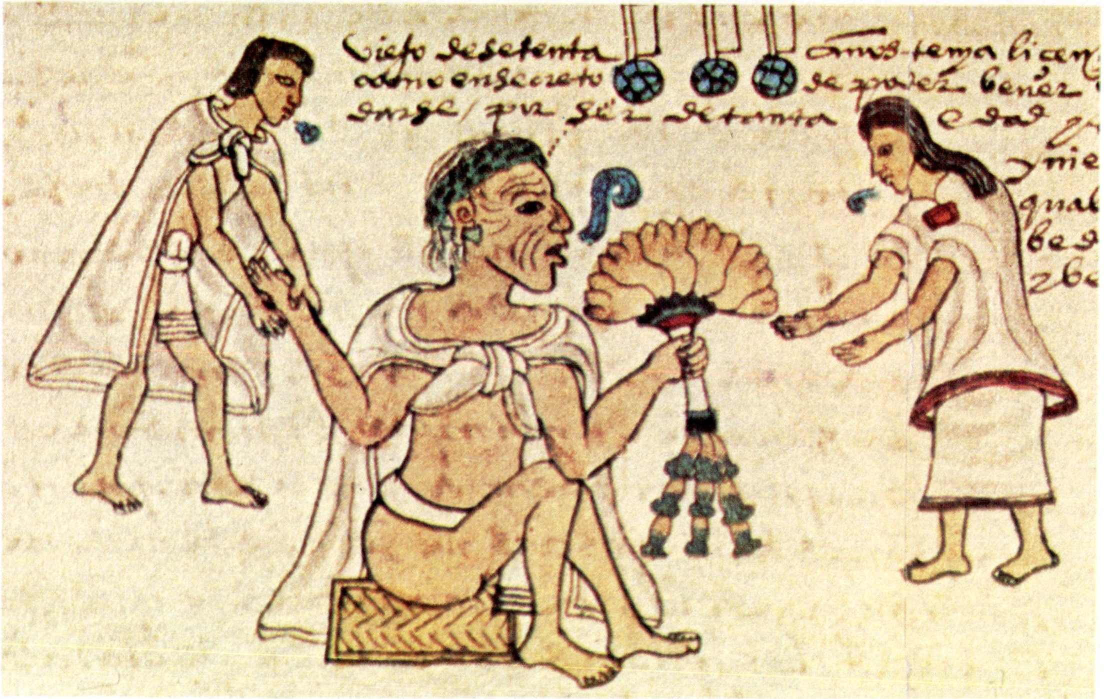

. **5.** La edad tiene sus privilegios. Este viejo mexica de setenta años tenía licencia para beber vino (pulque), tanto en público como en privado y se le permitía emborracharse. Se le concedían este privilegio y esta libertad porque era muy viejo y porque ''tenía hijos y nietos''. Las mujeres de setenta años gozaban de los mismos privilegios.

6. Un borracho y una borracha beben el blanco y seductor líquido espumoso de origen divino. Obsérvese al cántaro de pulque volteado y vacío en la parte inferior de la lámina. En lugar de enfrentar sus responsabilidades en el seno de la sociedad mexica, estos bebedores desordenados corren el riesgo de convertirse en ladrones y jugadores. Tienen ante ellos una canasta abierta simbolizando la acción de robar y unos granos de patol que indican juego de azar. La soga que se encuentra a la derecha puede significar la pena definitiva y última para el transgresor de la norma. Los jueces tenían la autoridad para ordenar que esta cuerda se pasara por el cuello del delincuente acusado de robo o de embriaguez.

7. Jugador de patol. Este mancebo acaba de perder, literalmente, el equivalente de su camisa (se trata de la tilma, prenda indígena que puede verse, amarrada, a la derecha) y sólo le queda el taparrabo. Los mexicas eran entusiastas jugadores y llegaban a arriesgar y a perder todo en un solo juego, al punto de quedar obligados a venderse a sí mismos como esclavos. Sin embargo, las penas aplicadas por los jueces a los jugadores eran menores que las que correspondían a los borrachos o a los adúlteros.

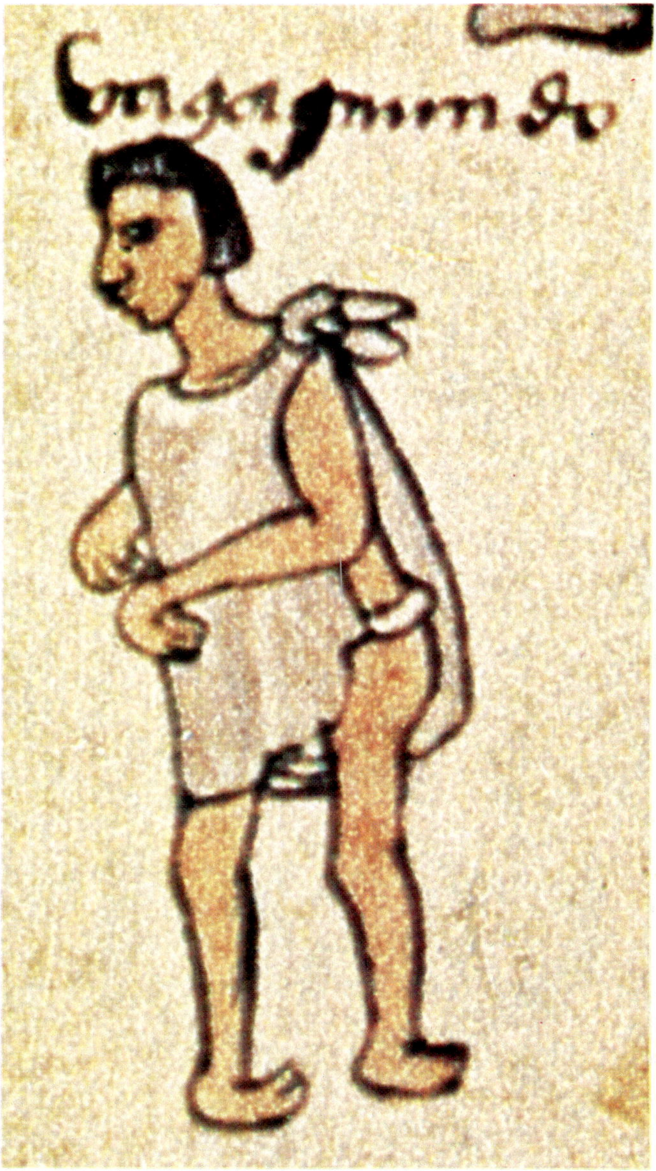

8. Un vagabundo. La borrachez y la vagancia se retroalimentaban y un hábito fomentaba el otro. Este vagabundo, trabajo de un tlacuilo indígena para ilustrar el *Códice Mendocino,* podría complementar la descripción del borracho hecha por los informantes de Sahagún. Decían éstos que el briago anda "todo espeluzado y descabellado y muy sucio. Y no se lava la cara aunque se caiga lastimándose e hiriéndose en la cara o en las narices o en las piernas o rodillas o se le quiebren las manos y los pies".

llegarían a comprender en toda su riqueza la herencia religiosa y cultural judeo-cristiana; y como no estaban maleados por los vicios del viejo mundo, los resultados serían positivos. Su aprendizaje implicaba la transmisión metódica y progresiva de los conocimientos mediante el uso directo del libro manuscrito o impreso. Para los *macehuales* bastaría una enseñanza elemental que, al menos en una primera etapa, tendría su núcleo en el aprendizaje de los fundamentos de la doctrina por medios orales y en la memorización de sus puntos destacados. Por contra, imponer la norma cristiana al grupo de niños escogidos implicaba:

> [...] el uso inmediato [del libro y de la escritura] entre los nobles y principales que saben leer y pueden poseer libros manuscritos o impresos; un uso más indirecto entre los *macehuales* que descubren la constante referencia que el clero español hace a las "Escrituras" para extraer normas, respaldarlas, comprobarlas e ilustrarlas.[27]

Con el apoyo fundamental de la escritura y los libros, los indígenas pasaron de una tradición oral a un nuevo marco de referencia íntegramente basado sobre lo escrito y la escritura.[28] Gruzinski supone que, sobre estas bases, la norma cristiana terminó por imponerse del modo más brutal, "ya que pretendió sustituir cualquier otra norma en el campo religioso y ético".[29]

Sin embargo, al menos durante la tercera y la cuarta décadas del siglo XVI, conviene matizar esta afirmación y reconsiderarla a la luz del primer modelo de evangelización indígena señalado en repetidas ocasiones. Los religiosos llegaron con la voluntad, como afirma Gruzinski, de sustituir aquellas normas por las cristianas y, en efecto, se valieron de la escritura y del libro para lograr sus fines. Cabría añadir que, como vencedores, no sólo quisieron sino que dispusieron de todos los medios para hacerlo, a diferencia de los indígenas que vieron, muy a su pesar aunque sin poder evitarlo, el proceso irreversible de destrucción de sus antiguos "libros de imágenes". Por lo tanto, no se discute aquí la posibilidad —para algunos historiadores muy positiva aunque utópica— de haber mantenido los patrones indígenas originales. La misma realidad histórica de la conquista se encargó de negarle viabilidad. También parece evidente que el modelo definitivo de enseñanza,

[27] Gruzinski, "Normas cristianas...", 1989, p. 113.
[28] Ibid.
[29] Ibid.

el que se aplicó a partir del fracaso de los planes originales del Colegio de Santa Cruz y que se encuentra ejemplificado en las doctrinas "indígenas", apunta en la dirección señalada por Gruzinski.

El modelo de evangelización "humanista" sólo podía rendir frutos por la vía de la aceptación voluntaria y consciente del mensaje. En otras palabras, no podía establecerse una relación abierta sin que los alumnos conocieran, estudiaran, comprendieran y, en su momento, aceptaran los fundamentos del discurso.

En su conjunto y salvo excepciones, como el caso del fraile agustino Alonso de la Veracruz, que trató de encontrar soluciones originales y prácticas a los problemas locales, tomando en cuenta la manera de vida indígena, los moralistas y evangelizadores americanos no consideraron la posibilidad de adaptar la norma cristiana general a las necesidades particulares de la población. Sin embargo, en 1a. época de Zumárraga mantenían márgenes de maniobra nada despreciables, sin salirse del marco impuesto por la ortodoxia. Podían optar por transmitir el mensaje doctrinal a través de un aprendizaje explicativo, serio y pormenorizado que convenciera al estudiante o, en otro orden de ideas, podían imponerlo sin mayor fundamentación lógica diciendo que "las cosas son así porque sí", como lo hizo fray Juan de Villagarcía en Valladolid, España.[30]

Tlatelolco representó la primera opción, la oportunidad para "ser iguales", y no es de extrañar que el periodo más constructivo de la Iglesia en las tierras nuevas haya sido aquel en que todavía no se hacían diferencias definitivas entre la doctrina para indios y para españoles.

Apenas pasada la conquista, comenzó a pensarse en la educación de los indios: Rodrigo de Albornoz, que había sido secretario de Carlos V y que en 1522 fue nombrado contador de la Nueva España, escribía al Emperador el 15 de diciembre de 1525:

> Para que los hijos de los caciques y señores, muy poderoso señor, se instruyan en la fe, hay necesidad que mande V. M. se haga un colegio donde les muestren a leer y gramática y filosofía y otras letras para que vengan a ser sacerdotes, que aprovechará más, el que de ellos saliere tal, y hará más fruto, que cincuenta de los cristianos para atraer a los otros a la fe.[31]

[30] Véase el texto completo en la nota 2 del Cap. 12 de este trabajo.

[31] Cit. por Cuevas, 1928, II, p. 285; El autor de los *Avisos a Su Majestad* escribía al rey en el mismo sentido: "Será muy necesario que haya Estudio General en *Tenuxtitlan* de leer gramática, artes y teología, en que se enseñen a los naturales de la tierra, que a este estudio vengan todos los hijos de los señores principales de la tierra". Cit. por Cuevas, 1928, II, p. 286.

Los orígenes de Tlatelolco se remontan al año 1533, cuando llegó a la Nueva España un hombre de cualidades sobresalientes: Sebastián Ramírez de Fuenleal. Don Sebastián estudió en la Universidad de Valladolid y obtuvo en 1514-1515 el grado de licenciado en derecho canónico y civil. Allí tuvo también la oportunidad de adentrarse en el ambiente profundamente humanista que caracterizó a los mejores años del Renacimiento español. Ese medio abierto a la enseñanza y a la cultura, explicaría el interés que mostró años más tarde, cuando vino a América, por crear escuelas y dar estudios a los naturales. Primero estuvo en Santo Domingo, donde fue obispo y presidente de la Audiencia entre 1528 y 1531, y luego pasó a México desde 1531 hasta 1536.

Fuenleal desembarcó en Veracruz el 23 de septiembre de 1531 dotado por el emperador de muy amplios poderes para actuar como presidente de la Segunda Audiencia de México, puesto que desempeñó con habilidad, prudencia y decisión. Lo distinguió "un singular amor a estos yndios y los defendió y conservó sabiamente, y rrijyó la tierra en mucha paz con los buenos coadjutores que tuvo".[32] Dos años después (1533), el mismo interés que lo impulsaba a preocuparse por la educación de los naturales lo llevó, de común acuerdo con fray Martín de Valencia, a pedir al religioso Andrés de Olmos (¿?-1571) "el mejor lengua mexicana que entonces había en esta tierra", que:

> [...] sacase en un libro las antigüedades de estos naturales indios [...] para que de ellos hubiese alguna memoria y lo malo y fuera de tino se pudiera mejor refutar y si algo bueno se hallase, se pudiere notar, como se notan y tienen en memoria muchas cosas de otros gentiles.[33]

Así, a instancias de Fuenleal se salvaron y transcribieron un buen número de antiguos textos indígenas y estos trabajos, a su vez, influyeron en los que después desarrollaron otros investigadores del pasado prehispánico. Fuenleal permaneció en la Nueva España hasta 1536 y, con la llegada del virrey Antonio de Mendoza, obtuvo autorización para volver a España. En 1533, envió a Carlos V una carta que revela las espectativas que algunos españoles depositaron en la capacidad de los indios:

[32] Motolinía, tercera parte, cap. 3.
[33] Mendieta, pról. al libro segundo; León-Portilla, 1984, pp. 49-63.

> Con los religiosos de la Orden de San Francisco he procurado que enseñen gramática, romanzada en lengua mexicana a los naturales y paresciéndoles bien, nombraron un religioso para que en ello entendiese, el cual la enseña y muéstranse tan hábiles y capaces que hacen gran ventaja a los españoles. Sin poner duda, habrá de aquí a dos años cincuenta indios que la sepan y la enseñen. De esto tengo gran cuidado por el gran fruto que se seguirá... sabida alguna gramática y entendiéndola, serán menester personas que les lean libros de buena latinidad y oratoria, y por eso bastará que los maestros sean instruidos en la lengua latina aunque no sean frailes naguatacos ni sepan su lengua, pues en latín les han de leer y doctrinar.[34]

El proyecto educativo indígena al que hacía referencia don Sebastián y que debían llevar a cabo los franciscanos, contemplaba en una primera etapa el aprendizaje del latín, que en el siglo XVI era la lengua de comunicación general y alcance universal. En latín escribió originalmente Tomás Moro su *Utopía* que tanta influencia tuvo en la fundación de los llamados "hospitales" michoacanos de Vasco de quiroga[35] y en latín dispuso Erasmo el "Enchiridion" y el "Elogio de la locura" para su publicación original. También era la lengua usual para redactar los textos doctrinales con que las "autoridades" comunicaban a una instancia intermedia, a los clérigos y religiosos encargados de la catequesis, el conjunto de verdades y de normas que debían enseñar a los fieles. El manejo del idioma no era la meta del aprendizaje, sino su punto de partida. No se trataba de que los indios repitieran en latín palabras carentes de sentido, como de hecho sucedió más tarde cuando los confesores se lamentaban de los "papagayos", sino de que comprendieran en sus fuentes los elementos de la cultura judeo-cristiana.

Pero el contenido novedoso, casi revolucionario del mensaje, si vale la comparación, estaba en la parte final de la carta enviada por don Sebastían al emperador: considerar el uso del latín en las aulas de la Nueva España como medio de comunicación directa entre maestros y alumnos "avanzados" trilingües. Al no ser necesario el aprendizaje previo del náhuatl o de otras lenguas indígenas para que los maestros se entendieran con los indios, al poderles enseñar directamente en latín, se liberalizaba la educación y cualquier maestro "latíno" estaría en posibilidad de enseñar a los alumnos indíge-

[34] Carta de don Sebastián Ramírez de Fuenleal a Carlos V, fechada el 8 de agosto de 1533. Archivo General de Indias 58-5-3. En Cuevas, 1928, I, p. 386.

[35] Véase Zavala, 1937.

Fig. 8. La vendimia bajo el signo de Libra, influencia sideral dominante entre el 23 de septiembre y el 22 de octubre. Libra es una hermosa balanza con su astil y sus dos platillos y simboliza el justo medio, el equilibrio entre los planos cósmico y psíquico y la armonía social y personal. En el siglo XV el proceso de prensado de las uvas recién cortadas no era propiamente manual; no se ejecutaba con las manos sino con los pies. Muchos pies diferentes, pies campesinos, rústicos y fuertes ejercían una presión delicada y homogénea sobre los racimos madurados al sol, con el objeto de exprimir la pulpa de las uvas.

nas sin necesidad de instancias intermedias que, a la vez, hacían el oficio de censores.

La instrucción sería también más expedita al dejar los religiosos de invertir años de esfuerzo en el aprendizaje de los idiomas indígenas como paso previo a la enseñanza metódica y seria de los nuevos cristianos. También se daría oportunidad de ejercer como maestros a personas que por su edad, limitaciones visuales o auditivas, no podían realizar ese aprendizaje, como Zumárraga, que no llegó a ser maestro directo de los indios por no hablar sus lenguas.

Estos planes se llevaron a efecto entre un número limitado de alumnos y por un corto tiempo y el esfuerzo desarrollado coincide con lo que llegó a ser el momento de mayor apertura ideológica y doctrinal en la Nueva España. Mendieta dejó, como podrá verse a continuación, una relación bastante detallada de los hechos, y del triste desenlace del experimento que pareció tener éxito por un corto tiempo.

En lo que respecta al uso desordenado de las bebidas embriagantes, el problema habría sido mejor manejado al comprender los indios los principios religiosos y culturales de la tradición judeo-cristiana, tanto para beber como para dejar de hacerlo. Si los naturales eran penalizados cuando se embriagaban, como de hecho sucedía, sobrios debían ser totalmente aceptados como hombres en plena posesión de las luces de la razón.

El 6 de enero de 1536, día en que significativamente la Iglesia celebra la Epifanía o "manifestación de Dios a los gentiles" —los indios eran los nuevos gentiles— el Colegio de Santa Cruz, "Imperial" porque estaba puesto directamente bajo la protección del emperador, iniciaba formalmente sus labores con 60 estudiantes. Relata Mendieta que se asignó parte del convento franciscano de Santiago Apóstol en el barrio indígena de Tlatelolco, para dar educación en el sentido más amplio del término, a un grupo de niños de diez a doce años escogidos entre los hijos más capaces de los señores y principales de los pueblos y provincias de la Nueva España.

La fundación "se hizo con mucha autoridad", con una solemne procesión que partió desde San Francisço presidida por el recién llegado virrey don Antonio de Mendoza, quien, escribió Motolinía, "a tenido y tiene grande amor a esta patria, conservándola en todo buen rrejimiento de cristiandad y poliçia".[36] Lo acompañó el ex-pre-

[36] Motolinía, tercera parte, cap. 3.

sidente de la Segunda audiencia, don Sebastián Ramírez de Fuenleal, que estaba a punto de dejar la Nueva España y el obispo de México fray Juan de Zumárraga.

Los primeros escolares tuvieron eminentes maestros de latín. Uno de ellos fue fray Andrés de Olmos y otro fray Bernardino de Sahagún, ex-alumno de la Universidad de Salamanca. Aquél llegó a la Nueva España con Zumáraga en 1528 y fue el primer gramático de las lenguas náhuatl, huaxteca y totonaca. Recogió de los sabios indígenas varias "pláticas de viejos" o *huehuetlatolli* y podría haber sido la persona que transmitiera a Sahagún, no sólo la enseñanza del náhuatl, sino el interés y la voluntad para hacer muchos años después su propia investigación, siguiendo un método semejante al empleado por Olmos cuando interrogó a sus informantes viejos.

Con éstos y otros maestros, los naturales aprendieron español, ortografía y música; más adelante venían los estudios de retórica, lógica y filosofía; y por último, algunos elementos de teología. La calidad de los maestros que tuvo el colegio en sus primeros años indica que las autoridades hicieron un esfuerzo real por dar a los alumnos, que en este caso eran también los más aprovechados, la mejor formación. Jerónimo López, consejero del virrey de Mendoza y que, como veremos más adelante, simpatizaba poco con el Colegio, reconocía, sin embargo, que había cada día más muchachos "que hablan tan elegante el latín como Tulio" y que "es cosa para admirar, ver lo que escriben en latín, cartas, coloquios y lo que dicen".[37]

Por unos cuantos años, el Colegio de Santa Cruz dio a los españoles la oportunidad de transmitir a los indios, a través de una esmerada enseñanza, los fundamentos de la cultura occidental. Con la colaboración de los maestros ilustrados que impartieron clases en el Colegio de Santa Cruz y a través del mensaje impreso contenido en las doctrinas "humanistas", este proyecto pudo haber dado un sentido práctico a las palabras de Juan: "Conoceréis la verdad, y la verdad os hará libres" (*Juan* 8, 32). Además, al llegar a hablar lo que podría llamarse "un lenguaje cultural común", las minorías bien educadas de ambos grupos podrían haber iniciado un temprano mestizaje cultural. Sobre todo, el indio habría estado en una posición ventajosa para explicarse y valorarse ante el grupo conquistador.

[37] Carta de Jerónimo López a Carlos V. Fechada en México, 20 de octubre de 1541. En Cuevas, 1928, I, p. 388.

Zumárraga vio en esos años la conveniencia de dar seguimiento al proyecto educativo general iniciado en Tlatelolco, haciendo gestiones para traer e instalar una imprenta en la ciudad de México. La llegada de ésta hizo posible la publicación de varias doctrinas o catecismos, como se verá a continuación.

TERCERA PARTE

ZUMÁRRAGA, AUTOR DE LAS DOCTRINAS "HUMANISTAS"

8. LAS PRIMERAS DOCTRINAS Y LA MODERNIDAD ESPAÑOLA

ENTRE la venida de los primeros religiosos franciscanos en 1523 y la llegada de la imprenta de Juan Pablos, pasaron más de quince años en que no hubo manera de imprimir catecismos ni doctrinas en la Nueva España. En ese tiempo, los catequistas se vieron en la necesidad de recurrir a impresores europeos con todos los problemas que esto acarreaba. Se sabe, por ejemplo, que en 1532 don Sebastián Ramírez de Fuenleal "remitió a España una *Doctrina*, no sabemos de quién, para que se publicara". Mendieta da noticia de otra que envió fray Toribio de Benavente con el mismo propósito, pero no se sabe si él la preparó ni si se publicó.[1]

En cambio, la década de 1540 fue de enorme trascendencia para la divulgación de la doctrina cristiana. Detrás de esa labor fundamental para extender la nueva moral cristiana entre los habitantes de la Nueva España, está la figura de fray Juan de Zumárraga.

Fray Juan de Zumárraga (1468-1548) vivió la euforia erasmiana desde Valladolid, donde era guardián del monasterio del Abrojo. Allí fue testigo de la revolución espiritual promovida en Europa por los textos de Erasmo, en especial el *Enchiridion*. De allí también lo sacó el emperador al ofrecerle el obispado de México en 1527, un año después de haber sido traducido el *Enchiridion* al español y dieciséis años después de la publicación del *Elogio de la locura* en París en 1511. Tenía ya cerca de 60 años cuando cambió la quietud del monasterio español por una vida agitada, difícil e incierta en la Nueva España.

Llegó a México como obispo electo el 6 de diciembre de 1528, pero sin traer las bulas correspondientes, porque Roma acababa de ser saqueada por las tropas imperiales (1527) y no se habían restablecido las relaciones diplomáticas entre España y el Sumo Pontífice. Durante esta primera estancia en América, que se prolongó hasta

[1] De la Torre Villar, 1981-1982, p. 43; El padre Cuevas señala que para finales del siglo XVI se habían publicado en México 38 doctrinas y catecismos, pero no cita las fuentes que consulta ni los títulos de los textos. Cuevas, 1928, III, p. 405.

Fig. 9. Una divinidad rústica cargando vasijas de vino. Este exquisito dibujo ejecutado por un artista anónimo europeo, posiblemente a fines del siglo XVI, guarda alguna similitud con la figura 2 en color. Ambas representan a una divinidad campesina tocada con una corona de hojas de parra alusiva a la bebida embriagante y, en este caso, el dios campirano trae en cada mano un recipiente con vino. Estas ánforas y jarras de cerámica de origen mediterráneo y de formas diversas comenzaron a ser sustituidas por otras de vidrio durante el siglo XVII.

mediados de 1532 cuando regresó a España, se ocupó —en su calidad de jefe del clero secular— más en defender a los indios contra los abusos de sus compatriotas españoles, en especial de los miembros de la primera audiencia, que en evangelizarlos directamente. Volvió a México en octubre de 1534 ya consagrado obispo y en los años siguientes, por mandato suyo y a su costa, se publicaron las ocho doctrinas que se irán estudiando en los siguientes apartados. Aquí permaneció hasta su muerte a la edad de 80 años, el 3 de junio de 1548.

A pesar de que nunca aprendió lenguas indígenas, terminó siendo el gran divulgador de la norma cristiana a través de sus doctrinas. La transmisión y, en su caso, la imposición de la norma cristiana en general, incluyendo la que se ocupa del uso moderado de la bebida embriagante, no puede separarse de la impresión y difusión de estos textos catequísticos. A primera vista, podrían parecer tan semejantes en su contenido, cuanto unitario y homogéneo era en teoría el discurso religioso que debía ser válido para todos los cristianos, incluyendo a los habitantes de la Nueva España y, dentro de este grupo, a los indios. Pero una lectura más cuidadosa permite entrever las diversas corrientes de opinión que, tras una aparente conformidad, constituían un caldo de fermento dentro de la Iglesia. Tomando en cuenta estas variaciones, me atreví a llamar a las que se identifican mejor con el primer modelo de evangelización, doctrinas "humanistas" y a las que comienzan a conducir a la implantación del segundo, doctrinas "indígenas".

Entre 1536, año en que, debido a sus gestiones, probablemente llegó la imprenta a la Nueva España y el año de su muerte, salieron de las prensas mexicanas un buen número de ellas. Su contenido era parte del sistema de referencias de la cultura judeo-cristiana que la Iglesia deseaba transmitir a los naturales y su conocimiento, difusión y aprendizaje suponían, por parte de los evangelizadores, el uso creciente del libro y de la escritura.[2] Dice Gruzinski que:

> [...] el cristianismo no puede ser desligado de un medio de expresión —la escritura fonética— que permite asignar a los seres y a las cosas un lugar definitivo, permanente y unívoco, mientras las culturas indígenas parecen manejar un pensamiento más móvil, flexible, abierto a soluciones alternativas, construido sobre una amplia gama de oposiciones, distinciones, analogías y paralelismos.[3]

El mensaje escrito contenido en las doctrinas unificaba los criterios de la Iglesia en lo que respecta al uso de la bebida embriagante y los confrontaba a criterios "universales" de verdad y autenticidad.

Algunas doctrinas sólo se conocen por referencias, como es el caso de la *Doctrina* de 1539. De la *Doctrina* llamada "sin año" (1545-46), únicamente nos ha llegado la portada. Tampoco se encuentra la edición original de la *Doctrina* de fray Alonso de Molina del año 1546, aunque se conoce completa gracias a una copia incluida en el *Informe de la Provincia del Sancto Evangelio* (aprox. 1570), la que se utiliza para esta investigación. Tal vez hubo otras de las cuales hasta la

[2] Gruzinski, "Normas cristianas...", 1989, p. 113.
[3] Ibid.

memoria se ha perdido. Sin embargo, la intensa labor editorial de la imprenta de Juan Cromberger, sucursal de la misma casa en Sevilla, nos permite saber con certeza que, además de una *Doctrina Cristiana en lengua Mexicana* (1547) de fray Pedro de Gante[4] y de la mencionada *Doctrina* de Molina, fueron impresas por lo menos otras siete, que salieron de dicha casa durante esos años (1543-44 a 1548). Todas tienen algo en común: el nombre del obispo Zumárraga que aparece como autor, editor o compilador de las mismas. Por su procedencia, tema, lugar y fecha de impresión, este material constituye una serie única y homogénea que refleja el consenso de las autoridades religiosas que elaboraron el trabajo. El lugar de impresión y las lenguas en que se escribieron, circunscriben la investigación a la zona del altiplano, o sea al centro de la Nueva España, en el área geográfica de tradición lingüística predominantemente náhuatl o mexicana, cuyos habitantes estaban siendo evangelizados en ese idioma.

Tanto afán y gastos para imprimir las doctrinas por parte de un hombre mayor, no se justificarían para instrucción preferente del pequeño número de españoles que habitaban en la Colonia. Tenía 76 años en 1544 y cuando murió a mediados de 1548, había publicado un promedio de dos doctrinas por año. La razón de dejar la Vieja España, era crear la Nueva, incorporando a sus habitantes indígenas al modelo y a los patrones de comportamiento de origen cristiano.

Haciendo a un lado la *Doctrina* de Gante, por estar escrita en náhuatl sin traducción al castellano, queda una serie de ocho doctrinas. De éstas, cinco pueden ser consideradas "humanistas" o erasmianas y se adaptan bien al optimismo que caracterizó los primeros años de evangelización en la Nueva España. Aunque las tres restantes tienen sin duda puntos de contacto con aquéllas, sobre todo las dos dominicas, la manera de presentar el cristianismo indica un cambio de dirección en la política educativa y por eso las he llamado "doctrinas indígenas".

Hay una manera muy simplista de explicar el cambio de las doctrinas "humanistas" a las "indígenas". Bastaría con decir que el obispo Zumárraga sólo aceptó aquéllas mientras lograba disponer de algo más apropiado y satisfactorio, originado en el propio lugar donde se impartía la catequesis. Sin duda esto es cierto y tan pronto como hubo doctrinas redactadas en la Nueva España, éstas, en

[4] La *Doctrina* de Gante fue publicada sólo en náhuatl, por lo que no forma parte de esta serie castellana-náhuatl.

efecto, sustituyeron a las de origen europeo. Sin embargo, quedaría por explicar el cambio, a partir del optimismo de aquéllas, hasta llegar al desencanto creciente de las doctrinas y confesionarios redactados e impresos aquí a partir de la segunda mitad del mismo siglo. También habría que dar razón a los comentarios cada vez más displicentes y negativos de los catequistas acerca de los indígenas que recibían la instrucción. La referida explicación tampoco explica por qué las doctrinas "humanistas" para uso de los naturales fueron impresas aquí sin ser resumidas ni modificadas, ni por qué el obispo reiteró en varias ocasiones, como veremos más adelante, que los textos más avanzados y completos eran apropiados para la evangelización indígena. No puede desconocerse la relación —a mi parecer fundamental— entre la fundación del Colegio de Santa Cruz, los vientos renovadores de la Iglesia española durante las tres primeras décadas del siglo y la selección peculiar de los textos "humanistas".

En lo que atañe a la bebida embriagante, en ocasiones me resultó difícil disociarla de la comida pues, como veremos, no siempre se distinguía la moderación en la comida, llamada "abstinencia" por Santo Tomás, de la moderación en la bebida, definida como "sobriedad".[5] La embriaguez, y por ende beodera, borrachera, borrachez, ebriedad, etc., eran el exceso o rompimiento de ese justo medio. En la mayoría de los casos, los textos se ocupan del transgresor de la norma, esto es, del bebedor abusivo o desordenado y poco dicen, en cambio, acerca de la población sobria o abstemia que no causaba problemas y merecía la aprobación de la sociedad, en particular de la Iglesia.

El eco de los mencionados ideales humanistas se dejó sentir con especial claridad en cuatro doctrinas del primer grupo: la *Dotrina Breue (1543-1544)*, la *Doctrina Cristiana (1546)*, las *Adiciones (1546)* y la *Regla Cristiana Breue (1547)*. El carácter de la quinta no es erasmista, sino precisneriana; fue escrita originalmente en el siglo XV por un distinguido teólogo francés y podría llamársele "la doctrina del sentido común". Se trata del *Tripartito* de Juan Gerson y, al igual que sus cuatro compañeras, favorece la aplicación general del mensaje cristiano para todos los hombres.

Las cinco incluyen, además de aquellos elementos fundamentales en cualquier catecismo, diversas orientaciones para vivir la práctica diaria del cristianismo. "La insistencia no está tanto en conocer",

[5] *Suma teológica*, 2-2 q. 143. art. único.

cuanto en "vivir" cristianamente, a la vez que se resalta la dignidad del hombre. De aquí derivan ciertos derechos. Si el hombre fue creado por amor, incluyendo al indio americano, nadie puede encontrar justificación moral para contravenir la voluntad divina al abusar, maltratar o desposeer a otro hombre.

La participación de Erasmo en la evangelización de los indígenas a través de las doctrinas de Zumárraga fue en cierta forma involuntaria: fueron publicadas aquí después de su muerte, por religiosos que no alcanzó a conocer y que ni siquiera lo mencionan en sus escritos. En efecto, ninguna de las doctrinas impresas por Zumárraga incluye el nombre de Erasmo, pero es evidente que el obispo conocía sus trabajos.[6] Él mismo lo confirma cuando, poco tiempo antes de fallecer, escribe al provincial de los franciscanos de Burgos, explicándole cómo se fue deshaciendo de las pocas pertenencias que le quedaban, entre las que se incluían la obras de Erasmo:

> Y así me voy desapropiando cuanto puedo, que poco más de los libros me queda y de ellos he enviado buena parte para la hospedería, porque el predicador o religioso tenga consolación [...] Y a Vuestra Reverencia tengo enviadas las obras de Erasmo y otros con sus títulos [...].[7]

Sabemos que Zumárraga había sido admirador y seguidor de Erasmo y de Constantino y observamos que la doctrina erasmiana se inclinaba por una práctica fundamentada más en el amor que en el temor, en el convencimiento más que en la imposición. Esto explicaría en buena medida la actitud tolerante que caracterizó el contenido de las doctrinas escritas en México hasta 1548.

Al transmitir el mensaje, ¿qué posibilidad tenían los religiosos de adaptar el contenido de los diversos textos a la realidad indígena? La respuesta depende del sentido que se quiera dar a la palabra adaptación. En las doctrinas "humanistas" sólo puede hablarse de originalidad en la medida en que el esfuerzo se identifica con la traducción y divulgación de las mismas a las lenguas indígenas. Ernesto de la Torre Villar dice en este sentido que:

> [...] lo que importa es la originalidad de este esfuerzo, la utilización de una lengua indígena para la enseñanza de los elementos de la cultura europea a

[6] Véase Bataillon, 1982, pp. 807-831.

[7] Carta enviada al provincial de los franciscanos de Burgos, fray Francisco del Castillo fechada en México el 2 de noviembre de 1547. Cit. por Bataillon, 1982, pp. 821-822.

los indios, la conciencia del valor de la letra impresa y de la utilidad del libro para la aculturación; pero principalmente la consideración de que era importante usar las lenguas comunes, las vulgares —no importa cuál, pues lo mismo se hacía con las lenguas nacionales que surgían en Europa— para transmitir a los nuevos miembros de la Iglesia la Buena Nueva impresa en letras de molde.[8]

Los evangelizadores tenían en cierta medida la facultad para adaptar sus enseñanzas a la capacidad, interés o problemas especiales de su auditorio, lo mismo que para modificar de modo informal aspectos no doctrinales de los textos al explicarlos verbalmente. Decía fray Andrés de Olmos en este sentido que, "el ministro de la doctrina que se quiera de aprovechar de este aparejo de penitentes, puede añadir o quitar auisos o preguntas, conforme a la provincia do estuviera".[9]

La siguiente afirmación puede parecer paradójica: más innovador y moderno resultó ser el obispo de México trayendo los textos humanistas europeos a la Nueva España, de lo que fueron, a partir de la segunda mitad del siglo XVI, los religiosos y clérigos que redactaron los confesionarios especialmente adaptados para los indios. Los textos de Erasmo y Constantino, que eran los mismos que fray Juan había puesto a disposición de los sacerdotes de su diócesis, resultaron al final de cuentas tan "innovadores", que la Iglesia Católica terminó por poner las versiones europeas originales en el *Índice* de las lecturas prohibidas, al tiempo que se celebraba el Concilio de Trento.

Los textos erasmianos aspiraban a poner las normas generales en lenguas vulgares al alcance de todos, incluso de los "ínfimos y pequeños [...] sin ninguna edad o fecha, ni ningún género, agora sea de hombre, agora de mujeres".[10] Si así era, españoles e indígenas no tenían por qué usar doctrinas diferentes, más que en la medida en que los fieles fueran más o menos adelantados. Vista en esta forma la enseñanza de la doctrina, podemos pensar que, cuando se habla de la particular "capacidad del indio" en las doctrinas "humanistas", se trata de una situación pasajera que será remediada con la instrucción.

[8] De la Torre Villar, 1981-1982, p. 82.

[9] Texto atribuido a fray Andrés de Olmos en, *Descriptio codicum franciscalium Bib. Ecclesiae Primatialis Toletanae*, en AIA, julio-diciembre, 1919, pp. 402 y sig., cit. por Ricard, 1986, p. 192.

[10] *Dotrina Breue (1543-1544),* Conclusión.

ERASMO Y LA *DOTRINA BREUE, 1543-1544*

Parece que fray Juan, con el deseo de imprimir una doctrina en la Nueva España y para sus habitantes, se dirigió primero al dominico fray Diego Ximénez, quien desde España se puso a componer una, pero sin apurarse mucho:

> Un docto y buen Obispo del gran México, de la orden de señor Sant Francisco, me importunó con hartas lisonjas de palabras y carta los años pasados que escriuiesse una Doctrina christiana que él imprimiesse para sus ovejas. Yo lo aceté, pero tan pesadamente quanto muestra la poca priessa que me di en acabarla. Porque con me poner él y mis amigos y otros obispos de Nueva España espuelas en el negocio, la tuve comenzada más de once años, acabéla agora, para doctrina de los míos [...].[11]

Cuando Ximénez la terminó, Zumárraga, que había hecho su petición desde 1541, tenía cuatro años de muerto. Lo curioso es que parece tratarse del mismo fray Diego Ximénez que algunos años después fue procesado por la Inquisición. Si así fuera, Zumárraga había escogido una vez más para redactar sus doctrinas novohispanas, a un autor cuya ortodoxia fue puesta en entredicho por la Inquisición española, como sucedió con Erasmo y con el doctor Constantino.

Cronológicamente, la primera de las doctrinas impresas en América, que se conoce completa es la *Dotrina Breue muy prouechosa de las cosas que pertenecen a la fe catholica y a nuestra cristiandad en estilo llano para comun inteligencia*. El título lleva el año de 1543, pero el colofón señala como fecha de impresión 1544; por eso se la conoce como *Dotrina Breue, 1543-1544*.[12]

Éste es uno de los infortunados casos en que el título de la obra no ayuda al lector; más bien lo confunde. En efecto, esta doctrina

[11] Fray Diego Ximénez, prefacio a su *Enchiridion* o *Manual de Doctrina Christiana*, Lisboa (Germán Galharde), 1552. En Bataillon, 1982, pp. 540-541.

[12] "Compuesta por el Reuerendissimo S. don fray Juan zumarraga primer obispo de Mexico. Del Consejo de su magestad. Jmpressa en la misma ciudad de Mexico por su mandato y a su costa. Año de M.dXLIIj." Colofón: "A honra y alabanza de nuestro señor Jesu cristo y de la gloriosa virgen sancta Maria su madre: aqui se acaba el presente tratado. El qual fue visto y examinado y corregido por mandato del R.S. Don fray Juan Zumarraga: primer Obispo de Mexico: y del colegio de su Magestad. Imprimiose en esta gran ciudad Tenuchtitlan Mexico desta nueva España: en casa de Juan cronberger por mandato del mismo señor obispo Don fray Juan Zumarraga y a su costa. Acabo se de imprimir a XIIIj dias del mes de Junio: del año de M.d. quarenta y quatro años."

no es realmente breve, ni fue compuesta en su totalidad por Zumárraga. Si comparamos la extensión y el contenido de esta obra con las doctrinas realmente "breves", como las *Adiciones (1546)* o la *Doctrina Christiana Breue* de Molina (1546), vemos que estamos ante un texto extenso y generoso en su contenido. Tampoco queda claro por qué el título dice que la doctrina fue "compuesta" por Zumárraga; en efecto, algunas partes contienen comentarios personales del obispo, pero estas referencias —pocas en número— alternan con numerosos párrafos que el obispo toma, en muchos casos textualmente, tanto del *Enchiridion* como de la *Paráclesis* de Erasmo de Rotterdam.[13] Del primero usó principalmente los capítulos dedicados a los remedios contra los vicios, y de la segunda, con algunas correcciones menores, reprodujo la conclusión a su libro.

Entre las referencias personales hace memoria, por ejemplo, a las idolatrías en "el pueblo de Durango [España] donde yo nací",[14] o dice que:

> [...] en esta tierra los mercados son de los naturales: con los cuales el Sumo Pontífice mas largo dispensa en la guarda de las fiestas por su flaqueza y pobreza que con otras naciones, y porque no se ha dado assiento cerca de lo que convenga permitir o vedarles segun su condicion y manera en sus tianguez o mercados no se aclara ahora.[15]

La *Dotrina Breue (1543-1544)* está dedicada vagamente a todos los hombres. Sin embargo, algunas referencias son específicas para esta parte del mundo: habla de "estas Indias", "los indios", "los naturales", etc. Algunos párrafos se aplican directamente a sus actitudes o costumbres y está escrita "para común inteligencia". En realidad se trata de una exposición completa de la práctica diaria del catolicismo para uso directo de los clérigos y religiosos bien preparados y que trata con detenimiento de todos los sacramentos, incluso el del Orden.[16]

José Toribio Medina se inclina a pensar que, tanto éste como el *Tripartito*, "se dirigen a lectores cristianos y por lo mismo se supone

13 Véase Bataillon, 1982, p. 547.

14 *Dotrina Breue (1543-1544)*, fol. c VIII.

15 Ibid., fol. e.

16 Para el estudio de la *Dotrina Breue (1543-1544)*, me resultó muy esclarecedor el ensayo de Marcel Bataillon sobre el "*Enchiridion* y la *Paráclesis* en Méjico". En Erasmo, 1932, pp. 527-534, así como el pról. al *Enchiridion* en la misma edición; Véase también "Erasmo y el Nuevo Mundo", en Bataillon, 1982, pp. 807-831.

Fig. 10. Para imprimir sus Doctrinas, el obispo de México tuvo que esperar la llegada de la imprenta a la Nueva España. Aquí vemos un taller de imprenta europeo, con la prensa, el impresor y el cajista delante del cajón de tipos. Podemos imaginar el entusiasmo y las expectativas de Zumárraga cuando el primer equipo para impresión, sin duda parecido a éste, llegó a la ciudad de México hacia 1536. ¡Por fin el obispo iba a poder imprimir los catecismos necesarios para la evangelización masiva de los indios!

Fig. 11. El *Tripartito* del doctor Juan Gerson. "Ave María, llena de gracia, el Señor es contigo." Una de las primeras doctrinas impresas en la Nueva España y, por lo tanto en el Nuevo Mundo, muestra una bella imagen de la Señora del cielo, representada como reina de larga cabellera y coronada a la usanza europea. Está poniendo la casulla a San Ildefonso, abad visigodo del siglo VII. A la derecha, una figura femenina sostiene la palma del martirio. A la izquierda, otro personaje levanta la mitra episcopal con la cual María desea honrar al humilde religioso y futuro arzobispo de Toledo.

en ellos conocimientos anticipados de las verdades católicas y de los principales sucesos de la historia sagrada: es decir, que eran propias para españoles".[17] Considera que difícilmente podían los indígenas, siendo "nuevos en la fe", comprender estos conceptos, pero el argumento puede usarse a la inversa: tal vez exactamente para remediar la ignorancia de los naturales, el obispo quería poner el contenido de esta obra a su alcance. Dicho en otra forma, si tenía confianza en la capacidad del indio como ser humano básicamente igual al de otras latitudes y culturas, ¿por qué no enseñarle, por lo menos al pequeño grupo que mostrase el talento y el empeño necesarios, lo mismo que se enseñaba en España? De ser así, y tomando en cuenta el interés del obispo por los indios, sería de esperarse que esta doctrina fuera para su beneficio e instrucción. Zumárraga recomienda, inclusive, que se haga entender a los naturales "esta doctrina u otra semejante".[18]

En 1544, año de la publicación de la *Dotrina Breue (1543-1544)*, se cuestionaba ya la viabilidad de la educación impartida en el Colegio de Santa Cruz, pero no por eso el obispo Zumárraga tenía que renunciar de inmediato a utilizar los textos que por su espíritu evangélico mejor respondían a los ideales franciscanos que lo trajeron a América. Sin duda la *Dotrina Breue (1543-1544)* es rica en referencias que podían ser mejor entendidas por quienes tenían conocimientos previos de moral como era el caso de los alumnos aventajados de Tlatelolco.

En los primeros siglos del cristianismo, hombres de distinto origen, raza y costumbres se habían identificado bajo el signo de la caridad y de la común-unión; el mensaje evangélico, expuesto en toda su riqueza podía dar ahora, en la Nueva España, resultados semejantes. En efecto, hay en la *Dotrina Breue (1543-1544)* un deseo implícito por restituir el discurso cristiano a su pureza original. La obra gira alrededor de la figura de Jesucristo que enseña la verdad y da la salud. El mensaje de Cristo, contenido fundamentalmente en los evangelios y en las cartas apostólicas, va dirigido a todos los hombres, pero, advierte fray Juan, será mejor recibido por "los ánimos más simples y puros".

El pueblo cristiano está formado en su mayoría por gente sencilla y los teólogos, o sea los que han estudiado y conocen, son sólo "una

[17] J. T. Medina, 1912, I, 37.
[18] *Dotrina Breue (1543-1544)*. Conclusión.

pequeñuela parte''.[19] Por eso fray Juan se niega a hacer distinción entre sabios e ignorantes. ¿Por qué, pregunta con espíritu de rebeldía, la doctrina de Jesucristo habría de estar escondida en estos pocos? Esta doctrina, ''a todos igualmente se comunica, para los pequeños se abaxa y se hace pequeña conformandose con la capacidad dellos''.[20]

El indio, criatura sencilla y desconocedora de la sabiduría del mundo, no tiene por qué ser tratado con menos respeto y caridad que los pocos que se ostentan como letrados o ''autoridades'':

> No aprueuo la opinion de los que dizen que los ydiotas no leyessen en las divinas letras traduzidas en la lengua que el vulgo vsa: porque Jesu christo lo que quiere es que sus secretos muy largamente se diuulgen.[21]

El texto de Erasmo que le sirvió de modelo es igualmente explícito:

> Como si Jesu Christo uviesse enseñado cosas tan entricadas que apenas pudiessen ser entendidas sino de unos pocos theólogos, o como si el presidio y amparo de la religión christiana estuviesse solamente puesto en que no se entendiesse.[22]

En otro párrafo, copia casi textual de la *Paráclesis* y que pasó a formar parte de la conclusión de esta *Dotrina Breue (1543-1544)*, el obispo franciscano señala la conveniencia de que todo el género humano, incluyendo a los indios y a las mujeres, conozcan el Evangelio:

> Y assi desearia yo por cierto que cualquier mujercilla leyese el Evangelio y las Epistolas de san Pablo. Y aun mas digo: que plugiesse a Dios que estuviessen traduzidas en todas las lenguas de todos los del mundo para que no solamente las leyessen los Indios, pero aun otras naciones barbaras.[23]

El texto de la *Paráclesis* que tomó el obispo, se ocupaba de los escoceses y los irlandeses que podían llegar a leer y conocer el evangelio. En lugar de las ''naciones bárbaras'' del Nuevo Mundo, Erasmo hacía referencia a turcos y moros como puede verse a continuación:

[19] Ibid.

[20] Ibid. El texto de la *Paráclesis* es idéntico. Cf. también *Enchiridion*, 1932, p. 139. Todas las citas del *Enchiridion* y la *Paráclesis* corresponden a la edición de Dámaso Alonso, Madrid, 1932.

[21] *Dotrina Breve (1543-1544)*, Conclusión.

[22] *Paráclesis*, p. 455.

[23] *Dotrina Breue (1543-1544)*, Conclusión.

[...] para que no solamente las leyessen los de Escocia y los de Hibernia, pero para que aun los turcos y los moros las pudiessen leer y conocer.[24]

La ley del amor, continúa explicando, se aplica a los seglares y los clérigos, a los gobernantes y a los superiores espirituales; la autoridad debe ejercerse sin violencia, en virtud de una superioridad moral, y no fundarse en la fuerza, ni imponerse a los súbditos. Debe predicarse antes que nada con el ejemplo.[25] La aplicación de este párrafo plantea ciertas dificultades en lo que respecta a la práctica de la evangelización franciscana en América. La conversión y el bautismo masivo de miles de indios, ¿eran el resultado de la persuasión y del ejercicio de una superioridad moral?, o ¿fueron actos de imposición de la autoridad hacia los nuevos súbditos de la Corona?

Hemos visto que parte de este catecismo es copia bastante fiel de la *Paráclesis*, misma que no hace alusión a la norma moral sobre la bebida embriagante. Las referencias al tema deben buscarse en el *Enchiridion* y aún allí, en forma indirecta. En el capítulo de esta obra dedicado a las pasiones, Erasmo decía que fue su intención explicar la forma de pelea que el caballero cristiano debe ejercitar para remediar "uno o dos vicios":

Mi propósito en la verdad no era estenderme tan de propósito a dezir todo lo que en cada vicio ay que agraviar para le aborrecer, ni esaminar tampoco por menudo las ecelencias y provechos de cada virtud para conbidar a las abrazar.[26]

Por "no extenderse", sólo describe los efectos de algunos. Se ocupa de la lujuria, avaricia, soberbia, ira e inclinación a la venganza, así como sus virtudes contrarias. Hace sólo una mención general a la murmuración, la envidia y la gula, pues éstos "son los verdaderos enemigos del cavallero de Jesu Christo y assí ha de proveer de armas mucho antes su ánimo para el acometimiento que recela dellos".[27] Erasmo indica que para remediar otros vicios, cada caballero debe hacer su propio trabajo, procurando encontrar aquellos por los que tuviere particular inclinación, "por vicio de naturaleza" o por mala costumbre.

[24] *Paráclesis*, p. 455.
[25] *Enchiridion*, pp. 340-342.
[26] Ibid., p. 408.
[27] Ibid., pp. 408-409.

Fray Juan explicita esta falta en la sección de la *Dotrina Breue (1543-1544)* dedicada a los "Pecados mortales", en un apartado bastante amplio sobre "La gula". No pudo usar directamente el *Enchiridion* porque, como acabo de decir, Erasmo no había incluido la gula en su capítulo sobre las pasiones. Lo que en este caso hizo Zumárraga, fue tomar los conceptos de gula y templanza, vicio y virtud, de la *Suma Teológica* de Santo Tomás. La intromisión tomista en esta doctrina de corte erasmiano, no significa necesariamente una preferencia personal del obispo por ese autor, sino la necesidad práctica de llenar el vacío doctrinal que había dejado Erasmo al no dedicar espacio al tema de la bebida embriagante. Escribe Zumárraga:

> Gula es desordenado apetito en las delectaciones del gusto: tiene dos especies. La primera es desorden en los comeres. La segunda en los beberes. La primera se llama intemperancia. La segunda embriaguez o borracheria.[28]

Esta falta se relaciona con la lujuria o "excesso y desordenado desseo en las delectaciones carnales" y "es vedada en el sexto mandamiento. Y porque la gula suele incitar a luxuria: reduze se al mismo sexto mandamiento".[29] Para vencerla es menester moderarse en el comer, beber y dormir y "aun en otros passsatiempos aunque sean licitos".[30]

A pesar de hacer hincapié en la caridad a lo largo de la obra, párrafos como el anterior resultan rígidos y proyectan una visión del cristianismo difícil de comprender y aceptar para los naturales, que nunca habían oído hablar de San Agustín o Santo Tomás. ¿Qué habrán pensado los indios cuando se les quería convencer de la bondad de una religión fundamentada en el dolor, la pena y hasta la renuncia a los placeres lícitos? Desde el primer capítulo de su doctrina, Zumárraga había dicho que:

> [...] se confirma esta sancta fee catholica por ser fundada en negamiento de los apetitos y desseos de la carne y ser toda puesta en cruz y pena: de lo cual

[28] *Dotrina Breue (1543-1544)*, "De la gula", fol. i IIj r. hasta IIIIj v.

[29] Ibid., "De los pecados mortales", fol. g IIIj v. Al ocuparse de la templanza en su tratado de las virtudes, Santo Tomás había unido comida, bebida y sexo; pero al referirse a los vicios, separó la gula del uso desordenado del sexo.

[30] Ibid., "Recapitulacion de los remedios dichos" [Contra la luxuria], sin fol. Si recordamos el caso de los estudiantes indígenas, vemos que por dificultad para guardar la castidad y por afición a la bebida, se cuestionó su vocación para la predicación.

no haze niguna otra ley ni [...] que son todas fundadas en deleytes carnales y vanidades.[31]

¿Cómo pedirle a los jóvenes indios que al contraer matrimonio no lo hicieran "por intención corrupta de la carne y delectación carnal"? ¿Cuál era el atractivo de una religión "puesta en cruz y pena"?[32]

El vino llegó a las doctrinas de Zumárraga, incluyendo la *Dotrina Breue (1543-1544)*, desprovisto ya de su antiguo carácter festivo y alegre. Para no caer en los peligros derivados de tomar el camino fácil, o sea de aceptar el lado amable de la vida, era preferible que el hombre renunciara a los apetitos y deseos de la carne incluyendo la bebida. Por eso, escribe Zumáraga:

> El vientre de los carnales es su dios: porque lo hinchen para luxuriar. El vientre lleno no es sino fuente de luxuria: incentiuo y manadero de la luxuria. Y por esto se ordenaron en la yglesia los ayunos y abstinencias porque valen mucho para refrenar los vicios y alzar la mente y la voluntad a dios.[33]

Erasmo expresaba en el *Enchiridion* conceptos semejantes: entre los pecados que acompañaban a la lujuria y los que seguían de ella, estaba beber demasiado y "glotonear"[34] y como remedio o manera de defensa, era conveniente "tener moderación en el comer y beber".[35]

Para la comprensión de este párrafo, es pertinente recordar la diferencia que señalaba Erasmo, "del ánima que es una cosa quasi divina, y del cuerpo, que es como una vestia muda".[36] Decía, influido por la teoría de origen platónico del mundo ideal y de su oposición al mundo sensible o material que, para el hombre, la razón es como el rey y su asiento está en el cerebro, que es la parte más alta de todo el cuerpo y más cercana al cielo. En cambio, la parte más baja del hombre se llama concupiscencia y:

> [...] es inclinada a aquellas cosas sin las quales ni el cuerpo puede passar, como son el comer y bever, ni el linaje humano podría mucho durar, como

[31] Ibid., fol. a IIj.
[32] Ibid., De los sacramentos en general, fol. b VIj.
[33] Ibid., "De la gula", fol. i IIIj.
[34] *Enchiridion*, p. 382.
[35] Ibid., p. 389.
[36] Ibid,. p. 157.

son otros desseos naturales de la carne; y a ésta mandósela hazer su aposento en lo más baxo de las entrañas, hígado y vientre [...] a manera de animal bruto y mal domado.[37]

La gula se presenta como la superabundancia, el exceso y el estómago lleno, y acarrea al infractor múltiples males físicos como son las alteraciones en la digestión y el vómito, además de inducir al sueño y a la pereza, disminuyendo la agudeza mental del glotón.[38]

Respecto a los beberes, se peca de dos maneras: "la primera en beber el agua: o en demasiada cantidad: o si es de dañosa qualidad o si se bebe en lugar y tiempo que suele hacer daño a la salud".[39] El origen de esta peculiar advertencia, que pasó a la Nueva España vía la España erasmiana, se remontaba al inicio de la vida eremítica, cuando los anacoretas que vivían en "las secretas profundidades del desierto para empeñar por sí mismos singular batalla contra el demonio",[40] sufrían mucho por la escasez y mala calidad del agua. Juan Casiano convivió con ellos durante su largo peregrinar por Egipto. Dice que los varones dados a ese género de vida moraban en una de las islas que forman el delta del Nilo, "en una zona limitada de un lado por el cauce del río y, del otro, por la inmensidad del mar". El suelo no era apto para el cultivo a causa de la arena y la sal que lo cubría y nadie, excepción hecha de los anacoretas, aceptaba vivir allí. Estos hombres solitarios, incluso Arquebio, que era el varón más conspicuo en santidad,

[...] sufren una gran escasez de agua. Ello explica que en su consumo procedan ellos con más tiento que el hombre más sobrio del mundo en conservar el más precioso de los vinos. Van a buscarla al río y les es preciso llevarla a cuestas hasta tres millas y a veces más. Y esta distancia hay que salvarla con mayor dificultad, pues se encuentran a cada paso las dunas que impiden la marcha.[41]

La calidad del agua era tan deplorable, que los eremitas enfermaban, según parece, como resultado "del frecuente y cotidiano uso del agua". Un anciano llamado Maquete, relata lo mucho que sufrió al

[37] Ibid., p. 163. San Agustín ya había expresado este concepto en las *Confesiones*, 1986, libro décimo, cap. 31: "Quita de mí las concupiscencias del vientre".

[38] *Dotrina Breue (1543-1544)*, "De la gula", fol. i IIIj.

[39] Ibid.

[40] Casiano, *Instituciones*, 1957, p. 220.

[41] Ibid., pp. 220-221.

contraer una enfermedad de la úvula (parte media del velo palatino, llamada comúnmente campanilla), bastante común entre los anacoretas y que les producía tales dolores que consentían en que se les extirpara. Como los escritos de Casiano sirvieron de base a toda la espiritualidad latina, y fueron usados por doctores y teólogos para definir los parámetros de las virtudes y los vicios, resulta que en las orillas del bíblico Nilo están los orígenes de las advertencias sobre el uso del agua, que vinieron a formar parte de los textos novohispánicos.

Si en verdad el agua hacía daño, en el pecado estaba la penitencia, por los posibles y variados trastornos que producía en el bebedor y, si alguien la tomaba, sabiendo al mismo tiempo que podía perjudicar la salud, no ha de haber sido por gusto, sino por necesidad o sed. Exactamente porque el agua no era confiable, los europeos habían encontrado una buena justificación para beber vino. La segunda manera de pecar al beber está en:

> [...] beuer el vino desordenadamente en quantidad o en qualidad fuera de su deuido lugar y tiempo. Y este es ya peor pecado que el del agua: porque sobre los daños ya dichos que haze el agua: el vino quita el juyzio de la razón y trae vomito: y otros semejantes desconciertos feos y abominables: que redundan en mucha infamia de la persona.[42]

Zumárraga usaba en este caso una expresión excepcional que no parece haberse repetido en los confesionarios para indígenas de épocas posteriores. Se trata de la posibilidad de condicionar la aprobación de la bebida embriagante a un lugar y tiempo adecuados. Esta característica había definido los parámetros de la bebida entre los antiguos mexicanos. Volviendo a los escritos de Sahagún sobre el *octli* (pulque) y su abuso, recordemos que, tanto en el México prehispánico como en este caso concreto, la bebida desordenada era causa de "mucha infamia" para el infractor de la norma. El bebedor perdía su fama o reputación, se le veía en menos, se hablaba mal de él. Al mencionar el lugar y el tiempo propio para beber, fray Juan iba más allá del discurso, entraba al terreno de la vida real y reconocía cuál podía y debía ser la práctica establecida y corriente respecto al uso de la bebida embriagante.

A pesar de la exhortación final de Zumárraga, pidiendo que ésta y otras doctrinas semejantes sirvan para los naturales, resulta evi-

[42] *Dotrina Breue (1543-1544),* "De la gula", fol. i IIIj.

dente que algunas reglas no les eran aplicables, como aquellas relativas a los días de ayuno y vigilia que mandaba guardar la Iglesia. Ninguna de las viandas vedadas por la Iglesia en día de ayuno que enumera Zumárraga era parte de la dieta tradicional indígena, por la simple razón de que esos productos no se conocían en América antes de la conquista, apenas unos veinte años antes de la impresión de la *Dotrina Breue (1543-1544)*. El obispo menciona cuatro por su nombre: carnes, huevos, leche y queso, mismos que tomados en días prohibidos, sin legítima causa, causan pecado mortal.[43] Los indios sólo ayunaban oficialmente cuatro veces al año, porque siendo tan parcos en el comer, casi podía decirse que ayunaban por costumbre, a diferencia de los españoles, que sí debían sujetarse teóricamente a normas más estrictas.

Con los taberneros se hace excepción a la prohibición de abstenerse de todas las obras serviles en día de fiesta "por ser que son necesarios para el mantenimiento cotidiano de la vida". Se ocupan de vender el vino, del que se dice que:

> [...] recibe detrimento comprado el dia antes: ya que se permita vender en fiesta: que no se deue permitir que se venda antes de dicha missa. Porque yr a la tauerna antes de missa es cosa deshonesta.[44]

Este párrafo resulta pertinente para quienes vendían el vino de la tierra llamado también pulque, por tratarse de un producto perecedero, que no podía conservarse en condiciones óptimas de un día para otro, a diferencia del vino de uva cuya composición, aspecto y sabor no se modificaban en tan corto tiempo. No sabemos si, en este caso, el "vino" pudo haber sido sinónimo de pulque pero, en cualquier caso, al pasar el tiempo cambió la actitud de la Iglesia hacia los vendedores de bebidas embriagantes. A partir del siglo XVII, el oficio de tabernero fue visto por los curas de indios con creciente antipatía.

Zumárraga termina este catecismo exhortando al clero regular para que sus miembros prediquen y divulguen ésta y otra doctrinas semejantes entre los naturales. Por lo tanto, sí quería que este texto, que incluía algunos de los conceptos morales más modernos y avanzados que España podía ofrecer al Nuevo Mundo, llegara y fuera explicado a sus habitantes:

[43] Ibid.
[44] Ibid., "Del tercer mandamiento", fol. e.

Doctrina cristia

na: en que en suma se cõtiene todo lo pnci
pal y necessario q̄ el cristiano deue saber y obrar. Y es verda
dero cathecismo pa los adultos q̄ se han d̄ baptizar: y pa los
nueuos baptizados necessario y saludable documento: y lo q̄
mas cõuiene predicar y dar a entẽder alos indios: sin otras co

Fig. 12. Doctrina "sin año" que se encuentra perdida y de la que sólo conocemos la portada. Ésta resulta casi idéntica a la de la *Dotrina Breue (1543-1544)* que observamos en la Fig. 4. Este libro "contiene todo lo principal y necessario que el cristiano deue saber y obrar y es verdadero cathecismo para los adultos que se han de bautizar[...]" ¿Qué adultos se bautizaban si no eran los indios? Incluía "lo que mas conuiene predicar y dar a entender a los indios". Si García Icazbalceta está en lo cierto y esta Doctrina "sin año" fue una primera versión de la *Doctrina Cristiana más cierta y verdadera* de 1546 (Fig. 6) que sí conocemos, se trataba de un texto excepcional, diseñado para ilustrar la inteligencia de los naturales y poner a su alcance toda la riqueza de la tradición religiosa evangélica.

[A estos naturales] bastaria predicarles y hazerles entender esta doctrina o otra semejante: que mejor pudieran y pueden ordenar y copilar y declarar los padres doctos de las ordenes de aca: y si les pareciere traduzirla en las lenguas: pues tantos trabajos por su buen zelo y gran caridad han querido tomar por las aprender.[45]

Veremos ahora otro catecismo de origen europeo, redactado por un teólogo muy admirado por Zumárraga y que también se consideró apropiado para los indios: el *Tripartito*, del doctor Gerson.

EL *TRIPARTITO (1544)*; LA DOCTRINA DEL SENTIDO COMÚN

Juan Gerson (1363-1429) fue un distinguido teólogo que, además de participar en los concilios de Pisa (1409) y Constanza (1414-1418), llegó a ocupar el prestigioso cargo de rector de la universidad de París. Algunos autores le atribuyen, incluso, el honor de haber sido el verdadero autor de la famosa *Imitación de Cristo*, que se menciona siempre como obra de Tomás de Kempis.[46]

Su experiencia de vida pastoral en París lo llevó a difundir entre todos los hombres, un tipo de contemplación sencilla, fundada en la piedad y en el ejercicio de las virtudes humanas. Su obra, incluyendo el *Tripartito del Christianissimo y consolatorio doctor Juan Gerson de doctrina christiana: a cualquiera muy prouechosa*,[47] ha sido usada como fuente para conocer la vida social europea en vísperas del Renacimiento. Cuando Zumárraga fijó sus ojos en el *Tripartito* para utilizarlo como texto catequístico en la Nueva España, la obra ya había sido traducida en Toledo (1526) del original latino al español, por el bachiller Juan de Molina. Las dos ediciones, la española y la mexicana, se corresponden página por página y casi línea a línea.[48]

[45] Ibid. Conclusión.

[46] García Icazbalceta, 1954, p. 66.

[47] "Traduzido de latin en lengua Castellana para el bien de muchos necessario. Impresso en Mexico: en casa de Juan cromberger. Por mandato y a costa del R. S. obispo de la mesma ciudad Fray Juan Zumarraga. Reuisto y examinado por su mandato. Año de M.d.XLIIIj." Colofón: "Acabose el Tripartito de Juan gerson: a gloria y loor de la sanctissima trinidad: y de la sacratissima virgen sancta Maria reyna de los angeles. Y de los gloriosissimos sant Juan Bautista: Y sant Joseph. y sant Francisco. El qual se imprimio en la gran ciudad de Tenuchtitlan Mexico desta nueva España en casa de Juan cromberger que dios aya. Acabose de imprimir. Año de M.d.XLIIIj."

[48] Véase García Icazbalceta, 1954, pp. 65-66; Alberto María Carreño, pról. a Gerson, 1949; también, J. T. Medina, 1912, I, 37.

El *Tripartito* fue pensado y escrito para provecho de los fieles cristianos europeos del siglo XV, pero Zumárraga, cien años más joven que Gerson, vio las posibilidades de aprovechar un texto de eficacia probada, disponible directamente en español y que se prestaba a ser difundido con facilidad. Por su sencillez y claridad debió ser útil para servir de guía a los evangelizadores novohispanos. Se caracteriza por lo que suele denominarse sentido común; es didáctico y sensato. Por eso tuvo aceptación y fue usado en la Nueva España un siglo después de su impresión original, para catequizar a una sociedad con características diferentes de la europea, pero con problemas que podían considerarse generales o universales, o sea, comunes a todos los cristianos.

Es una obra sobria y llana, fácil de comprender y accesible a todos. El doctor Gerson lo llamó así "por razón que en tres cosas principales es partido: es, a saber, en los diez mandamientos: en la confession: y en el arte de bien morir'. El autor dice en las palabras preliminares que es:

> [...] principalmente para doctrina y enseñanza del pueblo rudo e ignorante; y de aquellos que no tienen tanto lugar como deuerian para continuar las yglesias y sermones, y en ellas aprender lo que a sus almas toca.[49]

En el colofón de la *Dotrina Christiana (1544)*, publicada el mismo año, Zumárraga expresó su deseo de que esta doctrina sirviera para los adelantados o *proficientes*. Gerson primero, y después Zumárraga, aprovechan la exposición de motivos del *Tripartito* para destacar su utilidad en la vida de varias maneras de cristianos:

Primero, los sacerdotes simples y los que tienen cura de ánimas, "los cuales no alcanzan tantas letras y tienen necesidad de oír confesiones". Segundo, las "personas seglares o religiosas que no son doctas" y que no tienen el tiempo para asistir a oficios o predicaciones donde aprendan lo necesario para su alma. Tercero, los niños y muchachos que desde pequeños deben "ser criados y doctrinados en los fundamentos de nuestra sancta fe".[50]

Esta advertencia preliminar del autor resultaba aplicable a la realidad novohispánica. En efecto, buen número de los evangelizadores sobre quienes el obispo Zumárraga tenía jurisdicción como

[49] *Tripartito*, "Epistola del auctor a todos los christianos dirigida".
[50] Ibid.

cabeza de la Iglesia mexicana, tanto clérigos como religiosos, caían dentro de alguna de las dos primeras categorías mencionadas. El clero regular tenía, sobre todo en tiempos de Zumárraga, una mejor preparación que los clérigos. Estos, en cambio, adolecían en el siglo XVI de muchas deficiencias en su preparación. Por eso, cualquier instrucción adicional que pudiera serles proporcionada, tenía que ser bienvenida por el obispo de México. Dice Cuevas que "la formación intelectual del clero hacíase [en la Nueva España] sin plan, sin disciplina y para la mayor parte, sin maestro".[51]

Peor todavía, a veces los clérigos eran no sólo ignorantes, sino de mala vida. Podemos dar algunos ejemplos: en 1556 el obispo Hoja-Castro de Puebla, se quejaba de las flaquezas y escándalo de los clérigos que, muchas veces venían a la Nueva España, además de mal preparados, huyendo de sus prelados o prófugos después de haber sido frailes:

> Por maravilla hay quien de todos ellos entienda medianamente gramática y lo peor es que todos vienen movidos de la desordenada codicia y no los trae el celo de la fe, de donde se sigue que siendo idiotas y fugitivos y en gran manera cobdicosos no tratan las cosas de la fe con la fuerza que se requiere ni con la limpieza y libertad apostólica necesaria.[52]

En 1584, el obispo de Nueva Galicia expresaba reservas parecidas respecto a la calidad moral de los clérigos:

> [...] en lo que toca a los clérigos, los mandé examinar luego que vine y todos los de la comarca de esta ciudad se examinaron y hallé en ellos grandísimo idiotismo, porque los obispos pasados, así de esta Iglesia como de otras de estas Indias, por la necesidad que tenían de ministros ordenaban a muchos ignorantes [...] Los frailes y clérigos de lo sobredichos, unos no saben gramática y latinidad y éstos que saben algo de esto, no saben la lengua de los indios; y otros aunque sepan ambas a dos lenguas en alguna medianía, son malos ejemplares especiales entre los naturales.[53]

Éstos fueron los años en que se polemizó acerca de la conveniencia y posibilidad de ordenar a un clero indígena y vimos cómo el Colegio de Santa Cruz fue el medio seleccionado para implantar este proyec-

[51] Cuevas, 1928, II, 135.
[52] A.G.I. 60-4-8. En Cuevas, II, p. 133.
[53] Carta del Ilmo. Sr. D. Domingo de Alzola, obispo de Nueva Galicia a S.M. 7 de abril de 1584. A.G.I. 67-1-1-22. En Cuevas: 1928, II, 135.

to. El caso anterior es doblemente lamentable si observamos que terminó por no aceptarse a los indígenas, a pesar de que las mismas autoridades que los rechazaban tenían conciencia de que el número de sacerdotes era insuficiente para la atención pastoral de la población y lo deploraban.

Irónicamente, los clérigos que debían dar ejemplo y mandar a los indios, resultaban con frecuencia gente sin ninguna calificación moral e incapaz de dar un testimonio de vida personal edificante. En 1530 había ya 23 clérigos que dependían del ordinario, o sea de Zumárraga, y queda el consuelo de que "no todos eran aventureros codiciosos".[54]

El tercer grupo al que hace referencia Gerson en la introducción al *Tripartito*, es el de los jóvenes, y tuvo para los misioneros particular significación. Los frailes pensaron que, por ser más dóciles "y no imbuidos todavía de las viejas creencias, con la enseñanza recibirían la nueva religión".[55] Una vez doctrinados, ellos podrían a su vez atraer a sus mayores. Así se explica que después de aprender la lengua de los naturales, fray Juan de Tecto se ocupara de recoger algunos niños hijos de principales, en especial de Texcoco, para poder educarlos. Hizo lo mismo en México, solicitando "a algunos principales que le diesen sus hijos para los enseñar a leer y escribir".[56]

Su compañero, fray Pedro de Gante, cuidaba que "los niños saliesen enseñados, así en la doctrina cristiana, como en leer y escribir y cantar".[57] Exactamente de estos grupos de jóvenes principales, habían salido los estudiantes originales del Colegio de Santa Cruz.

Más adelante Gerson, y con él Zumárraga, piden que todos aquellos que ejercen dentro de la comunidad posiciones de autoridad, favorezcan la publicación del *Tripartito*: los prelados, los padres de familia, los maestros o gobernadores de las iglesias y hospitales y todos los "que por su oficio deberían de enseñar a los otros y que por negligencia lo dejaron de hacer".[58] Tocaba a los pre-

[54] En 1530, Zumárraga "tenía cinco vicecuras y otros tantos capellanes en la iglesia mayor; tres clérigos en Guatemala; dos en Zacatula, Oaxaca, Colima y Michoacán; uno en Pánuco y otro en la villa de San Luis". Porraz Muñoz, 1987, p. 15.

[55] García Icazbalceta, 1954, p. 94.

[56] Mendieta, libro quinto, cap. 17.

[57] Ibid., libro quinto, cap. 18.

[58] *Tripartito*, "Epistola del auctor a todos los christianos dirigida".

lados mirar y proveer que los ministros de la Iglesia que de ellos dependían y que tenían cura de ánimas fueran:

> [...] expertos en la tal administracion porque la ygnorancia crassa de la ley de Dios y la poca suficiencia que los tales curas ternan (*sic*) en curar las ánimas de sus ouejas será contado en peccado al prelado que lo consintiere.[59]

Para no colocarse en esta situación y conociendo las limitaciones del clero que de él dependía, sobre todo del secular, el obispo Zumárraga procuró por todos los medios imprimir doctrinas y divulgar su contenido en la Nueva España.

Correspondía a los padres de familia poner diligencia "amonestando a los maestros de sus hijos, para que en las escuelas les enseñasen esta doctrina".[60] En el caso de la Nueva España y a pesar de lo que informa el texto, la situación era diferente y no eran los padres de familia los que vigilaban la cristianización de sus hijos. En efecto, no sólo los hijos, sino también los padres eran nuevos en la fe. Como los bautismos eran masivos y las conversiones no eran profundas, sobre todo entre los adultos que todavía se aferraban a sus tradiciones, era común que los religiosos enseñaran a los jóvenes, no con el apoyo, sino a pesar de la oposición de sus padres.

Los niños educados por los franciscanos durante esos años fueron un ejemplo de este choque generacional y educativo. Los jóvenes se convirtieron en un medio muy eficaz para la promoción del apostolado y al mismo tiempo en "una terrible arma ofensiva contra la religión prehispánica".[61] Kobayashi señala que de las escuelas-monasterio de los franciscanos, comenzaron a salir a los pocos años de su fundación, cientos de muchachos, que en el sentido más amplio del término, podemos llamar revolucionarios o, dada su animosidad característica de la juventud, hasta destructores de la sociedad de sus mayores, como de hecho así resultaron.

Todo el mundo conoce el caso de los "tres niños de Tlaxcala" que, junto con otros hijos de caciques, fueron educados por los franciscanos a pesar de la oposición de sus mayores y que muy pronto se encontraron atrapados entre el pasado y el futuro; entre los dioses indígenas y la religión cristiana; entre el pulque ceremonial, incluyendo el culto a *Ometochtli* y el fruto de la vid de larga

[59] Ibid.
[60] Ibid.
[61] Kobayashi, 1985, pp. 181-182.

tradición mediterránea; entre la embriaguez ritual aceptada, y la religión cristiana que condenaba tanto la bebida excesiva como las acciones resultantes. El choque cultural-religioso fue en este caso demasiado violento para resolverse en forma conciliatoria. En el corto lapso de una generación, padres e hijos se encontraron en posiciones antagónicas, y mientras unos todavía adoraban al dios del vino que era "mui tenido y acatado",[62] los otros perseguían a pedradas y mataban al "ministro del demonio", o sea a uno de los sacerdotes que mantenía vivo el culto a los dioses del pulque. Los niños se ufanaban diciendo "Jesucristo [y] Santa María nos an favoreçido y ayudado a matar a este diablo".[63]

Cristóbal, uno de los tres niños tlaxcaltecas e hijo del cacique *Acxotecatl*, recibió el bautismo y "mostró principios de ser buen cristiano", queriendo decir con esto que lo que oía y aprendía de los franciscanos, lo enseñaba después a los vasallos de su padre. Pronto se rebeló contra la embriaguez de sus mayores y, como

> [...] viese en casa de su padre las tinajas llenas del vino conque se enbeodavan él y sus vasallos, y viese los ydolos, todos los quebrava y destrya, de lo qual los criados y vasallos se quexaron a el padre diziendo: 'Tu hijo Cristoval quebranta los ydolos tuyos y nuestros, y el vino que puede hallar todo lo vierte. A ti y a nosotros echa en verguença y pobreza'.[64]

El caso se resolvió de manera dolorosa y sin posibilidad de conciliación. El padre, del que dice Motolinía "[...] era un valentazo honbre, y es así, porque yo que esto escrivo le conoçi",[65] rechazó, no tanto a su hijo, sino a la nueva representación del mundo que él y otros jóvenes estaban alentando con sus acciones, y terminó matándolo a palos. Motolinía termina este relato de singular violencia con un episodio que no deja de esconder un simbolismo peculiar y que, por qué no, se presta a reflexionar sobre las singulares características culturales de las dos grandes bebidas mexicanas: el pulque y el chocolate. Relata el fraile que, antes de morir y habiendo perdonado a su padre, Cristóbal "[...] demando de bever y diéronle vn vaso de cacao, que es en esta tierra casi como en España el vino, no que enbeoda, sino sustancial, y en beviéndolo

[62] Motolinía, tercera parte, cap. 14.
[63] Ibid.
[64] Ibid.
[65] Ibid.

luego murió."[66] La historia conjuga la bebida de la tierra, el pulque que incita a la rebeldía y que coloca al indígena más allá del control de los conquistadores, frente al cacao, brebaje también antiguo, goloso y prestigiado, que seduce a los europeos con la leyenda de sus propiedades afrodisiacas y con la delicadeza de su sabor, y que fue durante la Colonia base de un incipiente mestizaje culinario. Por último, está presente el recuerdo del vino español que Motolinía tiene pocas oportunidades de disfrutar en la Nueva España, pero que añora y conserva en la memoria como símbolo de sus propias raíces. Cristóbal muere cuando dos mundos chocan y las posiciones se radicalizan, pero quedan el pulque, el cacao y el vino de la vid.

La primera parte del *Tripartito* se ocupa de los mandamientos de la ley. Por ellos:

> [...] podemos mirar enteramente la verdad de nuestra religion christiana, asi como en vn espejo muy polido, acecalado y limpio. Podemos assi mismo en ellos conocer distintamente la hermosura y fealdad de nuestra vida: animas y conciencias.[67]

En este apartado, el autor advierte varias veces acerca de los peligros de la sensualidad, una de cuyas manifestaciones consiste en comer y beber en exceso. Infinitos errores nacen "de vna carnalidad viciosa que desbarata en nosotros el juyzio de la razon: y todos los desseos honestos y piadosos".[68] Al igual que en otras doctrinas, pero aquí con palabras especialmente claras y sencillas, Gerson explica que el hombre es criatura de razón, a diferencia de las irracionales, que carecen de entendimiento, voluntad y memoria. Esta afirmación es importante si recordamos que cualquier acción humana que lleve a la disminución o pérdida de la razón, es un atentado contra la dignidad de hijo de Dios:

> [...] auemos declarado el hombre sobre todas las criaturas irracionales excelente hecho a su ymagen y semejanza [de Dios]. Dandole entendimiento, voluntad y memoria, para que lo conozca, sirua y ame.[69]

En relación a la santificación del domingo y fiestas de la Iglesia, el autor reconoce la bondad de recreaciones y juegos honestos, "[...] con

[66] Ibid.
[67] *Tripartito*, cap. XV.
[68] Ibid., cap. IIj.
[69] Ibid., ca p. IIIj.

tal condicion que Dios no sea ofendido ni en comer ni en beuer [...]'',[70] aunque no especifica qué acciones o actitudes llevan a ello. Más adelante, al tratar las faltas al séptimo mandamiento, afirma que la fornicación y la lujuria son abominables pecados que vienen a los hombres por diversas causas: por maldad, por ociosidad o por comer y beber demasiado, en especial ''quando las viandas son de calida naturaleza y condición [...]''.[71]

La gula tiene en el *Tripartito* una representación más importante que en otras doctrinas. No sólo es una falta en sí, sino que engendra la lujuria[72] y ésta, a su vez, origina infinito número de males entre los hombres, incluyendo hambres, guerras, pestilencias, mortandades, diluvios de aguas, traiciones y pérdidas de reinos y otras muchas maneras de muerte. Sin embargo, este sinnúmero de maldiciones y desgracias tienen un remedio general, mismo que califica de:

> [...] principal, firme y mas cierto contra este desuenturado peccado y generalmente contra toda sensualidad carnal, es ser muy templado en el comer, guardarse de malas compañias y sobre todo huyr la ociocidad [...].[73]

La segunda parte del *Tripartito* se ocupa del sacramento de la confesión. Gerson describe las causas y remedios de los pecados mortales, incluyendo la gula, que son la manera como quebrantamos los ''santos diez mandamientos''. El texto es bastante escueto, pero cubre los aspectos básicos de la problemática de la embriaguez. Cumple, por lo tanto, con los requerimienos para servir de guía a los sacerdotes en su trato doctrinal y penitencial con los indios. La bebida comienza a ser problema cuando, por efectos del vino, el bebedor ve disminuido su juicio. Pecas en este pecado —dice Gerson— si por mucho ''[...] beuer veniste a estar turbado del vino o en alguna torpedad de la carne o en reñir con los otros o en alguna enfermedad de tu persona''.[74] Gerson no usa la palabra embriagar, sino ''turbar'', que en el siglo XVI significaba ''poner en confusión

[70] Ibid., 3o. mandamiento, cap. VIj.

[71] Ibid., cap. Xj.

[72] Por un error, el sexto mandamiento que ordena apartarse de los placeres de la carne, está dedicado en este caso a evitar retener lo ajeno y el séptimo mandamiento del *Tripartito* se ocupa, en cambio, de la fornicación y la lujuria.

[73] *Tripartito*, cap. Xj.

[74] Ibid., cap. XVIIJ.

y rebato'', o quitar en cierta manera el sentido, perturbar la razón, alterar la memoria y desconcertar a la persona. De aquí deriva inclusive la palabra ''turbante'', que es ''una toca que da vueltas en la cabeza'', en la misma forma en que el vino envuelve como remolino.[75]

Como resultado de esta ''turbación'', que es un estado intermedio entre la claridad mental y la total pérdida de la razón, el bebedor quedaba desconcertado y la mente ofuscada o turbia; de aquí se seguían diversas consecuencias que afectaban a la persona misma o a los que convivían con ella. Se sobreentiende que se dañaba a sí mismo aquel que por beber en exceso causaba alguna enfermedad a su cuerpo; o a su hacienda, si gastaba lo que tenía en embriagarse. El bebedor comete una falta social cuando su forma de beber perjudica a la comunidad causando riñas con otras personas o también,

> [...] si por la misma causa [bebida excesiva] dexaste de exercitar, como eras obligado el trabajo de la mercaduria o de las letras o de otro cualquier oficio en que entendias al qual eras obligado.[76]

La familia sufre directamente los efectos de la falta del borracho, hasta verse ''en necessidad de mendigar [...] por auer malgastado en comeres: beueres y glotonias la hazienda''.[77] Finalmente Gerson vuelve a relacionar la bebida desordenada o excesiva con la ''torpedad de la carne'', o sea con la sensualidad.

Gerson, y con él Zumárraga, procuran motivar a los fieles con explicaciones positivas (el amor), para actuar conforme a la ley natural (aplicable a todos los hombres). Advierten contra los peligros de la carnalidad que desconcierta a la razón (rompe la armonía que se identifica con el justo medio o templanza) y señalan que la falta misma desencadena diversos castigos contra el infractor afectando su bienestar físico, moral, social, económico y familiar. Estas recomendaciones de carácter persuasivo no se complementan con otras de tipo punitivo. Al ver la *Doctrina Christiana Breue (1546)* de fray Alonso de Molina, podrá observarse la situación contraria al poner su autor el acento en las motivaciones de orden represivo.

[75] *Cobarruvias,* 1611.
[76] *Tripartito*, cap. XVIIj.
[77] Ibid.

Hablaremos a continuación de otra doctrina singular, publicada dos años más tarde (1546). Por su contenido es la más evangélica y por su presentación, la más atractiva, elegante y pulida de todas las doctrinas de Zumárraga; podría añadirse que es también el más cristocéntrico, universal y explicativo de los textos doctrinales impresos en la Nueva España durante la Colonia.

9. LA CONCORDANCIA DE LA "VERDAD" CON EL "BIEN"

La *Doctrina Cristiana más cierta y verdadera para gente sin erudición y letras* que Zumárraga mandó publicar en 1546 (en lo sucesivo *Doctrina Cristiana,* 1546), es singular por varias razones. En lo que respecta a la presentación, contiene no una sino dos doctrinas separadas e independientes, aunque ambas estén integradas en un mismo cuerpo. Además, es copia de la *Suma* sevillana del doctor Constantino Ponce de la Fuente y, por último, este libro indica que el discurso cristiano en toda su riqueza e integridad fue considerado apropiado para los indígenas novohispánicos.

Respecto al primer punto, los participantes a la Junta de Obispos, presidida por Zumárraga en 1546, acordaron "que fuessen ordenadas dos doctrinas; una para los indios incipientes y la otra para los proficientes".[1] Ambas se publicaron de inmediato en un solo volumen. La primera parte del texto formó la *Doctrina Cristiana* de 1546 que se destinó para uso de los cristianos adelantados. La última parte del mismo volumen se ocupó en una doctrina breve que se conoce como *Suplemento* o *Adiciones del cathecismo* (en lo sucesivo, *Adiciones*).

La *Doctrina Cristiana* (1546) es copia casi textual de la *Suma de Doctrina Cristiana* del doctor Constantino, excepción del prólogo y de la conclusión, para la cual Zumárraga utilizó párrafos de las páginas finales de la *Dotrina Breue (1543-1544)*.

Quien primero detectó que Zumárraga se había servido de Constantino, y en menor grado de Erasmo para elaborar su *Doctrina Cristiana (1546)*, fue un lector cuyo nombre ignoramos y que vivió posiblemente en los últimos años del siglo XVI. Al margen de su ejemplar de la *Doctrina Cristiana (1546)* escribió: "Constantino es éste y no Zumárraga" y al final añadió: "Hasta aquí tomó Su Señoría de Constantino Doctor". También anotó al margen de la conclusión: "Erasmo fecit". Estos comentarios permiten establecer un hecho significativo: la lectura de la *Paráclesis* de Erasmo y de la

[1] *Adiciones*, prólogo.

Con preuilegio imperial.

Suma
de doctrina christiana
en que se contiene todo
lo principal y neces/
sario que el hõbre
christiano de/
ue saber: y
obrar.

Fig. 13. La *Suma de doctrina christiana* escrita por el Doctor Constantino y publicada en Sevilla el 7 de diciembre de 1543. Menéndez Pelayo lo definió como "el mejor escrito de los catecismos castellanos" y Zumárraga lo copió al pie de la letra, salvo algunas modificaciones insignificantes, publicándolo en la Nueva España —sin mencionar a su autor— bajo el nombre de *Doctrina Cristiana más cierta y verdadera (1546)* (véase Fig. 6).

Suma de Constantino en la Nueva España, en un periodo de condena y persecución general del erasmismo en Europa.[2]

Los cambios entre el texto de la *Suma* sevillana y el de la *Doctrina Cristiana* de 1546, se reducen a variantes insignificantes y a los cortes necesarios para transformar en narración seguida, la conversación entre los tres personajes de la obra original, Dyonisio, el joven Ambrosio y su padre Patricio.[3]

Esta *Doctrina Cristiana* de 1546 posiblemente sea copia de una obra anterior, también impresa en México por orden de Zumárraga, que se conoce como *Doctrina* "sin año" y de la cual se conserva sólo la portada.[4] Voy a referirme brevemente a ella por considerarla reveladora de la voluntad que mostró el obispo para iniciar la catequización de los indios conforme al modelo "humanista". El libro desapareció en el siglo pasado pero, de estar en lo cierto García Icazbalceta, se desprende que este texto perdido debió haber sido una primera copia americana de la *Suma* y que sirvió al poco tiempo de modelo para formar el cuerpo principal de la *Doctrina Cristiana* (*1546*). En ninguno de los dos casos se hace mención al verdadero autor de la obra, o sea a Constantino. Sin embargo, y dicho sea en su defensa, al poner que se imprimía por orden de Zumárraga, éste aceptaba ser, más que el autor, el compilador del texto.

En el supuesto de que la desaparecida *Doctrina* "sin año" haya sido una primera impresión del texto que nos ocupa, es revelador el largo título de la obra. Explica el significado dado por Zumárraga al término "doctrina cristiana", y el énfasis por destacar que su

[2] Almoina, 1948, pp. 94-95.

[3] Inclusive el subtítulo de la edición realizada en la ciudad de México, es semejante a la dedicatoria que Constantino ofreció al arzobispo de Sevilla. Explica que la *Suma* es doctrina "llana y para gente sin erudición y letras: mas cierta y verdadera". *Doctrina Cristiana* (*1546*).

[4] *Doctrina Cristiana*: en que en suma se contiene todo lo principal y necessario que el cristiano deue saber y obrar. Y es verdadero cathecismo para los adultos que se han de baptizar: y para los nueuos baptizados necessario y saludable documento: y lo que mas conuiene predicar y dar a entender a los indios: sin otras cosas que no tienen necessidad de saber. Impresssa en Mexico por mandato del Reuerendissimo Señor Don fray Juan Zumarraga: primer obispo de Mexico. Del consejo de su Magestad. En García Icazbalceta, 1954, p. 70. Enrique Wagner es de la misma opinión y expresa que la *Doctrina Cristiana* fue en realidad un arreglo de la *Doctrina* "sin año" "con una portada nueva y con una edición de 24 hojas comprendidas en las signaturas l, m, n. La primera parte de esta obra no es ni más ni menos que una reimpresión de la *Suma de la Doctrina Cristiana* del doctor Constantino Ponce de la Fuente, con ligeras variantes y el cambio del diálogo original en narración". Wagner, 1940, p. 91.

contenido era apropiado y pertinente para la enseñanza de los indios. Esta doctrina, dice la portada:

> [...] contiene todo lo principal y necessario que el cristiano deue saber y obrar. Y es verdadero cathecismo para los adultos que se han de baptizar, y para los nueuos baptizados necessario y saludable documento, y lo que mas conuiene predicar y dar a entender a los indios, sin otras cosas que no tienen necessidad de saber.[5]

De haber existido la *Doctrina* "sin año", la *Doctrina Cristiana* de 1546 sería, no la primera, sino una segunda versión americana del texto de Constantino. En 1546, Zumárraga escribía al final y a manera de colofón: "Para utilidad comun. Especial de los indios: porque por ella sean cathequizados los que se quieren de baptizar: y enseñados los baptizados".[6]

Esta presentación disipa dudas respecto a la voluntad del obispo de hacer llegar a los indios el contenido completo de la *Doctrina Cristiana* de 1546. Zumárraga veía la conveniencia de una enseñanza que ilustrara la inteligencia de los naturales permitiéndoles conocer la "verdad" para poder después amar el "bien" y practicar el cristianismo con hechos, no sólo de dientes para afuera al repetir sin comprender, palabras para ellos vacías y carentes de sentido.

La Doctrina Cristiana mas cierta y verdadera, 1546

En el prólogo a la *Doctrina Cristiana* de 1546, fray Juan hizo una pequeña modificación al texto sevillano para especificar que la obra contiene lo más conveniente "para los nouicios en la fe".[7] Zumárraga no aclaró si los novicios eran indios o españoles, escribió simple-

[5] *Doctrina* "sin año", portada. En García Icazbalceta, 1954, lámina x. El colofón de la *Doctrina Cristiana* de 1546 es muy semejante: "Doctrina cristiana mas cierta y verdadera para gente sin erudición y letras, en que se contiene el catecismo o informacion para indios con todo lo principal y necessario que el cristiano deue saber y obrar".

[6] El texto completo dice: "A gloria y alabanza de dios nuestro señor y de su bendita madre fue impressa esta doctrina catholica en mexico por mandato del reuerendissimo señor don fray Juan zumarraga: primero obispo desta misma ciudad: para utilidad comun. Especial de los indios: porque por ella sean cathequizados los que se quieren de baptizar: y enseñados los baptizados". *Doctrina Cristiana (1546).*

[7] Ibid., pról., fol. a ij. A menos que se diga lo contrario, todas las citas del libro novohispánico que se dan a continuación corresponden textualmente al sevillano de Constantino, incluyendo la numeración de los capítulos.

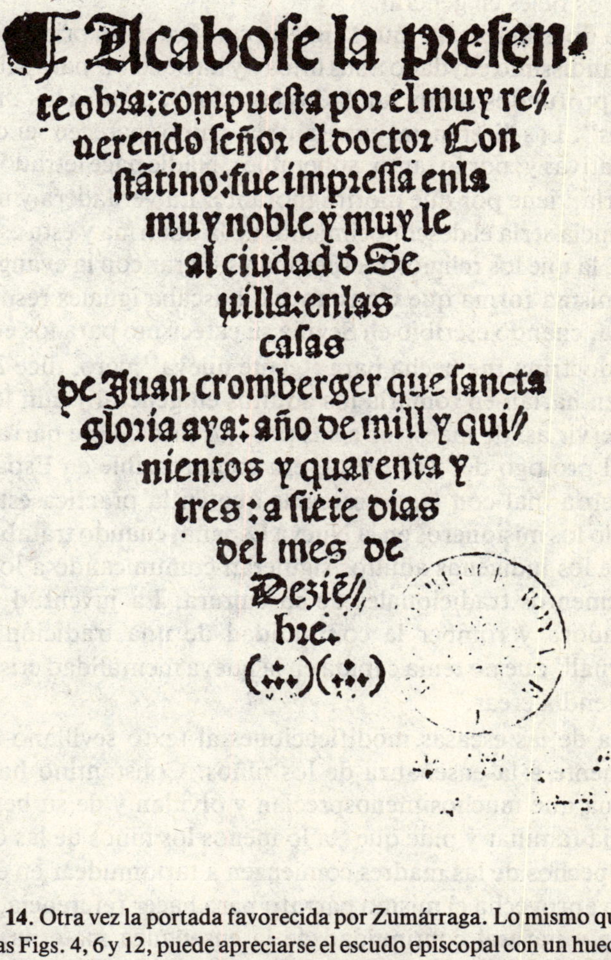
¶ Acaboſe la preſen-
te obra: compueſta por el muy re/
uerendo ſeñor el doctor Con
ſtãtino: fue impreſſa enla
muy noble y muy le
al ciudad d Se
uilla: enlas
caſas
de Juan cromberger que ſancta
gloria aya: año de mill y qui/
nientos y quarenta y
tres: a ſiete dias
del mes de
Deziē/
bre.

Fig. 14. Otra vez la portada favorecida por Zumárraga. Lo mismo que en las Figs. 4, 6 y 12, puede apreciarse el escudo episcopal con un hueco en la parte media para ir acomodando los distintos caracteres movibles, incluyendo el grabado central que diferencia los diversos textos. Ahora se trata de la *Regla Christiana (1547)*, verdadero tratado para "ordenar la vida y tiempo del christiano" y el texto más complejo y completo en su género que publicó el primer obispo de México. Tal vez debiéramos añadir que se trata del catecismo más ambicioso y erudito que se publicó en México durante el periodo colonial.

mente "novicios". Novicios o nuevos, o "principiantes en cualquier arte o facultad", como los define el *Diccionario de Autoridades*, eran en la Nueva España los indígenas recién convertidos, pero las palabras que siguen parecen indicar que esta doctrina incluía también a los fieles en general.

Esta doctrina, es la "que la iglesia catolica en su principio enseñó con grandissimo cuydado a sus hijos" y ha de servir para salvar tanto a los "profundos y muy fundados letrados", como a los "rústicos y simples". Las diferencias entre ambos grupos parecen ser culturales y educativas y, por lo tanto, superables. Nadie nace letrado ni nadie, en teoría, tiene por qué morir ignorante. La verdadera y más grave ignorancia sería el desconocimiento de la doctrina y ésta es, precisamente, la que los religiosos esperaban superar con la evangelización en la misma forma que Constantino buscaba iguales resultados de España, cuando escribió en Sevilla su catecismo para los europeos.[8]

La doctrina fue hecha para "gente nueva" pero, dice Zumárraga, bien harían en tomarla los adultos en general y aun los viejos, para servir así de maestros a sus propios hijos. Este párrafo, parecido al prólogo del *Tripartito*, era comprensible en España, pero concuerda mal con las estrategias que en la práctica estaban siguiendo los misioneros en la Nueva España, cuando trataban de evitar que los indígenas adultos siguieran comunicando a los jóvenes los elementos tradicionales de su cultura. La juventud debía ser innovadora y romper la continuidad de una tradición religiosa "infernal" que no tenía cabida en la nueva mentalidad cristiana que se pretendía crear.[9]

Otra de las escasas modificaciones al texto sevillano se refiere justamente a la enseñanza de los niños. Constantino habla de la doctrina que muchos menosprecian y olvidan y de su benéfica influencia familiar y pide que "a lo menos los niños de las escuelas y de los pechos de las madres comienzen a tartamudear en ella".[10] El obispo aprovecha el mismo párrafo para hacer referencia, no a una posible y natural continuidad de la enseñanza materna, como lo recomienda el texto original, sino que cambia hábilmente las palabras para sugerir que sean los religiosos quienes trasmitan la enseñanza doctrinal. Como muchos menosprecian y olvidan la

[8] Ibid., f. a ij. Cf. *Suma*, Prólogo.
[9] Véase en el cap. 8 de este trabajo, el caso de "los niños mártires de Tlaxcala".
[10] *Suma*, "Al lector christiano".

doctrina, es deseable que "a lo menos los niños de las escuelas y los indios que se enseñan en los monasterios comiencen a tartamudear en ella".[11]

La misión de las personas que enseñan a los jóvenes tiene en ambos textos un atractivo especial: son los hombres que llevan a los niños por el camino de la verdad y, sobre todo, hacen que "se enamoren de ella".[12] La enseñanza de la doctrina adquiere así la dimensión de una acción que mueve positiva y alegremente a quienes se involucran en ella. El hombre sólo puede enamorarse de lo que conoce, de lo que ha llegado a amar, porque en ello tiene puesta su voluntad y no pueden lograrse los mismos resultados por mandato o coherción.

Sorprende la versatilidad que manifiesta Zumárraga al hacer suyo en este catecismo de 1546 el modo de vida que Constantino había expuesto con tanto éxito en Sevilla. La obra reúne múltiples normas encaminadas a orientar el quehacer humano en sus más diversos aspectos. Como lo indica su nombre original, se trata de una "suma de vida" que abarca todos los aspectos de la actividad humana y que, a partir de la experiencia religiosa, invade terrenos que van más allá de la enseñanza catequística básica. No hay que olvidar que "los imperativos de la moral cristiana rebasan los límites de un campo estrictamente religioso",[13] e incluyen el ser y el hacer.

En efecto, destaca la armonía entre la actitud interna, el "ser", y el comportamiento externo, el "hacer" de la persona. Los mandamientos se explican a partir del amor, y su cumplimiento práctico y vivencial se relaciona con la actitud interior de la persona. El primer mandamiento dispone el corazón del hombre para con Dios; el segundo dice cuáles "han de ser sus palabras"; y el tercero, "cuáles han de ser todas las otras obras".[14] Entre las acciones que atentan contra el tercer mandamiento, los autores mencionan las glotonerías en día de fiesta y otras muchas faltas que no siempre se conocen en el exterior, pero de cuyo cumplimiento se habrá de dar cuenta después.[15] Aun cuando los efectos de la gula no tengan repercusiones en el medio inmediato del que se excede en el comer o beber, cada quien es responsable de su propia vida y de sus acciones, sean o no conocidas por el mundo.

[11] *Doctrina Cristiana (1546)*, pról., fol. a ij, v.

[12] Ibid., pról., fol. a iii, v. *Suma*, "Al lector christiano".

[13] Gruzinski, 1989, p. 110.

[14] *Doctrina Cristiana* (*1546*), cap. XXVI.

[15] Ibid.

Los autores buscan la forma de poner la sabiduría divina al alcance de los rudos y los rústicos, pues lo que "para vnos dize en breue, dize para otros muy largo". Se borran las distancias entre indios y españoles y por un momento parece posible la eventual comunicación entre dos mundos. Ambos textos señalan el balance y la correspondencia entre los aspectos positivos y negativos de los mandamientos, entre lo que se busca con su observancia y lo que se desea evitar con las prohibiciones correspondientes.

La persona merece todo el respeto de los hombres por ser obra de Dios. Por contra, y ésta era tal vez la mejor defensa que la propia Iglesia podía ofrecer al indio para evitar su explotación, maltrato y abuso, ambos autores reconocen que es fea y abominable cosa "aborrecer a quien Dios ama, quitarle los bienes que el le embia: ofender a quien el guarda y tiene su carta de amparo y seguro".[16] La práctica de estos conceptos debería haber sido en su momento, la defensa moral óptima que se hubiera esgrimido para proteger al indio frente a los excesos de la conquista. No faltaron frailes, como Las Casas, que supieron utilizar este argumento.

El verdadero mal viene del corazón del hombre. La raíz y fundamento del mal que unos hombres hacen a otros, "nasce en el corazon". Constantino y Zumárraga no eran ajenos a la doctrina de Casiano que identificaba el mal con el enemigo que vive dentro, en el interior de la persona y que cada día le hace una guerra intestina:

> No vayamos, pues, a pensar que la abstinencia de los manjares visibles basta para la perfección del corazón y para la pureza del cuerpo, si no se le añade también la abstinencia del alma. También ésta tiene sus manjares nocivos. Nutrida de ellos —aun sin la abundancia de los alimentos materiales— se precipita por la pendiente de la lujuria.[17]

Por eso, al explicar el quinto mandamiento, ambos moralistas defienden la vida —lo contrario de "no matarás"— y rechazan cualquier pasión que encamine el corazón del hombre a causar daño y perjuicio a otro o a sí mismo. Este sería el caso de quienes toman bebedizos, "de donde se decrece daño para la salud o juyzio de los hombres". Aunque aquí no se tratan de manera específica los efectos de las bebidas embriagantes más comunes en España y México, sino de los intoxicantes en su sentido más amplio, los resultados son

[16] Ibid.
[17] Casiano, *Instituciones*, pp. 200-201.

los mismos: pérdida de juicio y exaltación de las pasiones que nacen en el corazón y que dañan al hombre en lo más íntimo de su ser. También faltan a este mandamiento quienes hacen daño externo a su salud, como sucede con los que aceleran su muerte, entre otras razones, "por gula y desenfrenamientos".[18]

El mandamiento del amor exige reciprocidad y es reiterativo en toda la doctrina: "lo que vno no quiere para si no lo quiera para otro", porque la ley de la verdadera caridad "manda que nadie haga contra otro lo que no querria que fuesse hecho contra si".[19] Constantino había escrito estas palabras antes de que Zumárraga las hiciera suyas y por una verdadera ironía de la vida, pasó sus últimos años prisionero de la Inquisición, falto de la comprensión que predicó con insistencia en la *Suma* y víctima de la intransigencia de otros religiosos, de la agresividad de las autoridades eclesiásticas que lo acusaron, y del Tribunal de la Inquisición que lo condenó.

El vino de uva era materia indispensable para celebrar la Eucaristía y ocasión privilegiada para participar en un acto comunitario en que el sentido del gusto perdía importancia frente a la experiencia religiosa. El apartado que Constantino y Zumárraga dedican al sacramento de la comunión es sin duda uno de los más evangélicos en sus respectivas doctrinas. Comer y beber es compartir: "Comemos a la mesa de nuestro mismo señor con los otros criados suyos y que el manjar de esta mesa es el pan que es cuerpo y sangre del señor".[20]

Bajo estos supuestos, participar del banquete y "embriagarse" producía maravillosos efectos, pues daba grandísima paz y encendía la caridad. Comentario interesante si recordamos que la embriaguez implicaba el abandono del autocontrol y la disminución de la razón como fuerza rectora. Para el sevillano, esta embriaguez mística se identifica con el amor perfecto.

El texto sugiere un compromiso por el cual el hombre sacrifica ventajas individuales y egoístas para lograr "formar parte", "pertenecer" o, inclusive, "ser absorbido" por el grupo. Todos pueden sentarse a beber en la misma mesa, incluyendo a indios y españoles, ignorantes y sabios, ricos y pobres. Todos comparten y todos tienen las mismas posibilidades de llegar a vivir una experiencia espiritual. Esta concepción enfatiza la fuerza de la bebida embriagante (el vino

[18] *Doctrina Cristiana* (*1546*), cap. XXIX.
[19] Ibid., Del octavo y del noveno mandamientos: caps. XXXIj y XXXIIj.
[20] Ibid., "De la comunión", cap. Lj.

de uva), como brebaje poderoso usado en forma controlada (durante la misa), por la persona iniciada (el celebrante), para producir en los asistentes (indios y españoles), efectos maravillosos (la salud de los hombres), sin distinciones externas (causada por fricciones entre grupos sociales diferentes). El que se siente a la mesa "no lo haga sacramento de escandalo y contenciones: pues es de grande humildad: no lo haga de soberuia y arrogancia: pues es mysterio de simplicidad y verdad".[21]

Los conceptos expuestos en la *Doctrina Cristiana* (*1546*), no siempre fueron del agrado de todos. La obra resultaba demasiado libre o atrevida aun para muchos españoles y despertó larga polémica; primero fue la Inquisición persiguiendo a Constantino y mucho más tarde, a fines del siglo XIX, José Toribio Medina todavía cuestionaba el tema de la posible incorporación del indio a la cultura occidental con base en su capacidad intelectual. La calidad de la *Doctrina Cristiana* de 1546 y la profundidad de sus conceptos no le parecieron adecuados para los indios. Sin buscarlo ni quererlo, rindió un discreto y elocuente homenaje a la memoria de fray Juan de Zumárraga al decir que la *Doctrina* de 1546 no parecía muy propia para estos indios, "porque trata en parte de materias más altas y en estilo también de mayor elevación".[22]

Zumárraga no manifestó en este texto de 1546 mayor preocupación por los pecados capitales, ni advirtió a sus lectores acerca de los peligros de la bebida embriagante. Es imposible suponer que no haya sido consciente de los estragos que la bebida desordenada causaba a su alrededor. Tal vez su aparente negligencia tenga relación con una actitud de tolerancia hacia la debilidad humana, no muy diferente a la que había predicado Jesús. En esta ocasión, guardó silencio, no mencionó la falta y se procupó más por la caridad que por el cumplimiento de la ley. Veremos cómo, en las *Adiciones* o doctrina para principiantes, Zumárraga procuró remediar esta omisión.

LAS *ADICIONES, 1546*; LA PERSUASIÓN COMO MEDIO

Las últimas 24 fojas del libro de la *Doctrina Cristiana* de 1546 están dedicadas al *Suplemento* o *Adiciones del cathecismo* que, como ya

[21] Ibid.
[22] Medina, 1912, I, 37.

se dijo, forma una obra independiente para incipientes o principiantes. Éstos son todos los que se inician en la doctrina, pero también aquellos que, aunque no sean tan nuevos, tienen limitantes para aprender o entender un texto más complejo.

Zumárraga presenta impreso por primera vez un catecismo o enseñamiento del cristiano preparado para "[...] que sea doctrina entera y aya conformidad y uniformidad en su enseñamiento [de los indios]".[23] Se trata de una obra "para los que enseñan" a los indios y no para uso directo de los fieles, pues los "menos entendidos" y "más rudos e ignorantes" a quienes se dirige ahora, no sabían leer. Por sus características humanistas, esta breve doctrina tiene mucho en común con la anterior, pero hay entre ambas una diferencia que salta a la vista: aquélla es copia textual de Constantino y ésta, en cambio, es erasmiana y agustiniana. Además, la primera es más larga y avanzada y la segunda más simple y reducida, aunque no por eso menos cuidada.

Para su mejor comprensión, la obra puede dividirse tentativamente en tres partes. Primero un prólogo explicativo para uso de los catequistas. Segundo, la doctrina breve y práctica que contiene "las adiciones que parece que le faltaban" al catecismo anterior y que debían servir especialmente para enseñar a los indios. Incluyen los apartados necesarios para explicar los sacramentos, las potencias del alma, las virtudes y obras de misericordia y los siete pecados capitales. Por último, varios documentos para adelantar en el ejercicio de la vida cristiana.

El prólogo de las *Adiciones* hace las veces de exposición de motivos. Se trata del "suplemento o adiciones del cathecismo que quiere dezir enseñamiento del christiano".[24] En él Zumárraga señala la independencia de ambos textos, la *Doctrina Cristiana* (*1546*) y las *Adiciones*, y se confiesa, en uno y en otro caso, como un simple compilador de trabajos previamente escritos:

> [...] assi quisse ponerme en algun cuydado en recopilar de lo que mas a su proposito y talento me parecio y mas util con examen y aprouacion hazer

[23] *Adiciones*, sin folio.

[24] Ibid, colofón. "A gloria de Jesu christo y de su bendita madre aqui se acaba lo añadido al cathezismo por doctrina mas facil para los indios menos entendidos y mas rudos y negros. El qual fue impresso en la muy leal y gran ciudad de Mexico por mandato del reuerendissimo señor don fray Juan Zumarraga: primer obispo de Mexico. Del colegio de su Magestad. Acabose de imprimir en fin del año de mil y quinientos y cuarenta y seys años".

imprimir estos dos tratados. Y en ellos se hallara sana doctrina con algunos documentos para prouecho.[25]

Se preocupa por seleccionar el material catequístico en función de la situación real de los indios a quienes va dirigido y recomienda claridad y sencillez en la enseñanza:

Y los que enseñen a estos indios y negros es bien que escusen por agora de les predicar otras cosas subtiles y dificiles de entender y les bastara lo en esta doctrina contenido [se refiere a la *Doctrina Cristiana (1546)*] con lo que aquí se le añade para los mas simples; y han de ser enseñados con palabras muy llanas y claras; y decirles cada vez un poquito porque lo tomen; mayormente a los rudos y de poca capacidad que no lo pueden aprender.[26]

Por lo tanto, este texto puede usarse solo, o en combinación con la *Doctrina Cristiana* (*1546*) anterior. A pesar de pedir a los lectores que perdonen las faltas "porque todo fue recopilado a priessa",[27] la obra resulta didáctica y metódica. Zumárraga comprendía que la evangelización de los indios no era tarea sencilla, pues la Iglesia tenía dificultades para encontrar "tantos confessores para tan innumera gente que sepan tantas y tan diuersas lenguas".[28] En su *Relación de la Provincia del Sancto Evangelio* enviada a España hacia 1570, los franciscanos informaban que los indios se reunían y sentaban en el patio de la iglesia para oír la predicación, "y antes del sermón dicen allí toda la doctrina dos o tres veces en voz alta y luego les predica un religioso en su propia lengua."[29]

El autor sigue presentando una religión evangélica acorde con los conceptos erasmianos y humanistas expuestos en la *Doctrina Breue* de 1543-1544 y en la *Doctrina Cristiana* de 1546. La presencia de Erasmo se percibe no sólo a través del *Enchiridion*, sino de su obra en general, incluyendo el *Elogio de la locura*. En efecto, algunas acusaciones o críticas serias que hace Zumárraga, traen a la memoria los temas que con tanto ingenio y sutileza, pero también con valor y decisión, habían sido expuestos por la Locura en el elogio que de ella hizo Erasmo.

Fray Juan insiste en la necesidad de buscar personalmente la verdad mediante la lectura de las Sagradas Escrituras, y valoriza

[25] *Adiciones*, prólogo.
[26] Ibid., sin folio.
[27] Ibid., prólogo.
[28] Ibid.
[29] *Códice Franciscano*, pp. 66-67.

la congruencia entre lo que se dice y lo que se hace, pues "qué te aprouecha llamarte lo que no eres". Para alcanzar esa armonía de vida, recomienda un regreso a los valores apostólicos y paulinos. Explica que en esos años lejanos se enseñaban los artículos de la fe antes del bautismo, y los mandamientos después. En cambio, "en estos tiempos miserables", apenas hay predicador que se aplique a enseñar los artículos de la fe, los mandamientos, vicios y virtudes, "si no es de passada, como haziendo dello poco caso".[30]

Esta doctrina fue escrita en 1546, al tiempo que los señores obispos cambiaron impresiones sobre los complejos problemas que planteaba la evangelización. Por eso, no es sorprendente que la lectura de las *Adiciones* deje en el lector la sensación de un sutil pero certero reproche a las deficiencias pastorales y a la pobreza doctrinal de los evangelizadores. Los predicadores, declara Zumárraga, dejan lo que es obligatorio y tienen en mucho "los primores de los sermones", porque le agradan a la gente:

> Este cathecismo empero me parecio que quadraua mas a lo menos con esta gente y tiempo presente, y aun para algunos años adelante no tengan necessidad de otra doctrina. Y mi desseo siempre ha sido que a esta gente fundassemos ante todas cosas en la inteligencia de nuestra fe, de los articulos y mandamientos y que sepan en que pecan. Dexando los sermones de otra materia para adelante. Y aun a los españoles no haria daño saber bien esto.[31]

Vimos en efecto cómo, en esos años de evangelización masiva, no había manera de que pocos misioneros atendieran de manera individual a los numerosos grupos indígenas. Los sermones tenían la ventaja de llegar al auditorio, sin importar el número de personas congregadas y de dar popularidad al predicador que se daba a conocer y que entretenía a los asistentes con el relato. Pero en la práctica, esa manera de enseñanza le parecía a Zumárraga insuficiente y superficial. El indígena se limitaba a quedar sentado sin hacer ni decir nada y esta actitud pasiva no garantizaba resultados, ni permitía ejercer un control eficaz sobre el auditorio. Los oyentes podían ausentarse mentalmente durante la predicación sin que nadie lo notara o pudiera remediarlo. Por eso fray Juan se queja de las

[30] *Adiciones*, prólogo. La *Dotrina Christiana* de fray Pedro de Cordoua (1544), como veremos después, incluye un comentario semejante: los indios tienen más necesidad de la doctrina breve y llana "que de otros sermones que se le predican". *Dotrina Christiana (1544)*, colofón.

[31] *Adiciones*, prólogo.

"fábulas de los vanos y vanagloriosos predicadores" y de las curiosas cuestiones que "en los sermones mas ofuscan que alumbran a la gente comun".[32] El obispo está reconociendo que el número de sacerdotes es insuficiente, que la calidad de la enseñanza es inadecuada y que cuando los predicadores no saben de qué hablan, más valdría que se callaran.

El prólogo de las *Adiciones* está influido por San Agustín y sugiere, como pasó en la *Dotrina Breue* de 1543-1544, poner el pensamiento en los bienes eternos y no en las cosas presentes, caducas, carnales y terrenales. "El que mal y carnalmente biue, enemigo es de dios".[33] Llevado al terreno de la historia, este párrafo trae a la memoria el relato agustiniano acerca del género humano que vive en dos ciudades cuyos habitantes, unos buenos y otros malos, se mezclan y conviven, y en la que los hombres de Dios y los hombres del mundo serán separados al final de los tiempos.

Zumárraga motiva a los indios más rudos e ignorantes, para que valoren la renuncia al mundo material y sensible con el propósito de alcanzar la verdadera vida que está más allá de la comida y de la bebida. Como el cuerpo engorda con las aves y manjares delicados y costosos, "assi engorda el anima con las lecciones de saludables doctrinas".[34]

Habla del valor de la oración, tanto la mental como la vocal; pero quiere que los indios entiendan y, al aprender, retengan el significado de las palabras y no repitan las cosas sin sentir lo que dicen o sin saber de qué se confiesan. A diferencia de la *Doctrina Cristiana* de 1546 en que Zumárraga, o tal vez debamos decir Constantino, se concretaba a lo esencial: fe y obras, credo y mandamientos, las *Adiciones* recomiendan distintas devociones para la vida diaria, como son el rezo de oraciones, la devoción a Nuestra Señora, al ángel de la guarda y al santo cuyo nombre se lleva, en cuya parroquia se vive o por quien se siente una mayor atracción.[35]

En la segunda parte de la obra, Zumárraga reitera que para esta gente "flaca y de baxos quilates no vonuiene sino doctrina llana conforme a su capacidad y talento",[36] pero no por eso mutila los temas de aprendizaje. Comienza la "enseñanza complementaria de

[32] Ibid.
[33] Ibid.
[34] Ibid.
[35] Ibid.
[36] Ibid.

la doctrina" con la definición, descripción y justificación de cada uno de los siete sacramentos, incluyendo el orden sacerdotal.

Igual que en la *Doctrina Cristiana* de 1546, fray Juan se ocupa tanto de lo que debe hacer el hombre virtuoso, como de lo que debe evitar. La parte negativa de la ley, se enriquece con la práctica positiva de la virtud. Lo que se piensa debe complementarse con lo que se vive. Es necesario apartarse de los vicios, aborrecerlos y detestarlos, pero también poner el pensamiento en las cosas venideras, espirituales y eternas y practicar las virtudes contrarias a los pecados mortales, como es la templanza.

Zumárraga adapta ciertas prácticas generales al momento de cambio que están viviendo sus feligreses. Recomienda poner a los bautizados nombres de santos cristianos "y no en manera alguna de los nombres antiguos que usaban los indios".[37] La imposición del nombre de pila ponía al niño bajo el patrocinio de hombres y mujeres "modelo", dignos de ser imitados que, a su vez, eran en el cielo intercesores poderosos. Los españoles, dice el obispo a continuación, deben procurar que los indios de su encomienda reciban la confirmación.[38] Y los indios deben tener reverencia por los clérigos y sacerdotes.[39]

Zumárraga propone a los naturales "tres estados" de vida. Lo usual era "tomar estado", queriendo decir con esto que el joven o la doncella optaban por el celibato entrando en la vida religiosa; o se decidían por el matrimonio, buscando pareja para hacer de dos personas, "una sola carne". Aunque la viudez —que en teoría conllevaba una continencia obligatoria— no era propiamente un estado, el obispo la menciona como tal. Enumera y describe la situación de "los tres estados" de manera peculiar: "Casados buenos; biudo mejor; virgines muy mejor".[40] El centro de estas advertencias se relacionaba con el uso o, mejor dicho, con la renuncia de la sexualidad, la que, desde la óptica de la Iglesia en el siglo XVI, tenía méritos especiales[41] y que se podía fortalecer con prácticas de ayuno, penitencia y abstención de bebidas embriagantes. Juan Casiano había distinguido un milenio antes la continencia de la castidad, porque, "una cosa es ser continente y otra es ser casto" y, el

[37] "El sacramento del bautismo", ibid.

[38] "El sacramento de la confirmación", ibid.

[39] "El sacramento del orden sacerdotal", ibid.

[40] "Potencias del ánima, y enemigos del ánima, y los tres estados", Ibid.

[41] Véase en el cap. 2 de este trabajo, "Los padres de la Iglesia; el rechazo a los placeres".

privilegio de "esta virtud no se atribuye más que a aquellos que se mantuvieron siempre vírgenes en su cuerpo y en su alma".[42]

En la Nueva España indígena, el ámbito tradicional no resultaba propicio para la penetración de ideas ascéticas tan extremas. Fray Juan hace en la *Regla* el panegírico del estado religioso, pero difícilmente iba a convencer a los indígenas de que el viudo o la viuda, por la abstinencia sexual que debía practicar, y esto más por circunstancias ajenas a su voluntad que por elección personal, vivían en un "estado mejor" que los casados. Poco atractivos resultaban estos conceptos para los indígenas, como veremos en el caso del desafortunado don Carlos, cacique de Tezcoco, quien se atrevió, en 1539, a expresar en voz alta su inconformidad con estos afanes de renuncia cristiana.

La tercera parte de las *Adiciones* contiene algunos documentos para formar conciencia, o sea para que el indio vaya normando su propio criterio, se acostumbre a pensar por sí solo y, en una palabra, sea más adulto en su vida interior. Zumárraga hace una rígida llamada de atención para que los fieles caigan en la cuenta de las dificultades que tiene el hombre para salvarse; pocos lo logran y, en cambio, muchos y locos se condenan.[43]

Zumárraga transcribe un "saludable documento del famoso y cristianissimo doctor Juan Gerson" y copia textualmente el capítulo XVI del *Tripartito*, explicando cómo levantarse del estado de pecado mortal al estado de gracia.[44] El eje del cambio de vida está en la *voluntad humana* y ésta se mueve en respuesta a lo que conoce como "verdadero" y ama como "bueno". Gerson y el obispo explican los pasos que debe seguir la persona al practicar la oracion vocal o mental para volver a la amistad de Dios, pues "no hay bien que nosotros hagamos, por pequeño que sea", que no merezca recompensa.[45] Para los frailes reformados y observantes, la comprensión, y después la aceptación de estos ideales no presentaba mayores problemas. Su entrenamiento en el convento favorecía diversos ejercicios de piedad personal que se expresaba sobre todo en la oración mental-individual y que suponían un acto de introspección y de autorreflexión. En ocasiones excepcionales, estas prácticas conducían a una comunicación directa con Dios a través del éxtasis.

[42] Casiano, *Instituciones*, p. 237.
[43] *Adiciones*, "Documento salutífero para saber formar [...]". Sin folio.
[44] *Adiciones*, "Tercer documento". Sin folio.
[45] Ibid.

Los indígenas, por su lado, habían desarrollado técnicas más o menos elaboradas para alcanzar "el abandono de sí mismos", buscando a la vez la experiencia de llenarse de sus dioses. Sólo que, lo que aquéllos obtenían a través de la negación y la introspección controlada, éstos lo conseguían después de la conquista bebiendo en abundancia y posiblemente a escondidas, en honor de los *cuatrocientos dioses* del pulque.

En los primeros años de la Colonia, el indio no tenía acceso frecuente a la confesión sacramental, por lo que el *acto de voluntad* que se acaba de mencionar debió tener relación con una práctica que fue común en esos primeros años de evangelización: la confesión general. Consistía básicamente en un acto de introspección que conducía al reconocimiento de la falta cometida, seguido de un propósito de enmienda y de la voluntad de confesarse cuando fuera posible. Estamos ante normas pretridentinas y métodos persuasivos de aprendizaje. A pesar de ser obligatoria desde el cuarto concilio de Letrán, la confesión auricular no adquiría todavía la importancia que iba a alcanzar en el siglo XVII como medio de control, al "introducir en el ámbito de la vida interior, en el espacio subjetivo de los pensamientos y de los deseos, una exigencia de rigor y de contabilidad inspirada de modelos económicos".[46] Los que no actuaran en consecuencia, los que siguieran obrando mal y sin voluntad de cambio, no eran "capaces de la absolucion".

Los mandamientos de la ley resultaron ser el gran ausente de las *Adiciones* y en este sentido el texto pudiera parecer incompleto. Sin embargo, fray Juan había desarrollado estos temas en la *Doctrina Cristiana* de 1546 y posiblemente no vio ahora la necesidad de añadirles ni quitarles nada para adaptarlos aquí a la catequesis de los indios "rudos", haciendo más voluminoso un texto que debía ser lo más breve posible. En cambio, sí concede espacio a las virtudes y de los vicios en un capítulo dedicado a los pecados mortales, mismo que resulta ilustrativo porque suple el silencio sobre la embriaguez de la doctrina anterior.

Distingue, en la misma forma que se hacía en España, el uso moderado y lícito del vino, del abuso del mismo, separando así los conceptos de sobriedad y embriaguez. Si otras partes de las *Adiciones* tienen origen erasmiano o agustiniano, el tema de la gula, el quinto pecado capital, es de claro corte tomista. Al igual que en

[46] Gruzinski, "normas cristianas...", 1989, p. 112.

el caso de la *Dotrina Breue (1543-1544)*, el silencio de Erasmo sobre la materia debe haber persuadido a Zumárraga para buscar a Santo Tomás. El texto tiene el mérito de ser explicativo y conciso a la vez. El bebedor inmoderado es aquel que se perjudica a sí mismo. Primero, cuando por exceso "notablemente daña a la salud" y, segundo, cuando la bebida lo "haze salir de juizio".[47] También falta a la templanza quien disminuye su hacienda gastando demasiado en comer. Como los indios eran parcos para comer, hubiera sido más lógico aplicar este ejemplo a la bebida, en la que sí se excedían, pero el autor no lo hizo. Es culpable de gula el que "conoce", el que sabe lo que hace cuando bebe, o sea, "el que se embeoda muchas vezes a sabiendas".[48]

> [...] la frecuencia hace de la embriaguez pecado mortal no por la repetición de actos precisamente, sino porque es imposible que una embriaguez frecuente no sea voluntaria y consciente, pues existe una experiencia anterior de la fuerza del vino y de la propia debilidad.[49]

Zumárraga incluyó un documento sobre las costumbres y otro acerca de las relaciones entre padres e hijos; en ambos recomienda prudencia en el beber. Considera que el hombre debe poner buen concierto en su cuerpo y ser moderado en el beber, "en especial vino. Y escuse de lo beuer quanto buenamente pueda no teniendo necessidad y entonces muy templado".[50] Como vino era el nombre genérico y común de las bebidas embriagantes, es posible que el uso del término "vino" o "pulque" haya quedado a discreción de los catequistas que impartían directamente la enseñanza. Finalmente, Zumárraga recomienda a los padres cuidar la inocencia y limpieza del cuerpo y el alma de sus hijos, "apartando toda ocasion de inmundicia y suziedad carnal: y tambien de la demasia en el beuer".[51]

[47] *Adiciones*, Gula. Para entender el significado de "salir de juicio", véase el cap. 2 de este trabajo, "El tomismo, la sobriedad y el justo medio".

[48] Ibid.

[49] *Suma teológica*, 2-2 q. 150, a. 2.

[50] *Adiciones*, "Doctrina moral cerca de la disciplina que el cristiano deue tener en sus costumbres en quanto al cuerpo y al ánima".

[51] Ibid., "Las cosas que a los padres obligan [...]". Santo Tomás advertía contra el uso del vino que provoca a la concupiscencia y cita a San Pablo: "No os embriaguéis con vino, que lleva a la lujuria". *Suma teológica* 2-2 q. 147, a. 8; Dice San Gregorio: "Cuando la gula sacia al estómago, la lujuria corroe las virtudes". Cit. por Santo Tomás, *Suma Teológica* 2-2 q. 148, a. 2.

En el prólogo de las *Adiciones*, Zumárraga había expresado su voluntad de publicar una doctrina especial para los indios más adelantados que les permitiera profundizar en los problemas de la nueva religión:

> [...] y assi solamente quise enderezar esta doctrina [se refiere a las *Adiciones*] por lo qual va sin prueuas y alegaciones, porque a los simples pretendo enseñar y a las personas humildes sin erudicion, auisar y no arguyr con los presumptuosos ni arrogantes, ni contender con palabras y en pos desta se imprimirá la otra [la *Regla*] para proficientes para dar regla en la vida cristiana a los que van aprovechando.[52]

Un año después, Zumárraga veía realizado su deseo, y en 1547 sacaba a la luz una *Regla Christiana*, obra más ambiciosa y completa que todas las anteriores.

[52] *Adiciones*, prólogo. Cuando los obispos acordaron la redacción de las dos doctrinas, ya estaba lista la *Doctrina Cristiana* de 1546 y por eso se utilizó para los adelantados, pero la que se tenía pensado que fuera la verdadera doctrina para proficientes resultó ser la *Regla Cristiana Breue* que se imprimió el año siguiente (1547).

Fig. 15. Don Antonio de Mendoza aparece con la cruz y la espada, simbolizando las dos fuerzas que hicieron posible la conquista de México: la Iglesia y la Corona. Los frailes llevaron a cabo la conquista espiritual y los soldados tuvieron la responsabilidad de la campaña militar. El primer virrey entró en la ciudad de México el 15 de octubre de 1535 y muy pronto, el 6 de enero de 1536, presidía la ceremonia de fundación del Imperial Colegio de Santa Cruz de Tlatelolco. La fundación "se hizo con mucha autoridad", con una solemne procesión que partió desde el convento de San Francisco y en la cual participaron todas las autoridades religiosas y civiles de la Nueva España.

10. *REGLA CHRISTIANA BREUE, 1547*

COMO RESULTADO de la Junta de Prelados celebrada en la ciudad de México en 1546, se publicaron tres doctrinas: las dos mencionadas en el capítulo anterior y, al año siguiente, en 1547, otra que sería la "larga" o definitiva para los indios proficientes. Se le conoce como *Regla Christiana Breue para ordenar la vida y tiempo del christiano que se quiere saluar y tener su alma dispuesta*. (En lo sucesivo, *Regla*.)[1]

Esta doctrina debe haberse puesto a disposición de los indios más adelantados por un corto tiempo. La preocupación de los prelados era en primer lugar la evangelización de los naturales, y no la de los pocos españoles que ya residían en la Nueva España. Las palabras preliminares de las *Adiciones* indican que los indios eran el centro de interés del obispo; éste menciona las dos doctrinas para indios publicadas en 1546 y añade que, "en pos desta se imprimira la otra de proficientes para dar regla en la vida cristiana a los que van aprouechando".[2] Con estas palabras Zumárraga da a entender que la *Regla* era la doctrina definitiva para los adelantados.

El obispo fue, una vez más, el encargado de redactar el texto y pidió a los otros religiosos ilustrados su colaboración pero, como no recibió la ayuda que esperaba, él terminó por elaborar la *Regla* aprovechando diversos materiales que tuvo a su alcance:

> [...] mas por su humildad [de los doctos religiosos] no se pudo con ellos acabar [*la Regla*]. Y assi en falta de quien se dispusiesse al trabajo de acudir a mi desseo quise ofrecer mi pequeño talento de lo copilar. No lleua nombre del auctor porque sant pablo enseña que todos busquemos la gloria del que sólo es bueno y fuente de todos los bienes nuestro dios; basta que es vn religioso que dessea la salud de las animas.[3]

[1] *Regla Christiana Breue para ordenar la vida y tiempo del christiano que se quiere saluar y tener su alma dispuesta: para que Jesuchristo more en ella*. Impressa por mandato del reuerendissimo Señor don fray Juan Zumárraga primer Obispo de Mexico Del consejo de su Magestad. A quien por la congregacion de los señores obispos fue sometido la copilacion y examen & impression della. Acabose de imprimir en fin del mes de enero del año de 1547.

[2] *Adiciones*, pról.

[3] *Regla*, pp. 271-272.

Ésta es la más extensa y completa de las doctrinas de Zumárraga y, para redactarla, debió consultar las principales fuentes doctrinales, incluyendo las que integraron el discurso sobre la comida y la bebida a lo largo de dieciséis siglos de experiencia. Fray Juan procura dar firmeza a la enseñanza de los adelantados y, al hacerlo, él mismo revela la sólida formación doctrinal que recibió en España antes de venir por primera vez a México, lo mismo que muchas horas dedicadas al estudio y a la reflexión.

Presenta en castellano, textos escogidos de las Sagradas Escrituras y vincula la doctrina del libre albedrío con los conceptos más destacados del humanismo cristiano: el cuerpo místico, la doctrina de la gracia y de las obras, la igualdad de los hombres en Cristo y el valor secundario de las ceremonias externas. Es obvio que dispuso de las obras apropiadas y necesarias, tanto en su acervo personal como en la rica bibilioteca franciscana de Tlatelolco, para elaborar este ambicioso proyecto que, al quedar concluido, resultó ser el tratado de devoción y ascética más completo que se haya escrito y editado en América durante el periodo colonial.[4] Tiene muchos puntos de contacto con la *Doctrina Breue (1543-1544)* erasmiana, con la *Doctrina Cristiana* de 1546 del doctor Constantino y con las *Adiciones.*

¿Hasta dónde es Zumárraga el autor o en qué medida fue sólo el compilador de la *Regla*? José Almoina, Joaquín García Icazbalceta y José Toribio Medina, se inclinan por considerarlo no sólo editor, sino también autor de la *Regla.* Sin embargo, el obispo se limita a tomar y hacer suyo el discurso de la Iglesia recogido en la Escritura y la tradición, sin intentar modificarlo en sus partes sustanciales, puesto que, en asuntos de dogma, la Iglesia no liberaba espacios para expresar criterios personales y se consideraba la depositaria exclusiva de la verdad:

> Las categorías y normas de la Iglesia integraban un sistema de valores que se consideraba como único, eterno y universal, por lo que no dejaba lugar a la más mínima improvisación en cuanto a los conceptos y a las clasificaciones.[5]

Almoina cita dos referencias personales hechas por Zumárraga: una relativa al convento de Abrojo cerca de Valladolid, lugar donde profesó y del que era guardián al ser designado obispo[6] y

[4] Almoina, 1951, pp. XI-XII.
[5] Gruzinski, "Normas cristianas...", 1989, p. 112.
[6] *Regla*, p. 370.

otra respecto a un libro que el obispo encontró y leyó en el convento de San Esteban, en la zona aledaña a Burgos. Concluye diciendo que:

> Con estos datos, creo no se considerará aventurado atribuir, con toda justicia, la paternidad de la *Regla* a Zumárraga que, como decía Icazbalceta, ha sido desgraciado hasta como escritor, ya que a pocos autores de su talla e importancia se ha desconocido más tiempo manteniendo en el olvido sus obras.[7]

En sí, estos testimonios son pobres y escasos; a Zumárraga nunca le pasó por la cabeza la idea de atribuirse la paternidad del contenido de la *Regla* por el simple hecho de hacer algunas reminiscencias a su vida pasada. Pero asumió la responsabilidad y tomó el compromiso de lograr, a partir de un material disponible, un texto comprensivo y ordenado en que la selección y la forma de estructurar los temas, resumían su propia historia social y personal. Algo fundamental de su persona debió quedar en esta obra de madurez.

Aspiraba a poner todo un sistema de valores al alcance de sus fieles haciendo el oficio de comunicador entre los teólogos y los evangelizadores directos. Pensando en su tierra, Zumárraga manifiesta su deseo de hacer de la Colonia una verdadera Nueva España; toma a Castilla como modelo de vida cristiana y explicita una aspiración personal e íntima al manifestar el deseo de que las reglas de vida observadas allá se apliquen aquí. ''Lo que querriamos ver en Mexico es lo que a muchas personas cristianas vimos hazer en Castilla.''[8] Los materiales diversos que el obispo reunió o ''copiló''[9] dentro de las posibilidades reales de selección permitidas y sin alterar el núcleo del discurso, terminaron por ser el resultado de su gusto e intereses personales. Así lo reconoce José Almoina:

> Es la única obra que nos ofrece, en verdad, la ideología religiosa de Zumárraga y su preparación cultural [...] con un resumen de su pensamiento

[7] Cf. Almoina, 1951, pp. X, XIV-XVI; Cf. con García Icazbalceta, 1954, p. 79; J.T. Medina, 1912, I, 35.

[8] *Regla*, p. 86. Luego añade: ''Quando comieredes o beuieredes (dize el apostol) o hizieredes otra qualquier cosa todo sea en alabanza de dios''. *Regla*, 1951, p. 106; Cf. ''Por tanto, ya comáis, ya bebáis o hagáis cualquier otra cosa, hacedlo todo para gloria de Dios.'' *I Cor*. 10, 31.

[9] Véase la nota 3 en este capítulo.

ascético-literario, con cierto embalse final de todo su anhelar apasionado de renovación cristiana, con el postrer testimonio —casi se podría decir, el testamento— de su emoción religiosa.[10]

El obispo seleccionó y combinó textos de probada seriedad y prestigio y los publicó para uso de sus fieles. Por eso se refiere a su "pequeño talento de lo copilar" y en el colofón dice claramente que la *Regla* fue impresa por mandato suyo.

El discurso explícito sobre la gula

La obra comienza con una cuidada exposición de los diez mandamientos de la ley en la que, igual que en la *Doctrina Cristiana* de 1546, no se menciona la embriaguez. Le sigue una amplia relación de los siete pecados mortales, incluyendo, ahora sí, el de la gula.[11]

La filosofía moral expuesta por Zumárraga procede del Antiguo Testamento, los Evangelios, las Epístolas paulinas y los escritos de los padres y doctores de la Iglesia, en particular Casiano, San Agustín y Santo Tomás. Estamos, por lo tanto, ante la exposición más ambiciosa y completa de la norma sobre la bebida embriagante contenida en las doctrinas de fray Juan. Se refiere a las formas de beber, a las posibilidades de control de la embriaguez y al sistema de prohibiciones para efectos de imposición de la norma de templanza. En su conjunto, responde y se apega a una noción lineal del acontecer humano en que la historia se desarrolla a partir de un principio y los acontecimientos no vuelven a repetirse. Desde el origen de la historia, dice Zumárraga, la comida y la bebida han estado asociadas a las apetencias del género humano y han sido ocasión de grandes males: "pues Adam por comer destruyo a si mismo y a todos sus hijos".[12]

Fray Juan hace alusión al hombre que quedó sujeto a la muerte por comer del fruto del árbol prohibido; también a la mala inclinación del hombre a partir de la falta original y a la destrucción del género humano como consecuencia de la misma falta, excepción de Noé y su familia:[13]

[10] Almoina, 1951, pp. IX-X.
[11] *Regla*, pp. 164-175.
[12] Ibid., pp. 164-165.
[13] *Gén*. 3, 1-7; *Gén*. 6, 5-7; *Gén*. 7, 1-24.

Adam por comer destruyo a si mismo y a todos sus hijos. El diluuio tambien vino por esta causa; segun se lee en el *Génesis*, y finalmente después de comer y beber se leuantaron los del pueblo de ysrael a jugar con aquel bezerro abominable.[14]

La historia se inicia con el primer pecado de gula y, a partir de entonces, el hombre se encamina progresivamente hacia su recuperación. Va de la irracionalidad a la racionalidad, de la carne al espíritu. La norma de templanza o "justo medio" es de aplicación universal. Al referirse a la bebida y a la comida, Zumárraga comienza por separar el uso del abuso, y el justo medio del exceso. Lo malo, señala, no es el uso de los mantenimientos corporales, sino su abuso; por eso el hombre debe encontrar la manera de sujetar el cuerpo y no darle más de lo necesario. Lo que debe hacer, es "encontrar el arte muy sutil de servir a Dios sirviendo al cuerpo".[15]

El modelo de templanza considerado óptimo por los monjes ascéticos que huían del mundo y que el tomismo había hecho suyo con algunas variantes, terminó por ser seleccionado para los cristianos contemporáneos de Zumárraga. Vimos cómo, a partir del siglo II d.C., la Iglesia fue negando validez al placer derivado del doble acto de comer y beber. Zumárraga sigue cronológicamente la evolución del discurso. La difusión de la doctrina expuesta por Casiano fue recogida por San Gregorio:

> [...] en cinco maneras nos tienta el vicio de la gula. La primera es cuando previene el tiempo de la necesidad de comer: la segunda cuando no previene el tiempo mas busca los manjares más delicados y curiosos: la tercera cuando procura con mucha diligencia que las cosas que se han de comer sean muy compuestamente aparejadas: la cuarta cuando, aunque se conforma con la cualidad y tiempo razonable de los manjares, excede en la cantidad de los que recibe la medida de lo que templadamente ha menester para su mantenimiento: la quinta es cuando, aunque el manjar deseado es humilde, peca muy peor en el ardor del mucho desear.[16]

Santo Tomás actualiza las normas gregorianas y las cita de manera casi textual resumiendo las cinco manifestaciones de la gula en:

[14] *Regla*, pp. 164 y 165.
[15] Ibid., p. 106.
[16] San Gregorio, *Los Morales o Comentarios sobre el Libro de Job*, libro 30, cap. 18. Almoina utiliza la versión de la Editorial Poblet, Buenos Aires, 1945, en tres tomos. Cit. por Almoina, 1951, p. 165. Yo consulté la edición francesa de 1975.

"comer de prisa, manjar exquisito, excesivo, con voracidad y con exagerada preparación".[17]

Zumárraga no podía desentenderse de la situación de la jerarquía que ese mismo año, 1546, celebraba el Concilio Universal de Trento. En esta junta, el pensamiento y la doctrina de Santo Tomás iban a resultar decisivos para señalar el rumbo futuro de la Iglesia; para mediados del siglo XVI, la escolástica había pasado a ser la corriente teológica más respetada por la Iglesia y los conceptos tomistas sobre la gula eran estudiados, aceptados y divulgados por la Iglesia. Por eso, los cristianos americanos, incluyendo a los indios, recibían las recomendaciones tomistas. Tomando a Santo Tomás, Zumárraga declaró que:

> Cinco maneras ay de gula. La primera es comiendo antes de tiempo. La segunda es buscar manjares muy preciosos y costosos. La tercera es quando los manjares queremos con demasiado estudio guisados. La quarta es excediendo la cantidad y medida quanto a lo necessario. La quinta es comer o beuer aunque sean pobres manjares y en poca cantidad, con un demasiado desseo y arrebatamiento no medio quebrantando el manjar en la boca: a causa del poco reposo en el comer.[18]

Esto significa que el goloso o briago: bebe antes de la hora apropiada, establecida por la costumbre o aceptada por su grupo social; selecciona la bebida más exquisita; procura que le sea presentada de manera atractiva, se comporta de manera extrovertida, habla más de lo prudente y hace el ridículo con sus necias actitudes;[19] bebe más de lo que el buen sentido aconseja; aunque no beba, comete una falta de intención cuando, sin tener acceso a la bebida deseada, está intranquilo, insatisfecho y ansioso por conseguirla.

De estos cinco puntos compartidos por Casiano, San Gregorio, Santo Tomás y Zumárraga, el primero y el último coinciden con una

[17] Santo Tomás, *Suma Teológica*, 2-2 q. 148, a. 4; La gula "nos tienta de cinco formas: nos hace adelantar la hora, exige manjares exquisitos o preparados con excesivo cuidado, traspasa los límites de la templanza en la cantidad y despierta una voracidad sin nombre." Ibid.

[18] *Regla*, p. 165. Desde el siglo v, Casiano decía: "Hay tres géneros de gula. La primera trata de anticipar la hora regular establecida para la refección. La segunda sólo atiende a satisfacer el apetito, importándole poco los manjares, con tal que pueda comer hasta la saciedad. La tercera gusta de los platos exquisitos y suculentos". Casiano, *Instituciones*, p. 205; Cf. con Santo Tomás: *Suma Teológica*, 2-2 q. 148, a. 6.

[19] "De la gula nace la embriaguez, desordenada alegria, demasiado hablar y rudez de entendimiento; nacen finalmente malos desseos y abominables obras." *Regla*, p. 165.

posible definición prehispánica de la embriaguez: beber fuera de la ocasión apropiada y estar ''sin sosiego'' al no poder hacerlo. Los relatos evangélicos, las narraciones de los antiguos mexicanos y los padres de la Iglesia, hubieran estado de acuerdo con el obispo al decir que pecaba ''muy peor'' el que sin justificación de tiempo, lugar o condición, ansiaba la bebida con ardor.[20]

En cambio, selecccionar la bebida más delicada y presentarla en la forma más atractiva, eran actitudes lícitas y bien vistas en el México indígena, aunque no así en el discurso cristiano. Excederse en la cantidad, o sea, ''turbarse'' con la bebida, podría ser o dejar de ser una falta entre los nahuas dependiendo de las personas, del lugar y de las circunstancias.

Los nahuas y los padres de la Iglesia diferían en sus respectivas concepciones del mundo. La comparación entre ambos patrones de conducta podría considerarse no histórica y estaría fuera de lugar de no ser porque, a partir de 1521, los textos de las llamadas ''autoridades'' se encontraron repentina e inesperadamente con los ''libros de pinturas'' de los sacerdotes mexicanos. Los franciscanos tenían en la mente a los doctores cuando dialogaron con los sabios indígenas en 1524 y veinticuatro años después, en 1545 y 1547, las actitudes tradicionales características de ambos grupos frente a la bebida embriagante, seguían aflorando como parte de sus respectivos sistemas de referencias.

Pero también es cierto que, dentro de la tradición cristiana, unificada y coherente en sus postulados básicos, había matices diversos. La percepción de los moralistas frente a la alegría de una buena mesa se había modificado. En las bodas de Canaán, Jesús había escogido el mejor vino en función del placer que era capaz de producir, se había servido en ánforas especiales para destacar la importancia del banquete y es probable que los felices participantes bebieran más de lo aconsejable. En la *Regla*, en cambio, el ejercicio de la caridad —compartir en alegría, disculpando el abuso ocasional— cede ante la disciplina de la renuncia y del control.

Para San Agustín, la gula había sido el menor de los pecados por ser tan cercana la necesidad de comer y de beber para la sustentación

20 Santo Tomás amplía su exposición diciendo que la gula en todas sus formas origina desorden en la concupiscencia y concluye afirmando que ''el goloso se excede en la substancia, en la cantidad, en el modo y en el tiempo''. Santo Tomás, *Suma Teológica*, 2-2 q. 148, a. 4. Comparar con la *Dotrina Breue (1543-1544)* y el texto del *Enchiridion* ''Del ombre interior y exterior''. Cap. IV, pp. 157-164.

de la vida.[21] Lo difícil era encontrar el justo medio usando "sólo lo necesario", pues en ese aflojar y estirar: ¿quién no se dejaba arrastrar un poco más allá de los límites de la necesidad?[22] En la vida diaria y a pesar del modelo ascético de templanza, el hombre seguía abriendo la boca y buscando lo que le agradaba y cerrando los ojos y los oídos a las amonestaciones de la Iglesia. En el siglo XVI se estaba ampliando la brecha entre el discurso que pretendía ser de aplicación general, y la actitud práctica y vivencial de los propios cristianos que simplemente ignoraban las disposiciones teóricas de la Iglesia. En un mundo de escasez, no era fácil que el hombre renunciara voluntariamente al placer eventual de comer o beber bien.

Los franciscanos, ocupados en las cosas del espíritu y dedicados a la conversión de los indios, coincidían gustosos con el discurso agustiniano y no daban mayor importancia a los mantenimientos corporales. Estos frailes "reformados" de estricta observancia vivían en absoluta pobreza y estaban mucho más cerca de la carencia que de la abundancia. Si esa era su práctica de vida, tendría sentido aceptar que la gula, una ocasional plenitud, les pareciera la menor de las faltas. Así también se explicaría que, en los años de evangelización que corresponden a la gestión de Zumárraga como primer obispo de México, las doctrinas en su conjunto hayan exteriorizado poco interés práctico por el tema.

Después de exponer el discurso formal sobre la templanza, incluyendo el de la bebida embriagante, Zumárraga aprovecha la segunda parte del documento para referirse a las normas "silenciosas" o postulados implícitos sobre el mismo tema.

La primera parte de la *Regla* era de aplicación general y obligada y formaba parte del sistema de referencias que debía aceptar la población en general, inclusive la indígena al tomar la nueva religión. Esta, en cambio, somete al individuo a una serie de disciplinas mentales y corporales que no cualquiera puede o quiere aceptar. Se trata de normas que sustituyen la natural aceptación del placer que resulta de la bebida embriagante, por la búsqueda voluntaria del "desplacer" y el dolor. Gruzinski llama a este género de normas, "normas silenciosas o postulados implícitos"[23] y son especialmente sutiles porque rebasan el ámbito del control externo, fácil de medir, cuantificar y juzgar. De tener éxito, su aplicación debía traducirse en

[21] *Regla*, p. 164; Cf. *Confesiones*, libro décimo, cap. 31.
[22] *Confesiones*, libro décimo, cap. 31.
[23] Gruzinski, 1986, p. 4.

Fig. 16. La fuerza destructiva del vino. El joven Dionisios pisa un libro que hace referencia al capítulo tercero del primer libro de Esdras (versión apócrifa del Antiguo Testamento). En este texto, un consejero del rey Darío afirma que el vino es la mayor fuerza destructiva del mundo, pues causa la perdición de todos los bebedores. Los objetos tirados alrededor de la figura central representan las dolorosas pérdidas resultantes de la bebida excesiva: el trabajo honrado (una pala con el mango quebrado); las artes y las ciencias (un compás inservible); la riqueza (una talega abierta con monedas tiradas); la amistad (unas manos entrelazadas y cercenadas); el éxito militar (una espada de mando abandonada y sin brazo firme que la empuñe). La actitud irresponsable del bebedor lo inclina a derramar y desperdiciar casi todo el vino que, bien aprovechado, podría ser elixir de vida.

una actitud personal hacia la bebida que acababa siendo la negación del gozo, placer o alegría que, en principio, el vino, el pulque o demás bebidas embriagantes, debían proporcionar al bebedor.

En el *Enchiridion*, Erasmo explicaba cómo el caballero cristiano tomaba las armas, o sea la doctrina de Cristo, para luchar contra sus enemigos y lo que debía hacer en la vida para salir vencedor. Debía revestirse con el escudo de las adversidades y asperezas para ganar la batalla contra la sensualidad y los deleites carnales.[24] Esta

[24] Véase Almoina, 1951, p. XLIV.

batalla es el eje de las normas implícitas a las que haré referencia. Erasmo había aceptado la necesidad imperiosa de luchar contra los placeres sensuales desordenados que rompen el justo medio. Una vez identificado el vicio o exceso, insistió en la importancia de armonizar la carne y el espíritu, que son los dos elementos antagónicos que dan a la actividad humana coherencia y unidad.[25] Veremos ahora cómo, ganando la batalla, se perdió el balance que se buscaba encontrar.

La negación del placer

Los religiosos observantes seguían una doble estrategia; primero en el desarraigo de los vicios y después en la práctica de las virtudes. Para lograr lo primero, seguían las normas explícitas que se anclaban en la razón y obligaban a todos los hombres. Dar el siguiente paso significaba la aceptación de normas "silenciosas" y antiintelectuales. Veamos cómo sucedía esto.

De acuerdo con la tradición iniciada por los llamados "monjes del desierto", los seguidores de esta espiritualidad, comenzando por Casiano e incluyendo a Osuna y Zumárraga, no permitían que nada escapara a esta estrategia totalizadora. Las diversas modalidades de la penitencia exterior debían alcanzar todos los aspectos de la vida diaria: la comida, la bebida, el trabajo manual y aun el sueño y se completaban con la oración mental y vocal, la abstinencia, la mortificación corporal y la lectura y meditación de la Biblia. No se trataba ya, como lo hacía la teología, de constituir un conjunto particular y coherente de enunciados organizados según criterios de "verdad",[26] sino de trascender el campo de la inteligencia, para vivir una experiencia mística en que el hombre no comía o bebía para dar gusto al cuerpo, sino que "comulgaba" directamente con Dios. Esto nos lleva a fray Francisco de Osuna, un franciscano de apasionada espiritualidad que sin duda debió tener contacto con la corriente sevillana de los llamados "iluminados" o místicos españoles más radicales. Nació en 1497 y se formó como teólogo en la universidad de Alcalá de Henares. Se trata de uno de los autores ascéticos más distinguidos en la literatura castellana del

[25] "De las dos partes que ay en el ombre, ánima y cuerpo, que llamamos ombre interior y ombre exterior [...]." *Enchiridion*, p. 106.

[26] Certeau, "Los místicos...", p. 14.

siglo XVI, cuyo *Tercer Abecedario* es casi seguro que Zumárraga leyese.[27]

A diferencia de las palabras de Erasmo y Constantino que pasaron textualmente a las otras doctrinas de Zumárraga, el texto de Osuna fue modificado y los reflejos de este libro trascendental no aparecen a primera vista en la *Regla*; hay que detenerse en los documentos y revisar los textos para encontrarlos. José Almoina hizo este cotejo y, a su parecer, buena parte del texto sobre la gula y su virtud contraria, coinciden en sustancia con el contenido del *Tercer Abecedario*.[28]

En el *Tercer Abecedario* encontramos otra vez ese viejo anhelo por alcanzar lo que los ascetas calificaron de armonía entre las necesidades del cuerpo y las aspiraciones del espíritu: que al comer, "siempre te lleve la necesidad y la razón, y no la gula ni el apetito", consejo que los amantes de la buena vida, no podían ni querían aceptar.[29]

Bajo la sombra de Osuna, la templanza alcanza una dimensión de exigencia renovada y nunca satisfecha. Zumárraga pide a los cristianos, se sobreentiende que se dirige a los "avanzados", que recorran un camino de creciente renuncia al equilibrio o balance en el comer y beber que, hasta ese momento, habían sido sinónimo de virtud. Parte del "justo medio" con el propósito de motivar a los fieles a llevar ayuda y comprensión a los menos favorecidos y termina por renunciar al placer sensible que, aun en circunstancias y lugares apropiados, resulta de comer y beber. "[...] su comer y beuer seria mas del cielo que dela tierra."[30] Llega finalmente al dominio o autocontrol de los impulsos sensuales, a "[...] curar el alma, quitando las fuerzas y passiones a la bestia deste cuerpo".[31]

A diferencia de la discreta tolerancia hacia la debilidad humana que puede percibirse en la primera parte de la *Regla*, Osuna, y con

27 Almoina, 1951, p.xxxiv.

28 Cap. 3 del tratado quince de dicha obra. En Almoina, 1951, pp. XXXIV-XXXVII. Yo utilicé la edición crítica del *Tercer Abecedario*, publicada en Madrid por Melquiades Andrés en el año 1972.

29 Ibid.

30 *Regla*, p. 169.

31 Ibid. pp. 174-175. Los agustinos también asociaban la comida corporal con el alimento del espíritu: "Luego que os poneys a la mesa para comer, hasta que os leuantays, aquello que se os está leyendo, lo aueys de oyr atentamente, y sin ruydo, estando muy quietos; de tal manera, que no solamente comays la comida corporal, sino juntamente coma el corazon la comida espiritual, para que assi no quede el cuerpo harto y el alma hambrienta." Véase *Regla del Buenauenturado Padre S. Agustín*, Madrid, Juan de la Cuesta, 1612. fol. 4 v. En *Regla*, pp. 166-167.

él Zumárraga, manifiestan ahora una abierta hostilidad hacia los placeres que normalmente complementan la acción de comer y beber. Aquí, la gula no consiste sólo en excederse, sino que el peso específico de la falta se translada a la actitud o "afección" con que se lleva a cabo la acción. Afectar es "apetecer o procurar alguna cosa con ansia y ahínco".[32] Resulta que el vicio de la embriaguez no está sólo en la manera práctica desordenada de beber, sino en la actitud dependiente del hombre o de la mujer hacia la bebida. Zumárraga da así un paso definitivo al ir más allá de las normas de conducta y pasar al terreno interno de las motivaciones. De la práctica del "hacer", pasó a las razones de "ser".[33]

Vimos anteriormente que una posible distinción entre alcoholismo y borrachera podía hacerse a partir no sólo de la cantidad y frecuencia con que se ingería la bebida embriagante, sino del ansia o necesidad con que bebía la persona; esto es, del grado de dependencia que le provocaba la bebida. De ser así, el siguiente párrafo tendría relación, no con el borracho que puede estar eventualmente "ahogado", pero sin tener el hábito de la bebida, sino con el alcohólico que tiene la dependencia. Osuna especifica que el hombre debe "matar primero el deseo de comer; porque la gula más consiste en la afección que no en la operación".[34]

El autodominio y la superación de los sentidos no debían ser exclusivos de los religiosos; la renuncia a los placeres debía hacerse extensiva a "los negligentes cristianos" que no cumplían con el precepto del ayuno ni daban ejemplo a sus siervos y que se ocupaban en darle gusto al cuerpo y en "regalarle", cuando "la ley euangélica tiene por fin de curar el alma, quitando las fuerzas y passiones a la bestia deste cuerpo".[35] San Bernardo ya había expuesto exhaustivamente los términos de esta renuncia totalizante que no conoce tregua y que doblega la voluntad:

> Si os despojáis de vuestra propia voluntad, si renunciáis perfectamente a los placeres del cuerpo, si crucificáis vuestra carne con sus vicios y concupiscen-

[32] Cobarruvias (1611).
[33] Gruzinski.
[34] En la misma forma, resulta que el ayuno, si no va respaldado por una actitud interior, carece de méritos y puede llegar a ser perjudicial para el trabajo espiritual al hacer "que la cabeza no tenga fuerza para orar". Por eso, si en algo se excede el hombre en el comer, con añadir algún trabajo en las cosas de la virtud ganará por un lado lo que pensaba haber perdido por otro. Osuna, 1972, trat. XV, cap. 3.
[35] *Regla*, pp. 174-175.

cias, si mortificáis vuestros miembros durante vuestra permanencia en la tierra, os mostraréis imitadores de Pablo, no apreciando más la vida material que la espiritual [...] ¿Qué decís a esto los que andáis observando la calidad de los manjares y despreciendo la pureza de las costumbres? Hipócrates y sus secuaces enseñan a salvar la vida de este mundo; Jesucristo y sus discípulos a perderla.[36]

En este caso, la acción material de comer y beber pasa a un segundo plano y se privilegia la renuncia voluntaria, consciente y, de ser posible, total a los placeres sensibles. Así se altera el delicado equilibrio o balance entre cuerpo y alma, necesidades materiales y espirituales que tradicionalmente la cultura judeo-cristiana identificaba con la virtud de la templanza y se llega al extremo de recomendar que, al comer: "[...] no tomes sabor en lo que comes; y esto no ha de ser por enfermedad, sino porque, gustado el espíritu, es desabrida toda carne".[37]

El repudio a la "sensualidad" de la mesa tenía un importante matiz negativo que escapaba a la atención y al interés de Osuna y sus seguidores: dificultaba la comunicación, el entendimiento y la tolerancia que habían sido parte integral de la mesa evangélica. Si de acuerdo con estos supuestos, las diferencias se atenuaban y las distancias se acortaban, al invertir el orden y usar la mesa para desprenderse de los sentidos, el hombre renunciaba —tal vez sin buscarlo— a comunicarse y a sociabilizar usando el gusto como vehículo.

La embriaguez como éxtasis

Veremos ahora otro aspecto de ese distanciamiento entre cuerpo y espíritu que hizo posible el triunfo inesperado de aquello que la Iglesia había censurado previamente: la embriaguez como éxtasis y como arrebato, prescindiendo de la razón.

Zumárraga pide al lector que, al tiempo de disponerse para comer, contemple con la imaginación dos mesas en las que, como veremos, está más presente que nunca el carácter sagrado del alimento y de la bebida. Está ausente, en cambio, el sentido festivo y alegre de los banquetes bíblicos y de la celebración evangélica. Una es la mesa del

[36] San Bernardo, *Sermones in Cantica*, xxx, 10-11. Cit. por Almoina, 1951, p. 174.
[37] Osuna, 1972, trat. xv, cap. 3.

Cenáculo en Jerusalén en la que Jesús, "con reposo, grauedad y templança esta comiendo con sus amados apostoles [...] de manera que muerto el apetito desordenado de la gula acaece comiendo no saber si comen".[38]

La segunda mesa a la que se refiere Zumárraga está en el Monte Calvario y el cristiano debe tenerla presente como modelo a seguir "cuando come o cena". Es la mesa del dolor, la soledad, la renuncia y, en última instancia, el altar de la muerte a los placeres mundanos. San Francisco también había dejado noticia de su participación en una mesa semejante cuando invitó a la Hermana Pobreza al banquete de la escasez, la austeridad y la renuncia.[39] También en este caso, los protagonistas del drama comieron a la mesa:

> [...] no otros manjares sino hiel; ni otro precioso vino sino vinagre [...] a la qual deuemos nosotros imitar para menospreciar delicados manjares y dulces comeres y beueres.[40]

Zumárraga confiere al acto de sentarse a la mesa el significado de una realización mística. Una vez desterrado el deseo, "el comer y beuer seria mas del cielo que de la tierra".[41] El párrafo concluye con una exhortación apasionada en la que el autor de la *Regla* pide que, "se escriua en mis entrañas aquesta amarga comida y angustiada mesa, que ningun oluido baste para borrar tan excelente escriptura".[42] No se encuentran conceptos semejantes en ninguna de las otras siete doctrinas.

Este texto, con fuertes reminiscencias de Osuna, heredadas a la vez de la espiritualidad extrema que caracterizó al franciscanismo original, es la negación de los elementos del placer sensible usuales en una mesa desacralizada, o sea, profana o secular. Es, en cambio, la mesa del éxtasis, del encuentro místico que se logra cuando el hombre se ha liberado de los obstáculos de la razón y está en posibilidad de alcanzar

[38] *Regla*, p. 166.

[39] Véase en el cap. 4 de este trabajo, el relato resumido del "Banquete de la Pobreza con los hermanos"; Cf. *San Francisco de Asís*, 1985, p. 931.

[40] *Regla*, p. 167.

[41] Ibid., p. 169.

[42] Ibid., p. 169; Cf. con el *Salmo* 68 (69), 22: "Veneno me han dado por comida, en mi sed me han abrevado con vinagre. Que su mesa ante ellos se convierta en un lazo, y su abundancia en una trampa". Más que una lamentación, este salmo es una confiada súplica a Dios, "porque Yahveh escucha a los pobres, no desprecia a los cautivos". *Salmo* 68 (69), 34.

a Dios mediante la intuición. Cuando el hombre logra el grado supremo de piedad personal, pasan a segundo lugar las prácticas obligatorias y las devociones que son formas exteriorizadas, y con frecuencia colectivas, de la religión.[43] No debe soslayarse un tercer elemento: el carácter individual, incomunicable —no susceptible de ser narrado o explicado racionalmente— de esta experiencia.

El Quinto Documento de la *Regla* trata de la comunión. El texto es propicio para insistir en el significado que tenía el vino para la Iglesia y relacionarlo con la actitud exaltada que manifestó Zumárraga en esta doctrina. No se trata ahora de la bebida mundana que emborracha, sino de la bebida religiosa que, tomada en "la mesa celestial", llega a embriagar, o sea a enajenar y a transportar el alma, al punto de que el gozo se manifiesta en llanto. Jesús "combida a los amigos a que coman y a los muy amados a que se embriaguen [...] beue y embriagarse el muy amado quando con gran heruor y lagrimas comulga".[44] La sangre de Cristo tiene la virtud de provocar una embriaguez mística. Dice Zumárraga que:

> [...] la sangre preciosa es vino con leche, vino porque saca de si a las animas que lo beuen no se acordando sino de dios; y es leche por que su pureza purifica el corazón.[45]

La referencia al poder del vino permite despejar dudas; es la bebida que "saca de sí", que provoca el autoabandono y la pérdida de control.[46] ¿Por qué esta embriaguez mística era deseada, buscada, anhelada por los cristianos, especialmente por los seguidores de Erasmo que fueron acusados de "iluminados"? En su connotación mundana y material, la pérdida de la razón era rechazada porque, al desdeñar la primacía de la inteligencia, el hombre perdía a Dios. Aquí se aceptaba porque, al perderse a sí mismo por completo, al abandonarse por amor y no por una búsqueda de placer sensible, el hombre se encontraba con Dios. Ésta, que es la experiencia total para el místico, resultó ser, al mismo tiempo, la justificación para condenar la borrachera. Ambos grupos, el de los místicos y el de los borrachos se embriagan, pero los primeros reciben la aprobación

43 François Lebrun, "Las reformas: devociones comunitarias y piedad personal". En Ariès III, 1989, p. 101.

44 *Regla*, p. 236.

45 Ibid., p. 232.

46 Ibid.

de la Iglesia, al tiempo que los segundos son condenados por la misma.[47]

Cuando los naturales fueron bautizados pasada la conquista, cambiaron formalmente de religión, pero su "mentalidad" no se modificó de la noche a la mañana. Al emborracharse con sus bebidas tradicionales ¿no estaba presente en los indios bautizados, aunque todavía no cristianizados, ese deseo de alcanzar la "experiencia religiosa total", ese abandono y arrebato que ya habían vivido en sus ceremonias religiosas?

Para resumir, la *Regla* incluye una exposición completa del discurso sobre el vicio de la gula y la virtud de la templanza y señala los peligros del uso abusivo de la bebida embriagante sin distinguir a los bebedores indígenas de los europeos, ni el pulque del vino de uva.

¿Qué consecuencias prácticas pudo haber tenido la difusión de las doctrinas humanistas? ¿En qué forma influyeron en las relaciones entre los religiosos y sus filigreses indígenas? La universalidad del compromiso de vida expresado primero por Constantino en Sevilla y avalado después por Zumárraga en la Nueva España, debía reducir los márgenes de separación entre españoles e indios. Ni la flaqueza de la memoria ni las diferencias de conocimiento tenían verdadera importancia para la práctica de la vida cristiana, pues todos los hombres participaban de la misma dignidad.

Ese fue su mérito y ese fue el peligro. Al penetrar en el discurso, era natural que los indios —me refiero sobre todo al selecto grupo escogido en función de su origen social o de su capacidad personal— comenzaran a cuestionar, reflexionar y comparar. Comprender era el paso previo para optar o decidir libremente. Decidir podía significar tanto aceptación como rechazo. ¿Podía el clero tomar ese riesgo en vísperas de la contrarreforma?

Las doctrinas "humanistas" encontraron cada día más oposición en grupos pertenecientes a la misma Iglesia y algo similar sucedió con el Colegio de Santa Cruz.

[47] Véase el caso de fray Martín de Valencia cuando, "como hombre loco y fuera de juicio, comenzó a dar voces". Mendieta, libro quinto, cap. 4; tercera parte, cap. 2; "Vida de fray Martín de Valencia", en Oroz, *Relación de la descripción de la Provincia del Santo Evangelio* (1585), cap. 4, p. 143.

CUARTA PARTE

ZUMÁRRAGA Y LAS DOCTRINAS "INDÍGENAS"

11. SE MODIFICA EL PROYECTO ORIGINAL DE SANTA CRUZ

"Y ASÍ ESTE colegio y el enseñar latín a los indios, siempre tuvo sus contradicciónes";[1] escribió Mendieta a propósito de las dificultades por las que atravesó el Colegio en los años siguientes a su éxito inicial.

Si tanto, tan bien y tan pronto pudieron aprender los jóvenes indios, era de esperarse que el Colegio prosperara, pero pasó lo contrario; su éxito inicial resultó en dificultades posteriores. Después de 1540, comenzó a debilitarse la esperanza mostrada pocos años antes por Fuenleal, Mendoza y Zumárraga en lo que respecta a los resultados positivos del primer modelo de evangelización planteado aquí.

La divulgación de tan variados conocimientos entre una minoría indígena en la Nueva España, durante los mismos años en que Europa se resquebrajaba con la reforma protestante, posiblemente haya sellado la suerte del Colegio. Si allá había problemas serios porque, al intentar saberlo todo, los espíritus curiosos ya no creían en nada,[2] lo mismo —pueden haber pensado los frailes— llegaría a suceder aquí.

Relata Jerónimo López, el mismo que reconocía la habilidad de los indios para aprender, que un clérigo con quien conversó había dialogado con un grupo de estudiantes de Tlatelolco y que le hayan hecho preguntas acerca de las sagradas escrituras y de la fe. Esto no es de extrañar si imaginamos la curiosidad, el interés y las dudas que los nuevos conocimientos despertarían en alumnos que, por la forma en que eran seleccionados, eran más inquisitivos que el promedio de los niños indígenas. Después de esta plática,

> [...] salió admirado y tapados los oídos, y dijo que aquél era el infierno, y los que estaban en él, discípulos de Satanás. Esto me parece que no lleva ya remedio, sino cesar con lo hecho hasta aquí y poner silencio en el porvenir; si no, esta tierra se volverá la cueva de las Sibilas, y todos los naturales de ella, espíritus que lean las ciencias.[3]

[1] Mendieta, libro cuarto, cap. 15.

[2] Véase *Diálogo llamado Cadena de Oro*, en el cap. 12 de este trabajo, nota 2.

[3] Jerónimo López. En Cuevas, 1928, I, p. 389.

Fig. 17. Las delicias del vino. Este próspero burgués bebe "a dos manos" y selecciona las copas de su preferencia entre cinco diferentes modelos. Sentado en una pérgola y absorto en el solitario placer de beber, no parece necesitar ninguna compañía. Con la mirada perdida, se abstrae del mundo exterior y, al mismo tiempo, pisa con firmeza un libro indicando su desdén por la cultura. Ha renunciado a la virtud de la templanza (pueden verse varias copas para un solo bebedor); al buen uso del tiempo (el reloj de arena); a la tranquilidad que dan los ahorros (bolsa con monedas); y a la seguridad de un cerrojo en la puerta de su casa (candado).

Jerónimo López no creía precisamente que los indios fueran menos dotados que los españoles; no pedía que dejasen de estudiar por carecer de talento para aprender, sino porque la habilidad e inteligencia que mostraban tener, podía resultar contraproducente. Los indios que se habían beneficiado con una formación más esmerada daban pruebas de tener capacidad polémica y es obvio que las autoridades no encontraban fácil entrar en controversia con ellos. Le preocupaba la posible falta de aceptación de los jóvenes estudiantes porque, si entendían lo que se les enseñaba pero no creían en los principios de fe que fundamentan la vida cristiana, iban a cuestionar todo el proceso de evangelización. Reprochaba a los frailes partidarios de la apertura educativa, el haberse extendido en la enseñanza de los indios:

> Fue gran yerro de los frailes predicarles [a los indios] todos los artículos de la fe y aclarárselos [...] el indio por agora no tiene necesidad sino de saber el Pater noster y el Ave María, Credo y Salve, y Mandamientos y no más: y esto simplemente, sin aclaraciones, ni glosas, ni exposiciones de doctores, ni saber ni distinguir la Trinidad, Padre, Hijo y Espíritu Santo, ni los atributos de cada uno, pues no tienen fe para lo creer.[4]

Otras objeciones al proyecto de Santa Cruz se debieron, triste es decirlo, a un sentimiento de inseguridad personal de las autoridades menores, al temor de que los indios advirtieran las limitaciones de quienes debían ser sus maestros espirituales, sobre todo entre los miembros del incipiente clero secular. Si consideramos que, en efecto, en el siglo XVI la inmensa mayoría de la población europea era ignorante, supersticiosa y analfabeta, ¿por qué los españoles que venían a América habían de ser diferentes? A propósito de este tema, cuenta Mendieta que un clérigo, en este caso torpe y mal preparado, porque de todo había en la ciudad de México, tenía siniestra opinión de los indios, no entendía palabra de latín y no podía creer que los indios supieran la doctrina cristiana, ni aun el *Pater noster*, aunque algunos españoles le decían y afirmaban que así era.[5] Este clérigo entró en discusión con un colegial, pero el joven indio le resultó "latino" y además, polémico, por lo que terminó refutando al clérigo por su desconocimiento de las declinaciones en latín y, más grave todavía, lo dejó confuso y humillado.

[4] Carta de Jerónimo López al emperador, apud. *Colección de Documentos para la Historia de México*, tomo II, 149. En *Códice Franciscano*, 1889, p. 300.

[5] Mendieta, libro cuarto, cap. 15.

Mendieta relata este episodio y concluye diciendo que por ser el clérigo ignorante, "no quiera que los otros también lo sean".[6] El problema era real, pues, en efecto, la ignorancia entre los clérigos era más común de lo deseable. En capítulos anteriores vimos que los llegados de España en la primera mitad del siglo XVI, eran con frecuencia ineptos y hasta mal intencionados.[7] En 1544, año de la publicación de las tres primeras doctrinas, don Antonio de Mendoza, uno de los gobernantes mas hábiles y prudentes que tuvo la Nueva España, informaba, seguramente muy a su pesar, del triste y pobre papel que desempeñaban los clérigos entre los indios:

> [...] los clérigos que vienen a estas partes son ruines y todos se fundan sobre interés; y si no fuese por lo que S. M. tiene mandado y por el bautizar, por lo demás estarían mejor los indios sin ellos. Esto es en general, porque en particular algunos buenos clérigos hay.[8]

Este comentario no pudo haber sido hecho a la ligera, sobre todo recordando que entre las instrucciones que trajo don Antonio a su venida, estaba "reverenciar a los sacerdotes", pero también dar "castigo a los clérigos revoltosos" y no permitir "que los frailes que hubieran dejado los hábitos permanecieran en la Nueva España".[9]

Como la Corona mostraba preocupación por estas deficiencias, la presión de los clérigos mal preparados para no llegar a ser señalados públicamente —y menos por jóvenes estudiantes indios— tiene que haber sido fuerte. Los no muy letrados o mejor dicho, poco latinos, temieron que en sus misas y oficios de la iglesia, los indios notasen sus faltas. En estos casos el latín era la clave para tener acceso al conocimiento y sólo el que conocía la lengua estaba en posibilidad de descifrar el misterio oculto en los libros o podía caer en la cuenta de que un sacerdote decía disparates al predicar cuando, por lucirse, pronunciaba misteriosas palabras en esa lengua.

Comenzó a decirse que en nada ayudaba al buen funcionamiento de los pueblos de indios, a los que Mendieta llama "repúblicas",[10]

[6] Ibid.

[7] Véase Cuevas, 1928, II, cap. 6.

[8] Memorial que dejó D. Antonio a D. Luis de Velasco. Instrucción del 20 de junio de 1544. *Instrucciones y memorias de los virreyes novohispanos*, 1991, I, 99.

[9] Rivera, 1873, I, 8.

[10] *Repúblicas*. Nombre que se da a algunos pueblos. "Fundó cada Apóstol su Iglesia, como queda declarado, formando una perfecta República." Cit. por fray Juan de la Puente, "Conveniencia de las dos Monarchías". *Diccionario de Autoridades*, 1737.

el hecho de que los indios supieran latín, a pesar de que eran éstos quienes podían ayudar —mejor que ningún español como lo había dicho Rodrigo de Albornoz en su momento— a traducir a lenguas indígenas las doctrinas y tratados escritos en latín o español necesarios para enseñar a los naturales. Mendieta todavía intentó justificarlos cuando expresó que por su "misma suficiencia han sido elegidos por jueces y gobernadores en la república, y lo han hecho mejor que otros, como hombres que leen y saben y entienden".[11]

Los colegiales de Santa Cruz que llegaron a hablar buen castellano podían no sólo leer los textos españoles, sino dialogar y discutir con cualquier español sin sentirse en desventaja por razón del idioma. Ya en posesión de las herramientas intelectuales, hubieran logrado, en su momento, presentar su caso, el caso de la vieja cultura, en forma más favorable a sus propios intereses.

Mendieta vio con pesar la falta de visión de algunos de sus compatriotas, quienes, para hacerse notar ante sus superiores, por envidia ante el talento natural de unos cuantos indios que comenzaban a sobresalir, o simplemente atemorizados ante la incertidumbre de los resultados, consiguieron quitar viabilidad al proyecto. Tomaba cuerpo entre los religiosos una idea que iba a tener creciente aceptación en los años siguientes; la creencia en la actitud introvertida y sumisa del indígena. Cuando se criticó a los alumnos de Santa Cruz diciendo que por saber latín podían caer en "herejías y errores", Mendieta respondió: "yo no sé con qué fundamento podían juzgar esto de los indios, más que de los españoles o de otros de otras naciones, sino menos, por ser, como son, más encogidos y subjetos que otros".[12]

En *La educación como conquista*, Kobayashi señala una serie de razones complementarias a las ya expresadas: la falta de generosidad de la Corona al dejar de proveer al colegio con medios económicos suficientes; la entrega prematura y precipitada de la administración del colegio en manos de antiguos alumnos que resultaron incompetentes para sus nuevos cargos; la falta de autonomía económica de los franciscanos quienes, por su voto de pobreza, dependían de la buena voluntad de la Corona para obtener los fondos y dar al colegio una "base económica duradera"; las exigencias del reclutamiento

[11] Mendieta, libro cuarto, cap. 15.

[12] Ibid. Véase también segunda parte, cap. 4. La gente es naturalmente, "temerosa y muy encojida".

de los alumnos (ser hijos de indios nobles o principales) que dejaron fuera a muchos candidatos "con verdaderas cualidades y vocación"; sucesivas epidemias e inundaciones que azotaron al colegio "segando su mies antes de tiempo o inhabilitando su edificio" y otras más.[13]

El mismo Zumárraga que había sido al principio el gran benefactor del colegio y lo había dotado con las rentas de dos casas suyas —igual que el virrey de Mendoza lo hizo con ciertas estancias y haciendas de su propiedad— escribió sorpresivamente una carta al Emperador para retirar ese subsidio. Esto sucedió en fecha temprana, a principios de 1540:

> [...] parece, aun a los mismos religiosos que estarán mejor empleados en el hospital, que en el Colegio de Santiago, que no sabemos lo que durará [...] Y si V. M. fuere servido de me lo conceder que las mismas dos casas de que hizo merced a los estudiantes del colegio sean para este hospital e yo las pienso acabar aunque deba mendigar, como solía en mi orden.[14]

Con el sucesor del virrey Mendoza, don Luis de Velasco (1550-1564), el Colegio ya tuvo serias dificultades para sostenerse:

> Mas después que él murió ninguna cosa se les ha dado, ni ningún favor se les ha mostrado, antes por lo contrario, se ha sentido disfavor en algunos que después acá han gobernado y aun deseo de quererles quitar lo poco que tenían, y el beneficio que se hace a los indios aplicarlo a los españoles, porque parece tienen por mal empleado todo el bien que se hace a los indios, y por tiempo perdido el que con ellos se gasta.[15]

La institución que en 1536 había nacido como un posible núcleo de altos estudios para indígenas, bajo la protección del emperador y con el propósito de dar a los alumnos una formación cristiana desde sus fuentes doctrinales, se había convertido al finalizar el siglo en poco más que un colegio para enseñar a los niños indios que allí se juntaban a leer, a escribir y a aprender buenas costumbres.[16]

A pesar de los tiempos difíciles, siguió siendo un buen centro de estudios de lenguas indígenas y allí se formó un magnífico equipo de traductores. El intento más valioso que se llevó a cabo en este

[13] Kobayashi, 1985, p. 275.
[14] Carta de fray Juan de Zumárraga al emperador. México, 17 de abril de 1540. En Cuevas, 1928, I, p. 390.
[15] Mendieta, libro cuarto, cap. 15.
[16] Ibid.

sentido, fue el de Sahagún cuando reunió a los viejos sabios y logró a través de varios intérpretes —todos ex-alumnos de Tlatelolco— un relato que resultó para nosotros la versión más rica, completa y múltiple del mundo mexica. Pero había cesado el impulso optimista que acompañó la fundación de Santa Cruz; faltos de una motivación suficiente y cargados de trabajo, los religiosos perdieron interés en el colegio y no les quedó tiempo "para pensar en aprovechamiento de ciencias ni de cosa del espíritu".[17] Fueron también los años en que, uno a uno, viejos, cansados y posiblemente desencantados al descubrir poco a poco que las tierras nuevas no eran la utopía que se pensó en un principio, murieron los religiosos que habían llegado muy jóvenes acompañando a los conquistadores y encomenderos.

El espíritu original y creador de los primeros religiosos que todavía habían logrado percibir los destellos del viejo mundo indígena y conocer directamente a sus guías y sabios, fue perdiéndose en el pasado. Al igual que Mendieta, Sahagún comprendió con pesar que todo un modo de vida estaba en proceso de desaparición. Se trataba de llevar a la práctica un proceso de aculturación que en forma simultánea implicaba la desculturización del mismo indio al que se pretendía favorecer. ¿Qué iba a ofrecérsele a cambio de lo que iba a perder?

La incertidumbre de la respuesta preocupaba sin duda a Sahagún cuando, en el prólogo de la *Historia general de las cosas de la Nueva España*, reconocía que le habían caído a los indios mil calamidades por causa de los españoles:

> Fueron tan atropellados y destruidos ellos y todas sus cosas, que ninguna aparentia les quedó de lo que eran antes. Ansí están tenidos por bárbaros y por gente de baxísimo quilate, como según verdad en las cosas de politía echan el pie delante a muchas otras naciones que tienen gran presuntión de políticos, sacando fuera algunas tiranía que su manera de regir contenía.[18]

Sahagún, que conocía a los indios tal vez mejor que nadie en su momento, aceptaba que en el pasado eran gente de orden y "politía" (policía) y asociaba este término con "política". En el siglo XVI, la unión de ambos términos significaba "la ciencia y modo de gobernar

[17] Ibid. Siguiendo esta línea de ideas, Kobayashi señala como una de las causas de la decadencia del colegio, "el enfriamiento del celo apostólico de los primeros tiempos". Kobayashi, 1985, p. 275.

[18] Sahagún, 1982, prólogo.

la ciudad y república''.[19] Comprendía también que habían sido derrotados por hombres valientes y crueles, esto es, por los españoles, a los que Sahagún, citando a Jeremías, compara con los ''hombres del norte'' que habían descendido sobre Judá:

> [...] una gente muy de lexos, gente muy robusta y esforzada, gente muy antigua y diestra en el pelear, gente cuyo lenguaje no entenderás ni jamás oíste su manera de hablar, toda gente fuerte y animosa, codiciosísima de matar.[20]

Sahagún también esperaba que en el futuro se conociera y valorara a los indios en lo que realmente eran: ''Aprovechará mucho toda esta obra [la *Historia general de las cosas de la Nueva España*] para conocer el quilate desta gente mexicana, el cual aún no se ha conocido [...].''[21] Adelante venía una generación de españoles que ya no tuvo la alegría, el entusiasmo ni la voluntad para tomar el riesgo de continuar con el proyecto original de Santa Cruz. ''Los ministros de la Iglesia [quedaron] desmayados, y el fervor y calor muerto, y así se ha ido todo cayendo.''[22] Todo sumado, una mezcla de envidias y pasiones, desconfianza e impaciencia, carencias económicas e incomprensiones humanas dio muerte lenta a este proyecto que, a pesar de todas las limitaciones y deficiencias que se le quieran atribuir, pudo haber modificado en forma positiva la relación entre las dos razas y contribuir de manera favorable a la temprana formación de un México mestizo.

LA EMBRIAGUEZ, OBSTÁCULO A LA ORDENACIÓN DE UN CLERO INDÍGENA

La consecuencia práctica del establecimiento de una sola Iglesia debería haber sido un mismo clero para las dos razas, ambos con derechos y con reponsabilidades equivalentes pero, como veremos a continuación, esto no fue posible.

[19] Cobarruvias (1611).

[20] Sahagún, 1982, prólogo. Sahagún toma este párrafo de *Jeremías* (siglo VII a.C.), profeta a quien había tocado vivir el trágico periodo en que se preparó y consumó la ruina del reino de Judá; en *Jeremías* 4, 5, el autor se refiere a las gentes ''que vienen del norte'' para destruir Jerusalén.

[21] Ibid.

[22] Mendieta, libro cuarto, cap. 15; también, Chavero, 1884-1889, vol. I, p. XLIV.

Los argumentos de los dominicos que se opusieron al Colegio de Santa Cruz tenían relación con lo que era su carisma especial, la predicación. En 1544, fray Domingo de Betanzos —el superior de los dominicos que ese mismo año colaboró en la redacción de la *Doctrina* de fray Pedro de Córdova— decía que los indios no debían estudiar porque el fruto de su estudio sería la predicación y "para predicar se requiere que el predicador tenga autoridad en el pueblo y ésta no la hay en estos naturales". Los indios más viciosos, continuaba, no son los "populares", sino éstos que estudian. Son, además, personas de ninguna gravedad y no se diferencian de la gente común ni en el hábito ni en la conversación; "ni su lenguaje es tal ni tan copioso" que puedan darse a entender sin muchas impropiedades que a su vez llevan a grandes errores.[23]

El hecho de que el predicador lograra identificarse con sus fieles y eventualmente se integrara con el pueblo en lo externo y en lo interno, comida y vestido, actitudes y modo de vida, no resultó a su favor. Fray Domingo ni siquiera consideraba a los naturales gente segura en quien se pudiera confiar la predicación del evangelio, "por ser nuevos en la fe e no la tener bien arraigada, lo cual sería causa de que dijesen algunos errores". Resume esta lista de agravios afirmando que los naturales no debían ser ordenados porque en ninguna reputación serían tenidos.[24]

La preocupación mostrada por fray Domingo de Betanzos respecto a la posible actitud negativa de los futuros predicadores egresados de Tlatelolco, tocaba el fondo del problema: la ordenación de un clero indígena trilingüe capaz de entender y traducir náhuatl, latín y castellano. Sería capaz de usar el castellano para comunicarse con el clero español o criollo; de hablar y escribir el latín para viajar al pasado del "otro" —del hombre occidental— y conservaría el náhuatl, su lengua madre, para transmitir a los suyos el mensaje cristiano. Comprender al "otro" y poder al mismo tiempo ser comprendido por él, hubiera sido positivo para ambas partes. Un intento de formar clero indígena, como lo pretendieron los franciscanos en Tlatelolco, no tuvo siquiera visos de posibilidad entre los dominicos, pues no vieron en los indios las cualidades necesarias.[25]

[23] Carta firmada por fray Diego de la Cruz, Provincial y fray Domingo de Betanzos. En Santo Domingo, México, 5 de mayo de 1544. Archivo General de Indias, 60-2-19. En Cuevas, 1928, I, pp. 389-390.

[24] Ibid.

[25] Ulloa, 1977, p. 99.

Pero hasta los franciscanos estaban flaqueando. Sahagún señalaba la poca voluntad de los naturales para acatar las dos disposiciones relativas a la virtud cristiana de la templanza. Se quejaba de que:

> [...] son estas borracheras tan destempladas y tan perjudiciales [...] y aun por este vicio son tenidos por indignos e inhábiles para el sacerdocio, y también porque la continencia o castidad que es necesaria a los sacerdotes, no son hábiles para guardarla, en especial los borrachos.[26]

A pesar de la defensa hecha por Mendieta respecto a la capacidad intelectual del indio, también él acabó dudando de la conveniencia de llevar la educación de los naturales a sus últimas consecuencias, o sea a su eventual ordenación sacerdotal. Consideraba que sería de provecho,

> por saber ellos mejor sus lenguas para les predicar y ministrar en ellas más propia y perfectamente. Y porque el pueblo tomaría y recibiría la doctrina de boca de sus naturales con más voluntad que de los extraños.

Sin embargo, la Iglesia los privaba de este beneficio porque "habían de volver al vómito de los ritos y ceremonias de su gentilidad".[27] Más preocupante que la acusación de un eventual regreso a la idolatría, era señalar:

> [...] un natural extraño que tienen por la mayor parte los indios, diferente del de otras naciones, que no son buenos para mandar ni regir, sino para ser mandados y regidos. Porque cuanto tienen de humildad y subjeción en este estado, tanto más se engreirían y desvanecerían si se viesen en lugar alto.[28]

Con esto quedaban descalificados para el sacerdocio, que era el "lugar alto" por excelencia a pesar de que, de acuerdo con la doctrina evangélica, cualquier cristiano podía en teoría aspirar a él.

Acusados de falta de autoridad, embriaguez, ineptitud para el trabajo intelectual, para el cuidado de las almas y para el celibato, los indios fueron declarados indignos del sacerdocio y Tlatelolco, perdido su carácter de escuela de formación apostólica, languideció a una vida precaria y penosa "y no debe causarnos admiración su rápida decadencia".[29]

[26] Sahagún, 1982, libro X, cap. 27.
[27] Mendieta, libro cuarto, cap. 23.
[28] Ibid. También Torquemada, libro XVII, cap. 13.
[29] Ricard, 1986, p. 349.

En su libro sobre *La conquista espiritual de México*, Ricard hace mención a un franciscano, fray Jacobo Daciano,[30] quien entre 1550 y 1553 trató de demostrar que "la Iglesia en México no estaba fundada como es debido, puesto que no tenía un solo sacerdote indígena". Sin embargo, el comentario le parecía fuera de lugar porque este religioso expresaba una tesis "demasiado revolucionara para la época y principalmente para el medio".[31]

Los maestros del Colegio de Santa Cruz deben haber percibido que un verdadero cambio de mentalidad no era factible a corto plazo. Los educadores necesitaban tiempo pero, a la vez, los promotores originales de este proyecto, encabezado por el propio Zumárraga, tenían conciencia de que el tiempo actuaba en su contra. Estaba por terminar el periodo de apertura que había sido propiciado por el pensamiento de Erasmo, que había dado ya sus mejores frutos en España durante la primera época del reinado de Carlos V. Las tendencias religiosas y educativas que se imponían en España presagiaban cambios que no favorecían este proyecto que hubiera necesitado un plazo más largo para probar su bondad. Basta recordar que en el mismo año que Zumárraga publicaba su *Doctrina Breue* tomada de Erasmo, el *Enchiridion* era prohibido en latín y francés y que, pocos años después de salir a la luz en la nueva España la *Doctrina Cristiana* de 1546, su autor original, el doctor Constantino, entraba preso a las cárceles de la Inquisición en Sevilla.

El caso del indio que sí comprendió

Por unos años, los alumnos más inteligentes e inquietos pudieron absorber los principios de una esmerada instrucción de corte cristiano europeo; pero ésta no reemplazó, o mejor dicho, no fue capaz de borrar en tan poco tiempo todos aquellos elementos de vida religiosa, económica, social y práctica que habían quedado subyacentes y constituían la base de la cultura milenaria de los naturales.

En ciertos casos, inclusive, sabemos que el conocimiento de las costumbres y de las categorías del pensamiento europeo, sólo sirvie-

[30] Fray Jacobo Daciano, "grandísimo letrado, griego y hebreo, natural de Dacia y era, cuando acá pasó, provincial actual en su provincia." Torquemada, libro XIX, cap. 12.

[31] Ibid., p. 347.

ron para que la persona en cuestión esgrimiera argumentos más sólidos para defender su viejo modo de vida frente a las autoridades españolas y ante los propios franciscanos que los habían educado. Tuvo especial importancia el caso del indio principal de Tezcoco, don Carlos Ometochtzin, hijo de Nezahualpilli y nieto de Nezahualcóyotl, señores de Tezcoco. En junio de 1539 fue puesto en prisión acusado de haberse expresado en contra de la fe cristiana y de haber reincidido en la idolatría. Su caso se presentó ante el obispo de México, quien tenía facultades de inquisidor ordinario dentro de su diócesis y que, por lo tanto, podía enjuiciarlo y condenarlo. El proceso terminó trágicamente cuando don Carlos fue quemado en la hoguera el 30 de noviembre del mismo año.[32]

Don Carlos había sido bautizado quince años atrás y era tenido por cristiano. Del conjunto de la documentación referente a este *Proceso criminal del Santo Oficio de la Inquisición contra don Carlos, indio principal de Tezcuco*,[33] se deduce que seguía dando culto secretamente a sus antiguos dioses y que conservaba, además, algunos libros de pinturas, así como varias especies de amuletos. En el proceso actuaron como intérpretes fray Alonso de Molina, el mismo que escribió la *Doctrina* de 1546, y fray Bernardino de Sahagún, además de un clérigo llamado Juan González. A través de sus transcripciones podemos conocer por boca del acusado y de los indios que actuaron como testigos, una imagen distinta y en cierta forma sorprendente de los participantes en este drama. Si algo no pudieron hacer los inquisidores, incluyendo el obispo que actuaba como inquisidor general, fue acusar a don Carlos de poca capacidad o de limitado entendimiento.

Hablando con un tal Francisco, "indio natural del dicho pueblo de Chiconautla", el acusado hizo una defensa apasionada de su vieja cultura y de las razones por las que no estaba dispuesto a renunciar al modo de vida que habían practicado su distinguido padre y su famoso abuelo. Ellos, a los que don Carlos respetaba y obedecía, nada dijeron que permitiera pensar que aceptaban delegar o compartir su autoridad con los recién llegados:

[32] José Toribio Medina, 1952, p. 29.

[33] *Proceso criminal del Santo Oficio de la Inquisición, y del Fiscal en su nombre, contra don Carlos, indio principal de Tezcuco*. Publicaciones del Archivo General de la Nación, 1910; Véase también León- Portilla, 1985, pp. 37-40 que cito en varias ocasiones en este apartado.

> [...] mira, oye, que mi abuelo Nezahualcóyotl, y mi padre Nezahualpilli ninguna cosa nos dijeron cuando murieron, ni nombraron a ninguno de quiénes habían de venir. Entiende, hermano, que mi abuelo y mi padre miraron a todas partes, atrás y adelante [...].[34]

Tampoco es don Carlos un cristiano de los llamados "incipientes" que se limite a repetir, de memoria y sin entender, los fundamentos de la doctrina. A juzgar por sus palabras, podemos identificarlo con el tipo de sujeto que las doctrinas denominaban "proficiente", hombre muy inquisitivo y, además, inconforme. Era capaz de comprender, pero tomó la decisión de no aceptar las creencias ni el modo de vida cristianos. Tiene la osadía de afirmar: "[...] también me crié en la Iglesia como tú, pero no vivo ni hago como tú".[35] Emplea la palabra profeta refiriéndose a su padre y a su abuelo, porque "sabían lo que había de hacer y lo que estaba hecho. Por tanto, hermano, entiéndeme, y ninguno ponga su corazón en esta ley de Dios y divinidad [...] ¿Qué certidumbre veis e halláis en esa ley?"[36]

No había para los moralistas cristianos asunto más delicado que el relativo a la naturaleza de Dios. Cuando los estudiosos del tema preguntaban: ¿Quién es Dios, cómo es, cuál es su origen y cuáles sus atributos?; los teólogos y moralistas daban respuestas a la luz de la fe por tratarse de misterios que no podían ser comprendidos por la limitada inteligencia humana. En cambio, don Carlos retoma estas cuestiones y pregunta directa y abiertamente: "¿Qué es esta divinidad, cómo es, de donde vino [...]?"[37]

La manera como el acusado relaciona "las cosas del mundo" y las "mujeres", permite suponer que comprendía bien el significado de la virtud cristiana de la templanza, lo mismo que los peligros de los placeres sensibles. La templanza, decía Santo Tomás, se ocupa de los placeres de la mesa y del sexo.[38] Los frailes huían de los enemigos del alma que eran "el demonio, el mundo y la carne" y lo mismo pedían a los indios; sólo que por esta vez, ellos, o al menos don Carlos, resolvieron no ceder:

[34] *Proceso criminal del Santo Oficio de la Inquisición, y del Fiscal en su nombre, contra don Carlos, indio principal de Tezcuco*, Ampliación de la denuncia que hizo Francisco Maldonado, p. 40.

[35] Ibid., p. 39; Declaración del testigo Cristóbal, indio, vecino de Chiconautla, ibid., p. 49.

[36] Ibid., Ampliación de la denuncia que hizo Francisco Maldonado, p. 40.

[37] Ibid.

[38] *Suma teológica* 1-2 q. 60, a. 5; 2-2 q. 143, a. único.

> [...] no conviene que miremos a lo que nos predican los padres religiosos [los franciscanos que residían en Tezcoco], que ellos hacen su oficio, que hacen incapié y esfuerzan que no tienen mujeres y que menosprecian las cosas del mundo y las mujeres; y que los padres hagan eso que dicen, en buena hora, que es su oficio, mas no es nuestro oficio [...].[39]

Al decir que los dejaran vivir en paz y que les permitieran conservar sus costumbres, pedían un trato semejante al que ellos veían que, en la práctica, los religiosos concedían, o por lo menos toleraban, en los españoles. En efecto, don Carlos recrimina duramente a los frailes por no impedir que los cristianos [los españoles] tuvieran muchas mujeres y se emborracharan; éstas eran las dos razones por las que, a juicio de los religiosos, los naturales no eran aptos para el sacerdocio. Don Carlos se lamenta de que para ambas razas se apliquen diferentes reglas:

> Hermano, ¿qué hace la mujer o el vino a los hombres? ¿Por ventura los cristianos no tienen muchas mujeres y se emborrachan, sin que les puedan impedir los padres religiosos? Pues ¿qué es esto que a nosotros nos hacen hacer los padres? Que no es nuestro oficio, ni es nuestra ley impedir a nadie lo que quisiere hacer [...].[40]

Las actitudes que estimulaban la sexualidad sólo eran toleradas dentro del matrimonio y el rechazo teórico a la embriaguez era general. Sin embargo, en la vida práctica, los cristianos quebrantaban ambas normas impunemente y los frailes parecían resignados a sobrellevar aquello que no tenían manera eficaz de evitar. En cambio, recriminaban a los indios por las mismas actitudes, al punto de no querer incorporarlos a la plenitud del cristianismo.

Sobre este punto, los inconvenientes a la posible ordenación de un clero indígena, don Carlos parece coincidir con el parecer de los frailes, aunque por razones muy diferentes. En efecto, los indios no debían llegar al sacerdocio porque los religiosos y clérigos eran personas ajenas a su manera de vida, a su tradición y a su sangre:

> [...] aquí estoy yo, que soy señor de Tezcuco, y allí esta *Yoanizi*, señor de México, y allí está mi sobrino *Tezapili* que es señor de Tacuba: y no hemos

[39] *Proceso criminal del Santo Oficio de la Inquisición, y del Fiscal en su nombre, contra don Carlos, indio principal de Tezcuco*. Ampliación de la denuncia que hizo Francisco Maldonado, p. 41.

[40] Ibid., p. 42.

de consentir que ninguno se ponga entre nosotros ni se nos iguale: después que fuéremos muertos bien podrá ser, pero agora aquí estamos y esta tierra es nuestra y nuestros aguelos y antepasados nos la dexaron: hermano Francisco ¿qué andas haciendo, qué quieres hacer, quiéreste hacer padre por ventura? ¿esos padres son nuestros parientes ó nacieron entre nosotros?[41]

Don Carlos se identifica con los otros señores de la tierra y marca la diferencia con aquellos que no pertenecen a la comunidad ni nacieron entre ellos. Los sabe distintos y los siente extraños. Recrimina a Francisco diciéndole: "¿quiéreste hacer padre?". Me pregunto si el tal Francisco, indio natural de Chiconautla, era alumno de Tlatelolco, único lugar donde podía recibir la preparación conducente a ese fin o si la cuestión es simplemente retórica. El texto inquisitorial sugiere que el indio Francisco no era un chiquillo, conocía bien la religión cristiana y era persona de confianza de los religiosos, por lo que la segunda hipótesis parece más aceptable. Don Carlos afirma que ésta es su tierra y que:

[...] ninguno de los mentirosos que nombran ni siguen á los frayles no se junte con nosotros, y tú hermano Francisco no cures con eso de andar con eso ni enseñar esa doctrina cristiana, cata [sic] que te lo prohibo y te mando que me obedezcas.[42]

Don Carlos escoge el camino de la rebeldía y aconseja a sus interlocutores indígenas que tomen la misma actitud:

Huyamos de los padres religiosos y hagamos lo que nuestros antepasados hicieron y no haya quien nos lo impida [...] No había de haber quien nos impidiese ni fuese a la mano en lo que queremos hacer, sino que comamos y bebamos y tomemos placer y emborrachémonos como solíamos hacer [...].[43]

El acusado juzga a los religiosos como personas intransigentes que se esfuerzan por obligar a los indios a apartarse de cuanto da placer.[44]

Algunas expresiones de don Carlos son simpáticas y candorosas; afirma que aun dentro del clero hay cierta variedad de vida: "[...] no véis cuántas maneras de padres hay, que cada uno tiene su manera

[41] Ibid., Declaración del testigo Cristóbal, indio, vecino de Chiconautla, p. 49. Véase también "Ampliación de la denuncia [...]" , p. 43.

[42] Ibid., Melchor Acalnahuácatl, p. 53.

[43] Ibid. "Ampliación de la denuncia [...]", pp. 42-43.

[44] León-Portilla, 1985, p. 40.

de vestir y su manera de orar é vivir; los de Sant Francisco de una manera, y los de Santo Domingo de otra, y los de San Agustín de otra, y los clérigos de otra''.[45] A su parecer, los indígenas son excesivamente deferentes con las autoridades virreinales: ''[...] de una palabra que el Visorrey é el Obispo é el Provincial os dicen aunque sea pequeña, hacéis muchas y la engrandecéis muy mucho''.[46] ¿Estará implícito en este comentario un sentimiento de protesta por el trato que los españoles en general y las autoridades reales en particular, daban a los señores indígenas?

El proceso de don Carlos fue un suceso significativo en la historia de las ideas y, más que un caso excepcional, podría ser el ejemplo sintomático del malestar resultante del choque entre las dos culturas. Los textos del juicio son ejemplo de la capacidad polémica que en las primeras décadas de dominación española manifestaron algunos descendientes de los antiguos *pipiltin* o gente de la nobleza, antes de que tuvieran que ir cediendo parte de sus antiguos privilegios. En la segunda mitad del siglo, pasaron a ser una autoridad intermedia y se hizo evidente el sentimiento de cambio o de pérdida. También, dicho sea en defensa de los religiosos, poco podían hacer ellos para convencer, o en su caso obligar a los españoles que vivían en la Nueva España y que daban pésimo ejemplo a los indios, para que modificaran su manera de beber. La norma de la Iglesia no correspondía a la práctica de vida que llevaban aquí los peninsulares. La falta de armonía entre lo dicho y lo hecho, fue sin duda uno de los factores históricos que dificultaron la aceptación de la norma entre los indios, no sólo en el siglo XVI, sino durante todo el periodo colonial.

Algunos elementos que afloraron en el proceso del señor de Tezcoco, como sería el rechazo cultural al cristianismo o la rebeldía contra la autoridad, deben haber quedado subyacentes y silenciosos en el caso de otros indios cuya inconformidad no llegó a oídos de los frailes porque nadie los denunció. En apariencia, la mayoría de los indios se sometió a la práctica cristiana, pero en el fondo se resistió a abandonar sus costumbres. Esta voluntad de no olvidar, y de guardar partes importantes de su identidad en la memoria y en el corazón, contribuyó al desarrollo de un sincretismo cultural. En forma paralela, surgieron los fundamentos de una religiosidad po-

[45] *Proceso criminal del Santo Oficio de la Inquisición, y del Fiscal en su nombre, contra don Carlos, indio principal de Tezcuco*, Melchor Aculnahuácatl, p. 52. Véase también Ampliación de la denuncia..., p. 41.

[46] Ibid. Melchor Aculnahuácatl, p. 52.

pular que se fue alimentando con creencias y prácticas de las dos culturas.

La noción, primero evangélica y después escolástica de pérdida de juicio, que hacía de la embriaguez una falta grave entre los cristianos, era difícil de entender para los indígenas. Los moralistas españoles, a su vez, no podían explicarse las borracheras colectivas que habían estado permitidas, o al menos toleradas en el mundo azteca, en función de los bebedores y de las circunstancias características del evento.

Vimos que el Colegio de Santa Cruz se fundó con el propósito de dar educación esmerada a una minoría, al igual que era una minoría la población o clase educada europea. Por lo tanto, cuando el proyecto se descuidó, no fue directamente el plan educativo para la población en general el que se enmendó, sino el del pequeño grupo dirigente que paulatinamente hubiera podido modificar la mentalidad de las mayorías. La viabilidad del Colegio estaba vinculada a dos elementos igualmente insustituibles: los niños que necesitaban maestros, y el Colegio que necesitaba alumnos. Me pregunto si, a mediados de siglo, había suficientes hijos de caciques o de indios principales que quisieran y pudieran asistir a Tlatelolco. El grupo noble estaba entrando en un proceso de crisis y de lenta disolución y tal vez la Corona no haya visto la utilidad inmediata y práctica de que los indios hablaran latín o leyeran teología si, como parece ser, un cambio de mentalidad no se iba a dar a corto plazo. Por su parte, ¿estaban los religiosos en disposición de recibir a los parientes del cacique de Tlaxcala después del episodio en que perdió la vida su hijo Cristóbal, o a los de Carlos de Tezcoco que incitó a su gente a rechazar la nueva visión del mundo? ¿Cuántos indios principales habrán vivido situaciones sociales y familiares semejantes?

Recordando estos casos y pensando en otros que pudieron haberse dado, aunque no estén documentados, podríamos aventurar que los jóvenes nobles e hijos de principales que asistieron al Colegio, resultaron en los pocos años que duró el impulso inicial, el grupo más reacio a abandonar su cultura tradicional, por la sencilla razón de que eran quienes más la conocían. Venían de hogares donde se vivían todavía, se discutían y se podían comprender más aspectos de la cultura prehispánica. Estos muchachos tenían entre diez y doce años al ingresar y eran los hijos y nietos de los nobles, los sacerdotes y los *pochtecas* con quienes se había encontrado Cortés en 1521 y que habían dialogado con los frailes en 1524.

Eran los jóvenes que vivían "al filo de dos mundos", protegidos por sus valores tradicionales mientras seguían en sus casas y recibiendo una educación respaldada por valores cristianos cuando llegaban a la escuela. Esto no hubiera importado si ambas enseñanzas hubieran sido complementarias pero, en este caso, resultaban antagónicas, y tal vez excluyentes en muchos aspectos. Sus padres aceptaban, entre otros, el politeísmo, la embriaguez ritual o social en fiestas comunitarias, y la poligamia. Sus maestros insistían en el concepto de un solo Dios, pregonaban la sobriedad como norma de vida y les pedían que dejaran a sus mujeres, conservando sólo a la "legítima". ¿Cuál era la verdadera identidad de estos jóvenes? Dicho en otras palabras ¿cuál era el precio que debían pagar, en términos de renuncia a una parte de ellos mismos, para integrarse a cualquiera de los dos mundos? Tenemos el ejemplo de los niños de Tlaxcala que optaron por el modelo cristiano y que lo pagaron con su vida. Sus padres no soportaron la crítica de sus hijos y el conflicto, como ya vimos, se resolvió de modo trágico. Con don Carlos de Tezcoco pasó lo mismo, pero al revés. La Iglesia no toleró los cuestionamientos de un hombre que, después de haber comprendido, optó por quedarse con la herencia de sus antepadados.

12. LAS DOCTRINAS DE TRANSICIÓN

Si la educación impartida por los religiosos europeos estaba dando a los indígenas argumentos que podían usar contra los mismos maestros, ¿no sería más conveniente, práctico y seguro retirar los textos causantes del problema? Si así fuera, la capacidad de cuestionamento de los indígenas terminó por actuar en su contra haciendo que, de la persuasión, la Iglesia novohispana que posiblemente se sintió amenazada, decidiera —tal vez a su pesar— usar la imposición.

Darle un nuevo giro a la educación de los jóvenes después de alterarse los planes iniciales del Colegio de Santa Cruz, también significó modificar el contenido de las doctrinas impresas por fray Juan. En poco tiempo, los religiosos que en un principio habían respaldado el proyecto "humanista" de evangelización, vieron la necesidad de simplificar y unificar los textos de doctrina dirigidos al pueblo indígena.

Esta tendencia ni era privativa de la Nueva España, ni se aplicaba sólo a los indios americanos. Era reflejo de la corriente que también se iba imponiendo en España desde que la Iglesia, con el beneplácito implícito de la Corona y en vísperas del Concilio Universal de Trento, impugnó la manera de entender y vivir el cristianismo que habían propuesto desde adentro Erasmo y sus discípulos.

A finales de 1537 llegó a México la convocatoria para el Concilio de Trento, al que Zumárraga y los otros obispos se disculparon de no asistir y ocho años más tarde, el 13 de diciembre de 1545, se iniciaban en aquella ciudad italiana los trabajos conciliares. Como cabeza de la Iglesia mexicana, el obispo tuvo que ser el primero en darse cuenta de que una reforma profunda y definitiva estaba a punto de llevarse a cabo dentro de la Iglesia y que, por supuesto, sus efectos iban a sentirse en la Nueva España.

Por el tiempo en que se publicaron aquí las doctrinas "humanistas" o erasmianas, se discutían otras ideas y se buscaban soluciones al problema de la evangelización de los indios basándose en una corriente de pensamiento diferente. Ésta, igual que aquélla, venía de

España y tenía sus orígenes en una reacción contra la apertura de los años anteriores, misma que cada día tenía más opositores y que ya muchos consideraban peligrosa para la unidad de la Iglesia y aun del Estado.

En España, tal vez más que en ningún otro país europeo, existía una estrecha unión entre la Iglesia y el Estado. Por eso, al atacar a aquélla, o por lo menos al señalar sus fallas y hacer públicos sus abusos, el Estado mismo empezó a sentirse cuestionado. Los textos "humanistas" recomendaban que los humildes e ignorantes se enriquecieran espiritualmente con la lectura de los libros sagrados; pero si el pueblo podía leer la Biblia, la función de los profesionales de la interpretación, o sea del clero y sobre todo de los teólogos, se veía disminuida.

El Arcediano del Alcor, traductor del *Enchiridion* al castellano, escribió a un amigo algunas líneas de las cuales Erasmo supo por casualidad:

> Ciertos hombres que han depositado su esperanza de victoria en la maledicencia, no quieren que Erasmo sea leído en lengua vulgar porque temen que se descubra la vaciedad de los discursos que ellos dicen dentro de un círculo de amigos y ante gente ignorante.[1]

Las consecuencias podían ser graves, pues si llegaba a dudarse de la institución eclesiástica, teóricamente podía hacerse otro tanto con las bases que justificaban al Estado.

No era lo mismo libre lectura que libre interpretación. Los erasmistas querían la reforma dentro de la Iglesia y no intentaban, como los luteranos, la interpretación personal de los libros sagrados. Pero como en ese momento no era fácil distinguir ambas tendencias, hasta los seguidores de Erasmo fueron considerados rebeldes. La nueva manera de ver y de vivir el cristianismo, aun sin intentar la libre interpretación, afectaba directamente al clero, sobre todo al menos preparado y al que no daba buen ejemplo de vida e, indirectamente, también al mismo Estado. Por eso, pasado el primer cuarto del siglo XVI, España inició un movimiento de reacción contra la libre lectura de las Escrituras por los no iniciados.

Esta creciente intransigencia llevaba implícito un mensaje para los fieles: debían entender y aceptar que la institución eclesiástica era el único vehículo hacia la divinidad y también el medio exclusivo para

[1] Cit. por Bataillon, 1982, p. 281.

alcanzar la salvación y reconocer que la Iglesia tenía en sus manos el destino de los hombres, puesto que era la depositaria de la verdad. Algunos círculos antirreformistas españoles llegaron, inclusive, a la posición extrema de divulgar que la ignorancia del pueblo no era necesariamente un mal, pues facilitaba una actitud de aceptación pasiva de las verdades espirituales enseñadas por la Iglesia.

Fray Juan de Villagarcía, maestro del Colegio de San Gregorio en Valladolid, expresaba ideas muy radicales en este sentido, tanto que casi podía entenderse que defendía la ignorancia del pueblo como un bien positivo:

> La mejor respuesta que pueda haber para las cosas de Dios que son tan ciertas y firmes, que no se les debe dar otra causa sino esto es así porque sí. Y esto otro no es así porque no. Que esta simplicidad con que creen en Dios y no la viveza y agudeza de los ingenios los hace segurísimos [...]. Ya veis Antonio cómo han perdido aquel paraíso que antes poseían cuando creían simplemente: y en lugar de saberlo todo como el enemigo les prometió, no saben sino disenciones, guerras y trabajos y mentiras: y lo que peor es no creen nada, de todo dudan. Y no hay peregrinaciones, ni imágenes, ni misas, ni cruces, ni agua bendita.[2]

Pero no sólo los españoles de allá pensaban así, ni fueron los únicos responsables del cambio de giro catequístico que se dio en la Nueva España. Debe decirse en descargo de la Corona que quitó los subsidios y la protección "imperial" al Colegio de Santa Cruz, que sus decisiones poco favorables a los indios se debieron en parte a la información que recibía de su Colonia. Las decisiones se tomaban allá, pero el problema particular de la catequesis indígena se había generado aquí y también de aquí partió la correspondencia desfavorable a los proyectos franciscanos de enseñanza superior.

El contenido de las doctrinas "humanistas" en su conjunto o, dicho en otros términos, el discurso cristiano evangélico recogido por Zumárraga, como resultado de su contacto con los movimientos de reforma en España, daban sentido a la práctica de vida que se pretendió hacer realidad en Tlatelolco. Pero, en el fondo, la suerte de estas doctrinas estaba unida al destino de Santa Cruz; si la plenitud del mensaje doctrinal debía llegar a todos los hombres, inclusive a los nuevos en la

[2] *Diálogo llamado Cadena de Oro, compuesto por el muy reverendo religioso y doctísimo padre maestro Fray Juan de Villagarcía, Regente del Insigne Colegio de San Gregorio de Valladolid.* Biblioteca Nacional de Madrid, Ms. 10.547. Cit por Kelley, 1977, pp. 24-25.

fe, la manera práctica de lograrlo era instrumentando una enseñanza acorde con los ideales que motivaron los inicios del Colegio. Cuando la estrategia educativa se modificó en las aulas de Santa Cruz, cabía esperar que algo semejante pasara con las doctrinas. Sólo que en este caso, el cambio fue más sutil; nadie impugnó la validez de las doctrinas, simplemente, después de la muerte de Zumárraga, fueron dejando de usarse.

Para evitar las distorsiones a que podía conducir la libre selección de textos catequísticos, inclusive por parte de los mismos evangelizadores, el contenido de las doctrinas se fue unificando sobre la base de conceptos previamente acordados por la autoridad con el propósito de evitar la confusión resultante de la diversidad. De las tres doctrinas pendientes, veremos primero las dos dominicas que son, por cierto, las más mesuradas y corteses entre las ocho que componen esta serie. Son las que mejor responden al ideal del indio americano todavía ignorante, pero inocente, bueno y sencillo. Son catecismos de transición, pues su contenido doctrinal es más simple que el de las erasmianas a la vez que los temas y los ejemplos que utiliza están ya seleccionados en función de los usuarios indígenas del texto. Para efectos prácticos, van quedando excluidos de su uso los fieles que no son de raza y cultura americanas. La parte más elevada del discurso moral contenido en las sagradas escrituras, la teología y la filosofía, pierde importancia, o se atenúa en el empeño por adaptar el contenido a la manera de los naturales y por suprimir las dificultades del aprendizaje. Entre las ocho doctrinas estudiadas, la única que me atrevería a llamar propiamente "indígena" es la *Doctrina Christiana Breue (1546)* del franciscano Alonso de Molina, pero es un manual tan compacto de las verdades cristianas, que la lectura del texto deja mucho sin explicar.

La primera doctrina dominica se publicó en 1544 y la segunda en 1548. Antes de abordar ese tema, hay que recordar que las dos primeras órdenes que llegaron a la Nueva España, franciscanos y dominicos, habían expresado distintos criterios en cuanto a la manera de llevar a efecto la evangelización general y masiva de los naturales. Los franciscanos se decidieron por bautizar cuanto antes al mayor número posible de indios con la esperanza de ver resultados inmediatos. Después del bautismo, vendría, como ya vimos al estudiar las doctrinas anteriores, una instrucción cada vez más pormenorizada y personalizada. Los dominicos preferían tomarse el tiempo necesario para hacer una labor de convencimiento previa al compromiso del bautismo.

Dentro de la línea franciscana, Motolinía se ufanaba de que los sesenta religiosos de su orden que estaban en estas tierras en 1536, habían alcanzado a bautizar cerca de cinco millones de indígenas.[3] Este conteo incluía el trabajo desarrollado por otros cuarenta sacerdotes franciscanos: veinte que ya se habían regresado a España e igual número "ya difuntos, que tanbién batizaron muy muchos, en espeçial nuestro padre fray Martín de Valençia, que fue el primer prelado que en esta tierra tuvo vezes del Papa, y fray Garçía de Cisneros [...]".[4] No puede evitar caer en comparaciones con los sacerdotes de las otras órdenes que, a diferencia de los franciscanos, "pocos se an dado a batizar; avnque an bavtizado algunos, el número yo no sé que tantos serán".[5] Pero no por autojustificar su estrategia, fray Toribio dejaba de percibir las dificultades y limitaciones en la calidad del aprendizaje que causaba la evangelización masiva y apresurada de tantos indios. La premura del trabajo no permitía absorber el impacto desfavorable del choque cultural al que se sometía al indio, ni inducirlo al cambio por medio del diálogo y el convencimiento:

> Algunos saçerdotes que los comiençan a enseñar [a los indios], los querrían ver tan santos en dos días que con ellos trabajan, como si huviese diez años que los estuviesen enseñando, y como no les pareçen tales, déxanlos; paréçenme los tales a vno que compró vn carnero muy flaco y diole a comer vn pedaço de pan, y luego atentóle la cola para ver si estava gordo.[6]

Al hablar de los primeros franciscanos que llegaron a la Nueva España, vimos que no presentaban un frente tan homogéneo como pudiera haber parecido a primera vista; Motolinía y Gante, por poner sólo un ejemplo, eran diferentes entre sí. Algo semejante pasaba entre los dominicos, que son los autores de las dos doctrinas que se verán a continuación. El espíritu batallador de Las Casas, que era uno de los ideólogos más polémicos de la orden en el Nuevo Mundo, y las convicciones similares de fray Pedro de Córdova, autor original de la *Dotrina Christiana* publicada en la ciudad de

[3] Motolinía se enorgullece de que dos frailes lograron bautizar en un día a 15 mil indios. "El vno ayudó a tienpos y a tienpos descansó; éste baptizo poco mas de çinco mil, y el otro que mantuvo la tela baptizó más de diez mil, por quenta." Motolinía, tercera parte, cap. 3.

[4] Ibid., segunda parte, cap. 3.

[5] Ibid.

[6] Ibid., segunda parte, cap. 4.

México en 1544, se vieron sin duda moderados con el pragmatismo de los religiosos que organizaron los dos textos dominicos en los que, al menos como editor, intervino Zumárraga. Primero hablaré de la persuasión como medio de evangelización y, después, del conflicto entre la espada de los conquistadores y la cruz de los religiosos.

Los dominicos que pasaron a las tierras nuevas venían con el firme deseo de evangelizar a los indios, pero las estrategias variaban según los individuos. Fray Bartolomé de las Casas (1474-1566) es el fraile de mente lúcida y espíritu batallador, solitario, idealista e incomprendido que tuvo largas polémicas aun con sus propios hermanos de religión. Consideraba que el único modo de conversión verdadero suponía un lento camino a través del diálogo, el coloquio y la confrontación pacífica, para atraer y convencer a los indios, "como la lluvia y la nieve bajan del cielo, no violenta, no repentinamente [sino] con suavidad y blandura".[7] Afirmaba que los conquistadores no debieron "entrar tan de rondón[8] ni como en su casa en estas tierras".[9]

Fray Bartolomé aseguraba que los españoles no tenían ningún derecho a imponer su presencia y, de no ser posible entrar por vía pacífica, "eran obligados a irse a otra parte y dejarlos, porque los indios tenían justo título y justicia para defender su tierra de toda gente".[10] Si al principio los indios se opusieron a los españoles, continúa Las Casas, era "de puro miedo",[11] pero pasado el trauma del primer contacto, el dominico piensa que hubiera sido fácil aplacarlos y darles confianza, dándoles muestras concretas de que los extraños "no venían a hacerles ningún perjuicio".[12]

¿Cómo pretendía Las Casas atacar y desterrar la idolatría entre los indios? El tema es pertinente porque, no hay que olvidarlo, el culto a los ídolos tenía nexos con la embriaguez ritual. Fray Bartolomé aducía que los indios eran inclinados a vicios y a pecados "dándose a sacrificios y fiestas, comiendo y beviendo y enbeodándose en ellas y dando de comer a los ydolos de su propia sangre".[13]

[7] Fray Bartolomé de las Casas, *Del único modo de atraer a todas las gentes a la religón de Cristo*, adv. y ed. de Agustín Millares Carlo, introd. de Lewis H. Hanke, México, Fondo de Cultura Económica, 1942, p. 45. Cit. por León-Portilla, 1986, p. 15.

[8] Voz que sólo tiene uso en el modo adverbial de rondón, que vale intrépidamente y sin reparo. *Diccionario de Autoridades*, 1737.

[9] Las Casas, *Historia de las Indias*, cap. XCIII. En Las Casas, *Doctrina*, p. 18.

[10] Ibid., cap. XCIV. En *Doctrina*, p. 19.

[11] Ibid.

[12] Ibid.

[13] Motolinía, primera parte,cap. 2.

Uno de sus principales demonios era *Ometochtli*, adorado por los indios como dios del vino "[...] y mui tenido y acatado, porque todos se enbeodavan y de la beodez rresultavan todos sus vicios y pecados".[14]

Dice el fraile dominico que si los naturales vivían en la idolatría y en el error, si, inclusive, ofrecían sacrificios humanos, no era por maldad, sino porque en su ignorancia presentaban lo que para ellos era más valioso a quienes más honor les merecían. Así engañados:

> [...] mejor usaron de los actos del entendimiento que todas las otras [naciones], y a todas las dichas [naciones] hicieron ventajas [...]. La razón es clara: porque ofrecían a los que estimaban ser dioses la más excelente y más preciosa y más costosa y más amada de todos naturalmente, y más provechosas de las criaturas, mayormente si los que sacrificaban eran hijos.[15]

Para convertirlos había que persuadirlos, esto es, convencerlos de que aquello que buscaban como bueno no era el sol ni el agua, "sino el creador de aquello que tiene tales, tales y tales perfecciones, atributos y propiedades".[16] Esta estrategia disonaba de la actitud práctica de los conquistadores que no tenían el tiempo, la paciencia ni la voluntad de esperar. Como su nombre lo indica, ellos vinieron a "conquistar" las tierras nuevas y a hacer suyo cuanto antes lo que en ellas hubiere, incluyendo a sus habitantes. Conquistar significa "sujetar, dominar, ganar y adquirir algún reino, provincia, ciudad o plaza a fuerza de armas",[17] no mediante la suavidad y persuasión.

Por eso, el problema de la evangelización no puede separarse del conflicto de la conquista armada llevada a cabo por los seglares. La cruz y la espada llegaron juntas. En teoría, seglares y religiosos eran Iglesia. Este era el núcleo del pensamiento de Las Casas cuando insistía en que los conquistadores no podían usar la violencia, ni sojuzgar a los indios aplicando sus propias reglas, desconociendo así el evangelio. Todos los cristianos debían procurar la paz y el amor: "[...] y San Pablo también al propósito de sí mismo dijo que, indiferentemente, de todos era deudor: de bárbaros y griegos, sabios y no sabios, fieles y no fieles".[18] La aplicación de estos principios

[14] Ibid., tercera parte, cap. 14.

[15] Las Casas, *Apologética historia*, cap. CLXXXIII. En *Doctrina*, pp. 19-20.

[16] Ibid., cap. CLXXXVI.

[17] *Diccionario de Autoridades*, 1726.

[18] Las casas, *Historia de las Indias*, cap. LXVII. En *Doctrina*, p. 18.

cristocéntricos y evangélicos suscitaba dificultades cuya resolución iba mucho más allá del área de control directo de la Iglesia ya que, en la práctica, la conquista había causado grandes daños a los indios:

> [...] robándolos, matándolos, privándolos de sus libertades, de sus señoríos, de sus mujeres, de sus hijos y de sus otros bienes; haciendo tantas viudas, tantos huérfanos; infamándolos de que eran bestias; y de las crueldades exquisitas que en ellos hizo y ayudó a hacer y señaladamente de la infamia y aborrecimiento que ha causado del nombre de Cristo y de su santa fe.[19]

¿Cómo resolver la contradicción entre el derecho de conquista que se atribuían los españoles y el derecho que fray Bartolomé atribuía a los indios de no ser sometidos por la fuerza? No sólo Las Casas, sino todos los dominicos tuvieron presentes las dificultades derivadas de este dilema. Al no encontrar una solución óptima, hubo que conformarse con una transacción entre lo deseable y lo posible, la que podría ayudar a explicar las modificaciones al proyecto original del Colegio de Santa Cruz y la orientación ''indígena'' que fueron tomando los libros de catequesis. Betanzos representó aquí un papel decisivo.

Fray Domingo de Betanzos (1480-1549), había hecho estudios en derecho civil en Salamanca, viajó a la Isla Española en 1514 y llegó a México al frente de la misión dominica en 1526. Por gusto y afición, era un hombre de oración y recogimiento, amante de la pobreza y partidario de severas penitencias. Edificó en México un convento de estricta observancia en el pueblo de Tepetlaoztoc (entre Tezcoco y Otumba) y allí pasaba largas temporadas cultivando la tierra y dedicado a la meditación y a la penitencia.[20]

Betanzos no desarrolló en los primeros años de su estancia en la Nueva España una actividad evangelizadora definida. Manifestó su preferencia por la tranquilidad conventual, a pesar de que este modo de vida no se adaptaba en ese momento a las apremiantes necesidades de la evangelización indígena. No olvidemos que, en el grupo franciscano de los Doce, también había individuos con especial inclinación hacia la soledad, la meditación y el trabajo manual silencioso, propios del convento, aunque heredados de la tradición monástica medieval. Pero los requerimientos de la vida práctica llevaron a estos frailes, tal vez muy a su pesar en algunos casos, a

[19] Las Casas, *Doctrina*, p. 141.
[20] Ulloa, 1977, p. 99.

trabajar activa e incansablemente entre los indios, dando así testimonio de una disponibilidad evangélica hacia el pobre, el ignorante, el oprimido y el enfermo. Aunque en esos primeros años, fray Domingo prefería rezar por los indios y dejaba que los franciscanos trabajaran con ellos, aquél y éstos tenían buenas relaciones y se comunicaban con frecuencia. Betanzos estaba plenamente de acuerdo con el estatuto impuesto por la necesidad y aceptaba que, en la práctica, la orden franciscana fuera la "única responsable activa de la evangelización",[21] mientras él centraba sus esfuerzos en formar a sus novicios conforme a un espíritu tal vez más monástico que conventual. Después de esa primera estancia en México, 1528-1532, volvió a España y al llegar por segunda vez a México en 1535, fue elegido provincial de la orden, con lo que su participación en los asuntos prácticos se tornó más activa. Fue un hombre respetado por los principales dirigentes civiles y eclesiásticos de la Colonia, incluyendo a don Antonio de Mendoza y a Zumárraga. Igual que los franciscanos, fray Domingo,

> Para tener bien a raya el cuerpo, enseñaba el santo quitarle la comida superflua y el sueño demasiado; aconsejando la moderación particularmente en las cenas, y el regalo de la oración para irla entreverando con el sueño.[22]

Daniel Ulloa opina que nunca pudo superar su recelo hacia los indios. "Fue el recelo la tónica que enmarcó las relaciones entre él y los indios."[23] Aunque estuvo en América muchos años, es posible que nunca se haya sentido aquí como en su casa. Viviendo aquí y, sin duda amando a los indios a su manera, su corazón parece haber quedado más cerca de la gente europea. Sus biógrafos opinan que su natural reticencia hacia las gentes americanas no se limitaba a los indígenas, sino que incluía a los criollos, "por lo menos en cuanto a su aptitud para la vida religiosa".[24] Para él, sólo los españoles reunían las cualidades necesarias para la vida religiosa y sacerdotal,

> [...] por eso todos los dominicos que en un principio se establecieron en Nueva España fueron españoles, salvo rarísimas excepciones. De allí que todo intento de formar clero indígena, como lo pretendieron los franciscanos

[21] Ibid., p. 108.
[22] Agustín Dávila Padilla, *Historia de la fundación* [...], I, X. Cit. por Ulloa, 1977, p. 100.
[23] Ulloa, 1977, p. 102.
[24] Ibid., p. 99.

en Tlatelolco, no tuviera siquiera visos de posibilidad entre los dominicos. Fue precisamente Betanzos quien más influyó en el obispo Zumárraga para que abandonara la experiencia de Tlatelolco.[25]

Además de las anteriores consideraciones centradas en fray Domingo, es probable que el grupo dominico, incluyendo el que se inclinaba por la línea evangelizadora que proponía Las Casas, haya llegado a la conclusión, realista en su momento, aunque lamentable, de que poco o ningún provecho podía sacarse de un proyecto que iba a fomentar intereses irreconciliables. En la práctica, las objeciones de los colonizadores se hacían escuchar más fuerte y más lejos que la doctrina de Las Casas en favor de los indios. De seguirse con el plan original, los religiosos favorables a Tlatelolco se hubieran visto en la necesidad de impulsar una evangelización que armonizara con la mentalidad de los jóvenes que iban a egresar de sus aulas. Estos, al conocer mejor el cristianismo, habrían cuestionado a las autoridades acerca de los métodos tan poco pastorales de conquista y de reducción de los indios, mismos que, como decía Las Casas, no eran compatibles con el discurso de la Iglesia en su versión evangélica. ¿Qué hubieran podido hacer los religiosos enfrentados, por una parte a las aspiraciones y posibles exigencias de una juventud más inquieta —ahora sí conocedora de las fuentes cristianas— y, por otra, a las presiones de los españoles que necesitaban la mano de obra indígena y codiciaban sus tierras?

Si en su primera etapa —formación armoniosa e integral del joven indígena de diez a doce años—[26] el proyecto de Santa Cruz resultó tan conflictivo, era todavía más problemático dar formación posterior a los mismos muchachos con miras a que algunos alcanzasen el sacerdocio. De allí que, al abandonarse el proyecto original, también se hallan visto reducidas las posibilidades de imcorporar a la raza indígena a lo que se consideraba la plenitud de la vida cristiana: el sacerdocio.

Las dos doctrinas dominicas que se verán a continuación, son ejemplo del esfuerzo realizado por los frailes por encontrar un medio de evangelización viable en el contexto político y social de la Colonia. Al escribirlas, los religiosos ciertamente no perdieron de vista la suavidad y blandura que pregonaban fray Bartolomé o frailes afines a sus ideales.

[25] Ibid.
[26] Mendieta, libro cuarto, cap. 15.

Las dos doctrinas dominicas, la *Dotrina Christiana* de 1544 y la *Doctrina Cristiana* de 1548

En 1544, mismo año en que Zumárraga mandó imprimir la *Dotrina Breue (1543-1544)* y el *Tripartito*, los dominicos publicaban, también con la colaboración de Zumárraga, su primera doctrina en la Nueva España. Fue un trabajo de equipo en el que fray Domingo de Betanzos sumó esfuerzos con otros religiosos de su orden y con el obispo de México, para examinar, corregir e imprimir una *Dotrina Christiana para instrucion e informacion de los indios, por manera de hystoria.*[27] [En lo sucesivo *Dotrina Christiana (1544).*]

Este catecismo fue visto, revisado y aprobado por el entonces visitador Francisco Tello de Sandoval. Este personaje había desempeñado el cargo de Inquisidor de Toledo hasta 1543 en que pasó al Consejo de Indias y fue designado Visitador de la Audiencia y Chancillería de la Nueva España. Llegó a México en febrero de 1544 con extensas facultades para fiscalizar los actos públicos de los gobernantes y permaneció en la Nueva España hasta 1547 cuando zarpó para España. En su capacidad de Inquisidor en Toledo, debió haber conocido bien las obras de Erasmo que tanta controversia habían suscitado en España a partir de 1530. Entre esa fecha y 1540, la policía inquisitorial se mantuvo muy ocupada, propiciando que la atmósfera en que se había desarrollado el erasmismo quedara singular y definitivamente alterada.[28] Una vez iniciadas las denuncias en España, el terrible sistema se puso a funcionar sin que el Inquisidor General tuviese que repetir cada vez un impulso inicial; los inquisidores no necesitaron desempeñar más que un papel regulador, mientras cada proceso engendraba otros semejantes.[29]

Es casi imposible pensar que Tello de Sandoval haya dejado de percibir no sólo la influencia de Erasmo, sino sus palabras textuales

[27] *Dotrina christiana para instrucion e informacion de los indios, por manera de hystoria.* Compuesta por el muy reuerendo padre fray Pedro de Cordoua: de buena memoria: primero fundador de la orden de los Predicadores en las yslas del mar Oceano: y por otros religiosos doctos de la misma orden. La qual dotrina fue vista y examinada y aprobada por el muy R.S. el Licenciado Tello de Sandoval Inquisidor y Visitador desta Nueva España por su Magestad. La qual fue empressa en Mexico por mandato del muy R.S. don fray Juan Zumarraga primer obispo desta ciudad: del consejo de su Magestad y a su costa. Año de M.d.xliiij.

[28] Bataillon, 1982, p. 487.

[29] Ibid., p. 491.

en las doctrinas que Zumárraga publicó coincidiendo justamente con sus años de visita (1544-1547). Sin embargo, y esto no es conjetura, sabemos que Zumárraga murió tranquilo y que no hubo denuncias contra sus doctrinas "humanistas".

El autor original de la *Dotrina Christiana* (*1544*) era un dominico al que se ha calificado de hombre de "gran religion, zelo y letras".[30] Fray Pedro de Córdova había hecho sus estudios en Salamanca y tomado el hábito de Santo Domingo en el convento de San Esteban. Pasó a La Española en 1510 y después fue nombrado, junto con el obispo de Puerto Rico fray Alonso Manso, primer Inquisidor General de las Indias. Regresó a la isla de La Española, donde murió entre 1521 y 1525.[31] Fray Pedro consideraba que los dominicos debían conjugar la espiritualidad con el trabajo misional.[32] En la misma línea de Las Casas, hizo todo lo posible por lograr que los derechos del evangelio prevalecieran sobre los derechos "del mundo". No sólo era conveniente tratar bien a los indios para conquistarlos, sino que la suavidad y la persuasión estaban fundamentados en una teología y una visión teológica de la misma justicia.[33] En *Los predicadores divididos*, Ulloa explica que, para los dominicos, los privilegios que el papa había concedido al rey sólo se justificaban para la propagación de la fe y no para buscar intereses ajenos al Evangelio, como eran las riquezas y el poder. El "mundo" como centro de poder temporal, era incompatible con la "verdad". El Evangelio tenía derechos sobre el "mundo" y sobre los hombres: pero este derecho se entendía como la capacidad que tiene el hombre para vivir rectamente, siempre que escuche y acepte el evangelio. El Evangelio era, por lo tanto, el camino hacia la verdad y hacia la libertad.[34]

La versión original de la doctrina que vamos a ver a continuación se debe a Córdova. Vivir conforme a ese modelo debía contribuir a la liberación del hombre. Pudiera tratarse del primer catecismo formal manuscrito en América, por cierto en fecha muy temprana, puesto que fray Pedro murió cuando apenas llegaban los franciscanos a territorio novohispano. La versión revisada y aprobada por Gonzalo de Sandoval fue impresa en la ciudad de México y es, hasta

[30] *Dotrina Christiana (1544)*, colofón.

[31] Según Pedro González Ureña (citando a Las Casas), falleció en 1521; y según García Icazbalceta en 1525. Véase García Icazbalceta, 1954, p. 69.

[32] Véase Ulloa, 1977, p. 70.

[33] Ibid., p. 68.

[34] Ibid. Véase también *Juan* 8, 31-32.

donde tengo entendido, la primera doctrina impresa en la Nueva España redactada especialmente para "la instrucción e información de los indios" que se conoce completa. De una *Breve y compendiosa Doctrina Christiana* redactada en español y mexicano e impresa con anterioridad (1539), sólo tenemos noticia y tanto el *Tripartito* como la *Dotrina Breue* publicadas también en 1544, estaban destinadas lo mismo a españoles que a indios.

José Almoina menciona a Córdova como un representante de la prerreforma española y como un religioso de ánimo contemplativo que no escapó a la influencia de los "iluminados" españoles.[35] Pero la descripción es incompleta; habría que añadir algo más. Su espiritualidad no le impidió trabajar intensamente entre los indios y su completo entendimiento con Las Casas lo llevó a defenderlos contra los excesos de los encomenderos en las Antillas que usaban su poder para sojuzgar a los pobres y privarlos hasta de su libertad. Veremos ahora cómo, el particular interés y la preocupación de Córdova por los indios, se reflejan en muchos pasajes de la *Dotrina Christiana* (*1544*).

Los religiosos dominicos establecidos en la Nueva España anunciaron en este texto: 1) una labor de adaptación en cuanto al contenido y el método de la doctrina; 2) en función de la capacidad especial de los naturales; 3) sobre la base de la experiencia de los frailes que ya los conocían; 4) incluyendo todo lo necesario para su salvación.

Con este catecismo, los dominicos iniciaron la adaptación de la norma cristiana general a las condiciones especiales del indio en el Nuevo Mundo. Ellos sabían y aceptaban que el discurso era uno y universal y que no podía ser modificado en sus aspectos doctrinales pero, aun así y respetando estos principios, expresaron su deseo de atender a ciertos problemas específicos de las Indias que no estaban previstos en los textos de uso general.

La *Dotrina Christiana* (*1544*) está especialmente adaptada a la capacidad del indio, y así lo aclaran los religiosos en el colofón: "[...] por el estilo y manera que lleva para los indios será de mucho fruto que quadrará mas a su capacidad".[36] En varias doctrinas de Zumárraga encontramos la misma advertencia, no sólo respecto a los indios, sino al pueblo rudo e ignorante en general. No me parece que estos términos hayan tenido en estas tempranas fechas una carga

[35] Almoina, 1948, pp. 93-94.
[36] *Dotrina Christiana (1544)*, colofón.

peyorativa respecto a la raza indígena como tal, sino que señalaban una realidad de orden general: la ignorancia de la gente simple e iletrada, misma que era necesario remediar cuanto antes.

Esta doctrina tiene la particularidad de haber sido revisada, y "en algunas cosas añadida", por fray Domingo de Betanzos, el mismo religioso que ese año de 1544 escribía a Carlos V: "los indios no deben estudiar porque ningún fruto se espera de su estudio".[37] Podría alegrarse que otros evangelizadores no compartían el supuesto escepticismo de Betanzos respecto a la raza indígena y que la opinión de un individuo no tenía mayor significación en la vida religiosa y educativa de la comunidad. Pero Betanzos no era un fraile cualquiera, sino el dominio de más jerarquías en la Nueva España. Esta posición explicaría por qué sus escritos despertaron polémica desde sus primeros años en la Nueva España, y por qué se le juzgó con dureza acusándolo, inclusive ante el poderoso Consejo de Indias, de considerar a los indios "totalmente incapaces".[38] Desconocemos el texto de la acusación, lo cual es una pena pues no podemos saber en qué contexto —agravante o atenuante— fueron expresadas estas palabras,[39] pero sabemos que fray Domingo se defendió en forma vehemente:

> [...] yo he hablado algo en la capacidad de los indios en común, no diciendo que totalmente sean incapaces, porque esto yo nunca lo dije, sino que tenían muy poca capacidad como niños; lo cual ha sido harto mordido y adentellado, y esto, como bien saben vuestras mercedes, no lo dije yo para que se dejase de poner en su conversión y enseñanza todo el trabajo e diligencia que posible fuese [...]. E aunque mi boca callase, los trabajos que yo he pasado y tengo de pasar por remediar estas gentes darían testimonio del deseo que yo tengo de su salvación y remedio; donde claro está que lo que yo hablé a vuestras mercedes no fue para quitar su conversión y remedio, sino a fin de que, pues vuestras mercedes hacían leyes para aquellas gentes, conociesen su capacidad, porque no errasen.[40]

El texto parece indicar que la polémica venía de tiempo atrás y que, lejos de desafanarse por la enseñanza de los naturales, fray

[37] Carta de fray Diego de la Cruz y fray Domingo de Betanzos al emperador Carlos V. En Santo Domingo de México, 5 de mayo de 1544. Véase el cap. 11 de este trabajo: Se modifica el proyecto original de Santa Cruz, especialmente las notas 23 y 24.

[38] No conozco el texto de la acusación, pero sí la defensa que Betanzos elaboró ante el Consejo de Indias. Carta de fray Domingo de Betanzos al Consejo de Indias. Sin fecha. Gómez Canedo, 1960, pp. 45-46.

[39] Ibid.

[40] Ibid.

Domingo tenía empeño en sacarlos de su ignorancia, pero tomando en consideración sus circunstancias particulares de vida.

Si esta hipótesis resultara aceptable, la intervención de Betanzos en la publicación de este catecismo podría ser un punto de partida para arrojar una luz positiva y hasta ahora poco explotada, acerca de su participación en la evangelización de la Nueva España. En efecto, si fray Domingo se oponía a darles estudios a los naturales en su sentido más amplio y si rechazó el proyecto original de Tlatelolco, pero al mismo tiempo no encontró problema para revisar el estilo y adaptar esta doctrina a la "capacidad del indio", quiere decir que este texto respetuoso y cuidado le parecía apropiado para ellos. La *Dotrina Christiana* de 1544 pudo haberle servido para respaldar el trabajo editorial de Zumárraga y sumarse a la voluntad de los catequistas que, a diferencia suya, sí conocían la lengua mexicana y se ocupaban directamente en cristianizar a los indios adaptando la enseñanza a su capacidad.

El colofón de la obra retoma el término "capacidad" para afirmar que los indios pueden comprender la *Dotrina Christiana* de 1544 y adelante añade, inclusive, que "ay tantos dellos que saben leer por lo que sería conveniente traducir este texto a lenguas de indios".[41] Se explicita aquí la anuencia de los religiosos novohispanos para que los indios usen directamente esta doctrina, al tiempo que queda implícita la confianza de las autoridades en que los lectores selectos podrán llegar a entenderla. Zumárraga pide a los padres religiosos que velan por la conversion e instrucción de los naturales que, "ante todas cosas procuren de les predicar y hacer entender esta doctrina breve y llana".[42] Los dominicos señalan los pasos metodológicos que deben seguirse para adelantar en la enseñanza del catecismo e instrucción de los indios y escriben el texto a modo de historia para que puedan entender y retener en la memoria las cosas de la fe con más facilidad.[43] La doctrina debe hacerse amena y fácil para que el indígena alcance no sólo a memorizar las palabras textuales, sino que pueda "comprehender" su sentido. El término significa "abrazar" y el "comprehensor" —en este caso se trata del indio— es "el que ha alcanzado lo que pretendía, sin tener más que dessear ni inquirir".[44]

[41] *Dotrina Christiana (1544)*, colofón.
[42] Ibid.
[43] Ibid.
[44] Cobarruvias (1611).

Zumárraga y Betanzos, puesto que los dos participaron en esta edición, reafirman en el colofón de la *Dotrina Christiana (1544)*, la unidad fundamental de las órdenes religiosas y su responsabilidad equitativa en la evangelización. Por eso encargan a los miembros de las tres órdenes ya establecidas en la Nueva España —franciscanos, dominicos y agustinos— que trabajen en la instrucción y conversión de los naturales.[45] Consideran que esta doctrina es de especial utilidad para los principiantes, pues tienen más necesidad de ella que de otros sermones que se les predican. Debe servir a los sencillos en la misma forma que el *Tripartito* de Juan Gerson es de utilidad para los proficientes.[46]

Está escrita "para instrucción de los indios", adaptada a sus necesidades y contiene todo lo que deben conocer y creer para salvarse, incluyendo los mandamientos "que Dios nos manda que guardemos para que seamos sus amigos".[47] Sin embargo, no hace ninguna mención a la bebida desordenada entre los naturales como posible causa de una enemistad con Dios. Esto a diferencia de las otras dos doctrinas que salieron a la luz el mismo año.

Los dominicos se dirigen a la población indígena con palabras corteses en las que se destaca el amor de los misioneros hacia los indios que están en proceso de conversión:

> Muy amados hermanos: Sabed y tened por muy cierto que os amamos de mucho corazón, y por este amor que os tenemos, tomamos muy grandes trabajos, viniendo de muy lejos [...] para deciros los grandes y maravillosos secretos que Dios nos ha revelado para que os los digamos [...]. Por tanto os rogamos que estéis muy atentos a nuestras palabras y trabajad de entenderlas con mucha afición, porque son palabras de Dios [...] porque quiere haceros sus hijos para daros de los sus bienes y placeres y deleites muy grandes los cuales nunca jamás visteis ni oisteis.[48]

Los frailes ofrecen a los indios que toman la doctrina, la opción de alcanzar la recompensa, o sea el paraíso donde "no hay ni hambre ni sed". En cambio los padres, las madres y abuelos de estos indios que no tuvieron conocimiento del cristianismo, están ahora cociéndose en calderas y ollas llenas de pez, azufre y resina hirviendo y

[45] *Dotrina Christiana (1544)*, colofón; Véase también De la Torre Villar, 1981, pról., p. 61 y J. T. Medina, 1912, I, 14 y sig.

[46] *Dotrina Christiana (1544)*, colofón.

[47] Ibid., fol. c ij.

[48] Ibid., fol. a i.

"siempre están llorando y dando muy grandes gemidos y gritos en aquel lugar".[49]

Ninguna de las otras doctrinas de Zumárraga describe un infierno tan vivo y amenazante, con penas tan reales y sensibles. Los dominicos aprovechan las ventajas pedagógicas de explicar la religión a partir del mundo sensible —el que se percibe con los cinco sentidos— en lugar de complicar a sus fieles con un discurso más filosófico y sutil para el cual sólo unos cuantos, aun en el mejor de los casos, estarían preparados. El estudio de los textos didácticos debe haberse completado con cuadros vivos y representaciones masivas a la manera del *Auto Sacramental del Juicio Final* de fray Andrés de Olmos en el que, con música y gritos, los diablos se llevaban a los condenados a un infierno con calderos y llamas. Para que los indios eviten ese terrible lugar de tormentos, continúan los dominicos, deben someterse a la autoridad de la Iglesia y aceptar las nuevas normas que impone. Este proceso implica conocer y aceptar lo necesario para salvarse, pues quebrantando alguno de los mandamientos "merecemos el tormento del infierno para siempre y perdemos el cielo y la gloria del paraíso".[50]

Los religiosos hacen una atractiva descripción de la naturaleza, del orden y la belleza del mundo y luego, en contraste con la armonía que hace hermosa la creación, retoman a la antigua religión mexica, o sea a las principales divinidades que los naturales adoraban en su gentilidad. "Huichilobos y Tezcatepuca no eran dioses sino demonios." Se infiere que los adoradores de esos diablos, o sea los antiguos mexicanos, son los que ahora lloran y gritan y sufren en el infierno. En ninguna de las doctrinas "humanistas" se encuentran descripciones tan directas de los dioses prehispánicos.[51] Estas divinidades, dicho sea de paso, son las mismas en cuyas festividades tenía tanta importancia el uso ceremonial del *octli*. Los textos pastorales comienzan a introducir en la conciencia de los indios tres conceptos relacionados y complementarios: fiesta pagana, beodera e infierno. Para romper este círculo vicioso, van a fomentar otra trilogía: fiesta cristiana, sobriedad y cielo. Así proliferan las celebraciones comunitarias en que, teóricamente al menos, se excluye el pulque, y se venera la memoria de hombres y mujeres ejemplares que ya están en

[49] Ibid., fol. a ij.
[50] Ibid., fol. c iiij.
[51] Ibid., "Los artículos de la fe", fol. a iiij.

el cielo. Cada pueblo y cada día del año tienen su santo particular dotado de poderes diferentes. Alrededor de estas imágenes se va a ir integrando toda una religiosidad popular que absorbe elementos de ambas culturas, aunque modificando sus características originales.

Los dominicos no olvidaron la petición que Zumárraga les había hecho en 1544 y cuatro años más tarde, posiblemente con la ayuda de franciscanos y agustinos, redactaron un segundo texto catequístico, que en este caso fue bilingüe: castellano-mexicano. El 17 de enero de 1548, salía a la luz la *Doctrina Cristiana en Lengua Española y Mexicana*. (En lo sucesivo: *Doctrina Cristiana, 1548*.)[52] La obra se recomienda por ser "de grande vtilidad y prouecho para la salud de las almas y en especial para los naturales desta tierra",[53] y es cronológicamente la última publicada en vida de Zumárraga. Tiene el mérito adicional de ser un texto para aprendizaje de las dos lenguas; tanto para los españoles que quisieren aprender la lengua mexicana, como para los naturales "que quisiesen asimismo deprender la lengua española".[54]

Originalmente contenía dos apartados: la "doctrina chiquita que aquí está al principio, hecha por vía de diálogo", misma que servía para ser memorizada pero que se perdió, y la segunda, consistente en "cuarenta sermoncicos" en lengua clara que ampliaban el contenido de la primera parte, para que todo pudieran entender los naturales.[55] La obra debió tener buena acogida, puesto que a los dos años de la primera edición, ya se había hecho no sólo una segunda, sino una tercera. García Icazbalceta cotejó ambos ejemplares, uno fechado el 12 de febrero y otro el 17 de abril de 1550. Concluye que

[52] El final del colofón dice: "Fue impressa en esta muy leal ciudad de mexico en casa de juan pablos por mandato del reverendissimo señor don fray Juan zumarraga primer Obispo de Mexico. Y porque en la congregación que los señores obispos tuuieron se ordeno que se hiziessen dos doctrinas vna breve y otra larga: la breve el la que el año de M.d.xlvj se imprimio. Manda su señoria reuerendissima que la otra grande puede ser esta: para declaracion de la otra pequeña. Acabose de imprimir a xvij dias del mes de enero. Año de M.d.xlviij años".

[53] *Doctrina Cristiana (1548)*, colofón.

[54] "Acordaron de traducir la presente obra en lengua mexicana juntamente con la lengua española, una columna de una lengua y otra de la otra, sentencia por sentencia". Ibid., pról.

[55] Ibid. La edición facsímil de la de 1548 que fue publicada en Madrid por Ediciones Cultura Hispánica en 1944 y que yo he utilizado para consulta, está incompleta y comienza con el sermón once (fol. 50). Falta, por lo tanto, la "doctrina chiquita" que estaba al principio. También se perdió la parte superior de la última foja en que se encuentra el colofón; pero una edición de 1550, "corregida y aumentada", suple esta falla. Cf. con J. T. Medina, 1912, I, 43.

"no dejan la menor duda de que se trata de dos ediciones totalmente distintas", aunque no encuentra explicación que justifique dos ediciones con sólo dos meses de diferencia.[56]

La *Doctrina Cristiana* de 1548, igual que el texto de 1544 que le sirvió de modelo, trasluce el deseo de establecer una óptima relación entre el religioso y sus fieles y responde a un plan un trabajo cuidadoso, metódico y claro, acorde con el espíritu de la orden de los Predicadores. El o los autores de los sermones se dirigen a los naturales en el mismo tono comedido y afectuoso que caracteriza a la *Dotrina Christiana* (*1544*) de fray Pedro de Córdova: "aveís de saber mis amados hijos", "conviene que sepáis amados hijos", "estad atentos amados hermanos míos", etc.[57] En cuanto al contenido, tiene algunos rasgos diferentes. El más importante para nosotros es que, a diferencia del texto de 1544, éste sí habla de la embriaguez.

En el sermón xix sobre el cuarto mandamiento de la ley de Dios, advierten los dominicos que, "si alguno te induciere [...] a que te embeodes, no es justo que tu lo hagas ni obedezcas en cosa de pecado, porque no ofendas al nuestro gran rey y señor".[58] El tono cortés que distingue a toda la doctrina obliga al sacerdote a buscar giros del lenguaje que suavicen la violencia de cualquier acusación. No dice directamente "si te embeodas", sino que procura dar al indígena una salida digna: "si alguno te induciere [...]". Si fuere así, no "obedezcas en cosas de pecado".[59] En este caso la borrachera no se debe a la voluntad del bebedor, sino a una influencia negativa que viene de fuera y que propicia la caída del hombre por debilidad o flaqueza. Si recordamos el fuerte sentido comunitario de los indígenas y la manera como se hacían solidarios de los aciertos y fallas de los miembros de la sociedad, será más fácil comprender el sentido aparentemente ambiguo de los textos usados por los dominicos con fines didácticos.

Estas actitudes de los frailes traen reminiscencias de las pláticas de los Doce franciscanos en 1524. En esa ocasión se dijo a los indios que el diablo (malo) era el causante de la embriaguez y el hombre (bueno) debía estar alerta para no dejarse seducir. Ahora los domi-

[56] Cf. con García Icazbalceta, 1954, p. 82 y sig.

[57] *Doctrina Cristiana (1548)*, fol. LIJ, r. y v.; fol. LIIIJ, r.; fol. LXXIIIJ, r.; fol. LXXXIIJ, r., etc.

[58] Ibid., fol. LXXXIIIJ, r.

[59] Ibid.

nicos detallan: ''No es justo que lo hagas [...]'', ''no conuiene que le obedezcas [...]''.[60] Los catequistas refuerzan los aspectos positivos de la persona, tratando de que el indígena actúe en forma correcta mediante el convencimiento y no por amenazas. El argumento empleado por los frailes sería poco más o menos el siguiente: ''Dios te ama, y si te ama estoy seguro de que tú que eres bueno, al sentir ese amor de Dios, no quieres ofenderlo. Si lo haces es porque alguien o algo te persuadió''. Por la lectura del texto se infiere que el indígena no es malo, ni desea hacer el mal, ni lo hará si se le enseña el bien. Esta actitud sería congruente con la manera que tuvo Las Casas de concebir la evangelización: como una empresa lenta en la que mediante la persuasión y el buen ejemplo de vida, se iría modificando favorablemente la mentalidad de los naturales hasta cambiar su modelo de vida.

En estas primeras doctrinas adaptadas a las necesidades de los naturales, los religiosos reconocen que la población indígena no era homogénea y que los problemas y dificultades no eran comunes a todos ellos. Igual criterio se había aplicado en Tlatelolco para educar a los hijos de los nobles en forma diferente de los jóvenes macehuales. Aquí distinguen entre ''principales'', ''caballeros y señores'' y ''el pobre'', pues todos en esta vida tienen destinos diferentes.[61] Sin embargo, cuando los hombres mueren, se acaban las distinciones externas y circunstanciales y todas las razas y sexos quedan en situación similar. En el limbo hay:

> [...] niños varones y niñas hembras, assi hijos de españoles como tambien los hijos destos naturales, como tambien los hijos de todos los otros hombres del mundo vniuerso.[62]

Los dominicos diferencian la antigüedad que era tiniebla, de la actualidad que es luz. Aluden a las ceremonias prehispánicas, cuando se bebía de manera colectiva y se permitía el exceso. Con la llegada del cristianismo, deben extinguirse ''todas las borracheras con que os andabaís embeodando'' en épocas pasadas.[63]

En el apartado sobre la lujuria, los frailes se refieren a ''nuestro enemigo que con nosotros traemos, que es nuestra carne [que] siempre

[60] Ibid.
[61] Ibid., fol. LXXXVIJ, r.
[62] Ibid., fol. CXX, v.
[63] Ibid., fol. CXXXV, r.

nos induce a pecar para que el demonio nos haga esclavos''. Por eso convienen que el hombre aborrezca ''toda manera de luxuria y toda delectación carnal e inmundicie''.[64] Otra vez tenemos la figura del enemigo que ''nos induce a pecar'', queriendo decir que la persona no es mala, que el mal viene de fuera y que no hay que dejarlo entrar. La ''gula y embriaguez o borrachera'' es una de las puertas por las que el mal penetra en el hombre. Esta parte del catecismo recuerda la doctrina de Casiano que, mil años antes, había llamado a la gula ''apetito superfluo'' y ''pasión más débil''. Preguntaba: ''El que no ha sabido refrenar los apetitos superfluos de la gula, ¿cómo podrá extinguir los ardores de la concupiscencia?''[65] Los dominicos coinciden con Casiano cuando explican el quinto pecado mortal:

> [...] con este pecado y abominación hace el demonio esclavos y siervos a todos los borrachos, así hombres como mujeres y a los demás que andan en glotonerías y que por la gula y glotonería ofenden o están dispuestos y aparejados para ofender a Dios.[66]

El demonio es ahora el causante de la embriaguez; se apodera del hombre y lo esclaviza por medio de la bebida. El texto censura en forma semejante la comida y la bebida excesivas y recomienda la virtud contraria a la gula:

> [...] se llama templanza, para que seamos templados en las cosas de comer y en las cosas del beber. Porque no conviene que demos a nuestro enemigo que es nuestra carne todo lo que quiere: mas habemos de limitarlo: porque el demonio no nos haga esclavos.[67]

¿Hasta dónde esta advertencia podía interesar a los indígenas que habitaban en el altiplano central a mediados del siglo XVI? ¿Tenían la misma oportunidad o debilidad por excederse en el comer, dándole así literalmemte gusto a la carne, que por beber más de la cuenta? Pudieron tener el gusto por la comida, pero oportunidades para ser golosos, tuvieron pocas. La población indígena en su conjunto siempre había sido parca en el comer, y si algo había caracterizado a la cocina prehispánica era la habilidad de las mujeres para lograr óptimos

[64] Ibid., ''Sobre los pecados mortales''. La lujuria, fol. CXLVIJ, r.
[65] Casiano, *Instituciones*, p, 199.
[66] *Doctrina Cristiana (1548)*, fol. CXLVIJ, v. y CXLVIIJ, r.
[67] Ibid., fol. CXLVIJ, v.'y CXLVIIJ, r.

resultados con los escasos ingredientes disponibles. Es cierto que la venida de los españoles multiplicó la cantidad y variedad de alimentos aprovechables para los habitantes de la Nueva España,[68] pero el indígena se nutría básicamente de maíz y su rendimiento por parcela no aumentó con la conquista. Tal vez, inclusive, haya disminuido por la erosión del suelo que se inició o agravó a raíz de la misma.[69] En la medida en que pudo haber bajado el rendimiento de las parcelas, los habitantes resintieran aún más la acción de los fenómenos naturales. Cuando había sequías, inundaciones, granizo o heladas, se perdían las cosechas y venían las hambrunas. Sus efectos se agudizaban porque los alimentos, incluyendo el maíz, debían traerse de muy lejos, sufrían el recargo de los altos fletes y se vendían a precios inasequibles.[70] Aun cuando otros productos estuvieran disponibles, ninguno era aceptado voluntariamente por los indígenas como sustituto del maíz.

Hacia 1548, la población indígena había disminuido en forma alarmante. Tomando como base las cifras que proporciona indirectamente Motolinía al señalar el número de bautizos administrados entre 1523 y 1536,[71] Francisco Calderón calcula que al tiempo de la conquista había poco más de 9 millones de habitantes[72] y que, para mediados de siglo, podía haberse reducido hasta unos 5 millones de personas.[73] Para el año de publicación de la última doctrina de Zumárraga, posiblemente de cada dos indígenas, uno había muerto por causas diversas, sobre todo por su falta de inmunidad a diversas enfermedades traídas de Europa. Esa enorme mortandad se debió en primer lugar a las epidemias de viruela, sarampión, tifo exantemático y otras, pero también, aunque en menor medida, al trabajo excesivo a que fueron sometidos los naturales o a calamidades diversas.[74]

[68] Corcuera, 1981, pp. 50-60.

[69] Calderón, 1988, p. 219.

[70] Ibid., pp. 219-220.

[71] Aproximadamente cuatro y medio millones de personas en manos de los franciscanos y un número semejante de manos de otros frailes y clérigos. Calderón, 1988, p. 88.

[72] Tal vez cerca de 11 millones, según estudios de Cook y Simpson realizados en 1948. Se refiere a la zona limitada en el norte por la línea que va de Sinaloa al Pánuco y en el sur por el Istmo de Tehuantepec, sin contar a Nueva Galicia. Ibid., p. 89. Investigaciones posteriores realizadas por Cook, asociado esta vez con Borah, arrojan una cifra mucho más elevada pero, después de analizar las fuentes, Calderón las considera menos confiables que las de 1948. Ibid., pp. 88-89 y 94.

[73] No hay datos de Cook y Simpson para 1548, pero calculan 6,427,000 habitantes en 1540 y sólo 4,409,000 en 1565. Cook y Borah dan la cifra de 6,300,000 habitantes para 1548, pero calculan sólo 2,650,000 para el año de 1568, por lo que los números siguen girando alrededor de los cinco millones de habitantes. Ibid., p. 226.

[74] Ibid., pp. 217-218.

La *Doctrina Cristiana* de 1548 incluye el sacramento de la Eucaristía y describe la Ultima Cena. A diferencia del texto de 1544 en el que simplemente se menciona el vino,[75] ahora se especifica que el sacerdote celebrante emplea vino de Castilla. Los religiosos procuran, una vez más, dar a la explicación el giro más amable posible: "Por ventura direís vosotros los mis amados cómo se puede hacer esto".[76] Explica que Jesús:

> [...] tomo en sus manos el caliz que alli sobre la mesa estaua con que beuian y echo en el vn poco de vino de castilla: luego lo bendijo y dixo sobre ello unas palabras muy maravillosas y admirables. Y con aquellas palabras conuirtio y voluio aquel vino de castilla en verdadera sangre suya preciosissima [...] y no por esto se perdio [...] su sabor ni su olor de aquel pan ni de aquel vino.[77]

Como el pulque se conocía también como "vino de la tierra", queriendo decir con esto que era originario "de esta tierra", es posible que los catequistas aclararan que se trataba de vino de Castilla para evitar confusiones. La persona con el poder y la autoridad para efectuar la transustanciación no es indígena, puesto que ellos no se ordenaban sacerdotes y la materia de la acción, el vino de Castilla, es una bebida de color, sabor y olor ajenos a la geografía y a la cultura americanas. Los indígenas veían que el sacerdote oficiante tenía esta bebida en tal valor que la colocaba dentro de un cáliz de oro y de plata,[78] a la vez que su propio brebaje embriagante, el viejo *teoctli* o pulque, la bebida sagrada de las ceremonias prehispánicas, era rechazada y los viejos sacerdotes eran perseguidos como demonios.

Los religiosos que deseaban introducir a los indios en los conceptos cristianos válidos y vigentes sobre la gula siguieron una estrategia persuasiva y buscaron razones positivas para que el indio bebiera con moderación. Dedicaron más interés a los mandamientos de la ley y a explicar la eucaristía que a la práctica de la penitencia.

[75] El texto no aclara que se trata de vino de uva, llamado también vino de Castilla: "[...] tomó la copa o vaso en que bebía con vino..." *Dotrina Christiana (1544)*, fol. C IIIJ.

[76] *Doctrina Christiana (1548)*, fol. CIJ, v.

[77] Ibid., fol. CJ, v.

[78] Ibid., fol. CIIIJ.

LA *DOCTRINA CHRISTIANA BREUE* DE MOLINA, 1546

La *Doctrina Christiana Breue*,[79] redactada por fray Alonso de Molina en 1546, no es la última de las doctrinas publicadas en vida y por mandato de Zumárraga, pero decidí ponerla al final de este trabajo por ser la que mejor ejemplifica, entre los ocho textos catequísticos que forman el cuerpo de esta investigación, la orientación doctrinal que siguió la Iglesia novohispana en años posteriores. A pesar de tratarse de un texto muy escueto, es una especie de parteaguas mental entre la primera y la segunda mitad del siglo XVI.

Para destacar su especial significado, vuelvo a señalar que, ante la escasez y fragilidad del material catequístico disponible en mexicano como eran las cartillas, los *testerianos* y las guías manuscritas con todas sus variantes, los religiosos estaban urgidos de textos impresos en lenguas indígenas.

Como las doctrinas que venían de Europa estaban escritas en latín o castellano, el catequista no tenía más opción que hacer, en algún momento, el trabajo de traductor. Si no había aprendido el mexicano, se limitaba a leer en voz alta —como papagayo— el texto previamente traducido al mexicano igual que los neófitos que tenían el mismo problema de lenguaje, pero al revés.

Encontrar la gente idónea que hablara con fluidez el náhuatl y el español, que conociera los fundamentos de la doctrina cristiana, que entendiera la mentalidad de los indígenas y que tuviera la vocación de misionar entre ellos, no era asunto fácil. Por eso, la aparición de los primeros manuales impresos con texto en mexicano debe haber sido un verdadero alivio para los evangelizadores, sobre todo aquellos que, como ya se dijo, apenas se iniciaban en las lenguas indígenas y no eran realmente bilingües o políglotas.

No es casualidad que el primer libro impreso en América de que se tiene conocimiento, aunque está perdido y sólo se conozca a través de un segundo texto, haya sido posiblemente una *Breve y mas compendiosa Doctrina Christiana en Lengua Mexicana y Castellana*, "[...] para aprovechamiento destos indios naturales y salvacion

[79] *Doctrina Christiana Breue* traduzida en lengua Mexicana, por el padre frai Alonso de Molina de la Orden de los menores. Examinada por el Reverendo padre Ioan gonzalez, Canonigo de la yglesia Cathedral, de la ciudad de Mexico, por mandado del Reverendisimo Señor don fray Ioan de Zumarraga, obispo de la dicha ciudad, el qual la hizo imprimir en el año de 1546 a 20 de Iunio. Las páginas señaladas corresponden al Informe de la Provincia del Sancto Evangelio (aprox. 1570). En *Códice franciscano*, pp. 34-61.

de sus animas''.[80] Si se localizara, sería un primer ensayo hecho para que los indios y españoles no carecieran por más tiempo de un catecismo breve impreso en ambas lenguas.[81]

La primera doctrina escrita en mexicano que conocemos con certeza es la *Doctrina Christiana Breue* de 1546. Es posible que el texto original de ese año no fuera siquiera bilingüe, sino impreso en lengua mexicana, aunque poniendo en español el título de cada uno de los capítulos.[82] Esa edición desapareció, pero la conservamos íntegra en los dos idiomas a través de la *Relación de la Provincia del Sancto Evangelio*, documento que fue enviado por los franciscanos a España como respuesta a una petición del rey, hecha el 23 de enero de 1569. Felipe II se dirigió al entonces arzobispo de México, fray Alonso de Montúfar, pidiéndole que le entregase, entre otros escritos, ''copia del catecismo de la doctrina cristiana que se enseña''.[83]

Se trata de una doctrina menor o breve, redactada para la enseñanza de niños y gentes menos hábiles y fue recomendada como texto breve por la Junta de Prelados del año de 1546, lo mismo que las *Adiciones*. Ambas tuvieron distinto destino al paso de los años:

[80] En su *Bibliografía mexicana del siglo* XVI, García Icazbalceta cita esta obra con el núm. 1, correspondiente al primer título impreso en la Nueva España. ''[Al fin] A honra y gloria de Nuestro Señor Jesu-christo, y de la Virgen Santissima su madre, fue impressa esta *Doctrina Christiana* por mandato del señor don Fray Juan de Zumarraga, primer obispo desta gran ciudad de Tenuchtitlan, Mexico desta Nueva España, y a su costa, en casa de Juan Cromberger, año de mill y quinientos y treinta y nueve.'' García Icazbalceta, 1981, pp. 57-58. Don Joaquín toma el título de esta supuesta *Doctrina Christiana* de las *Cartas de Indias* publicadas en Madrid en el año de 1887 y remite al lector a una carta que el clérigo Pedro de Logroño dirigió a Felipe II en la que se lee: ''Hice, yo y el primero y no otro el *Manual de los adultos para bautizar*, por orden y nota del obispo de Mechuacan''. Logroño había ''gastado treynta y dos años en administrar los Sacramentos a estos yndios en el mar del Sur y del Norte'' y entendía ''tres o cuatro lenguas destos naturales''. *Cartas de Indias*, 1887, pp. 249-252. Sin embargo en el mismo texto, se cuestiona esta afirmación de Logroño y se da noticia de una *Doctrina Cristiana* impresa en 1539, porque este libro ''ha de ser más estimado como de fecha anterior al *Manual de adultos*''. *Cartas de Indias*, p. 787. Cf., Zulaica, 1939, pp. 30-31. Hay noticia de que se trataba de ''una *Doctrina* en tamaño muy pequeño'' impresa en México hacia 1538. Véase Wagner, 1940, p. 61.

[81] Véase J.T. Medina, 1912, p. 36.

[82] Wagner, 1940, p. 88

[83] *Códice Franciscano*, pp. 33 y sig. Cf., J.T. Medina, 1912, I, 30; García Icazbalceta, 1981, pp. 71-73. Como este texto es bilingüe mexicano castellano, pudo quedar incluido en la serie de Doctrinas Cristianas editadas por Zumárraga que se estudia ahora, a diferencia de la *Doctrina* de fray Pedro de Gante, editada en 1547 (aprox.) que se conoce por una impresión posterior de 1553, pero cuyo texto mexicano no fue traducido al español.

la de Molina era la doctrina que "se enseñaba a los indios" en 1570, habiendo sustituido a las *Adiciones* y a otros manuales que podemos suponer, estaban cayendo en el olvido. Su autor, fray Alonso de Molina, era considerado "la mejor lengua mexicana que hay en la Nueva España". Los franciscanos mencionaban los nombres de dos "lenguas" (expertos en lengua mexicana) en su Informe de ese año: uno era fray Alonso de Molina y el otro fray Bernardino de Sahagún:

> Son solos los que pueden volver perfectamente cualquiera cosa en lengua mexicana y escribir en ella, como lo han hecho de muchos años acá [...] que mientras vivan estos dos religiosos, que ambos son ya viejos, les den todo el favor y calor posible para que se ocupen en escribir en la dicha lengua mexicana, porque será dejar mucha lumbre para los que adelante hubieren de entender en predicar y administrar los Sacramentos a los naturales de la Nueva España.[84]

Por su tamaño reducido y su sencillez, la *Doctrina Christiana Breue (1546)* era el texto ideal para ser memorizado por los indios de principio a fin. Los niños lo repetían en las escuelas y los que sabían leer podían estudiarlo en sus casas. Su contenido era lo mínimo que se pedía a todos los niños y mancebos hijos de los naturales y, en general, a quienes querían recibir los sacramentos, incluyendo a las castas o grupos de sangre mezclada que con el tiempo iban a constituir una base importante de la población. Siendo el texto tan escueto, los religiosos tenían que hacer a los indígenas, en su momento y a su manera, las explicaciones complementarias de los temas más importantes, mismas que desconocemos porque, al hacerlo de manera informal y oral, al no guardarse registro escrito, el viento se llevó las palabras.

A pesar de las limitaciones que presenta para su estudio una doctrina tan breve, pueden observarse ciertas tendencias novedosas en relación al sujeto, en este caso el indígena que está siendo cristianizado. Molina tiene poco que decir respecto a la gula. La menciona como vicio en el apartado dedicado a la Declaración del Pecado Mortal y añade que su virtud contraria es "la templanza contra la gula".[85] Pasa de inmediato a definir el pecado mortal como una acción que "mata el alma y el cuerpo". El bebedor desordenado o

[84] *Códice Franciscano*, p. 69.
[85] *Doctrina Christiana Breue (1546).*

rebelde pierde la gloria eterna, Dios lo desampara, se priva de las mercedes de la Iglesia y las buenas obras que hace en este estado no le aprovechan. ¿Qué habrán significado estos castigos para los nuevos cristianos? Sólo a título de hipótesis, quisiera externar algunas posibilidades:

La primera sanción, la pérdida de la felicidad eterna, sólo era efectiva después de la muerte. Mientras el infractor estuviera vivo —aunque siguiera bebiendo— no tenía de qué preocuparse. La segunda no era fácil de discernir, pues el indígena no necesariamente estaba convencido "del amparo de Dios", sobre todo considerando que desde que la nueva religión le fue presentada y a pesar de lo que enseñaban los misioneros, el balance de la conquista le resultaba negativo. Las últimas formas de castigo le daban al borracho posibles beneficios que sólo comprendía a medias puesto que, como ya hemos visto, eran conceptos nuevos y complejos para él y le resultaban ajenos a su cultura tradicional. En su conjunto, las sanciones de la Iglesia no afectaban su manera presente de vida, ni alteraban su posición dentro de la familia o la comunidad, pues no tenían vigencia "aquí" y "ahora" sino, se les decía, después de la muerte. La Iglesia podía amenazar al bebedor, pero la sanción verdadera, la desventura y el dolor eternos, sólo tenía cumplimiento cuando el borracho ya no iba a beber de ninguna manera. ¿Por qué, se habrán preguntado los indígenas impenitentes o incrédulos, dejar de beber hoy sólo por la amenaza de una condena posible de la cual nadie tenía evidencia? Ante la duda, muchos tomaban el bien presente, porque para ellos beber era un pseudobien inmediato, y hacían a un lado el posible, pero no experimentado, mal futuro.

En esta primera etapa, la Iglesia amonestaba y censuraba a los borrachos, pero sin lograr despertar en el seno de las comunidades indígenas un ambiente de rechazo efectivo hacia los infractores de la norma, comparable al que había prevalecido entre los antiguos mexicanos. Después de la muerte de Zumárraga, en cambio, la práctica de la penitencia privada y obligatoria comenzó a observarse con mayor frecuencia y modificó lo que Serge Gruzinski llamó "las antiguas redes de solidaridad y sociabilidad"[86] que hasta entonces habían ayudado a mantener unida a la sociedad indígena.

[86] Gruzinski, "Normas cristianas...", 1989, p. 111; la difusión de los confesionarios a partir de la segunda mitad del siglo XVI coincidió con la disminución de la población indígena y con la disponibilidad de un creciente número de sacerdotes. El resultado fue una práctica más generalizada del sacramento de la penitencia.

En el caso de la *Doctrina Christiana Breue (1546)*, fray Alonso sugiere que el pecador se acerque al sacramento de la penitencia y busque la absolución. Al explicar cómo se perdona el pecado mortal, Molina abandona la primera persona del plural —el "nosotros" apropiado para el intercambio comunitario— y concentra el diálogo en el sujeto individual. El penitente queda solo frente al sacerdote y en el secreto del confesionario se ve en la necesidad de hablar de sí mismo en singular: "me pesa y me arrepiento [...]", "declarando todos mis pecados [...]", "aquello que me mandare hacer el confesor [...]".[87] Con éstos y parecidos términos que facilitaban la introspección, el concepto de pecado se fue identificando con un acto libre. El penitente tomaba responsabilidad personal y singular de sus actos y manifestaba su adhesión individual a un conjunto de valores y de normas particulares y explícitas bastante diferentes de los lazos temporales y sobrenaturares comunitarios celosamente guardados por la sociedad indígena.[88] En este caso, el penitente se confiesa de haber faltado en acciones muy concretas y cotidianas: "[...] en comer, en beber, en reír, en jugar, en mofar y murmurar de otros [...]".[89]

LAS PRIMERAS EXPRESIONES DESPECTIVAS HACIA LOS INDIOS

Después de transcribir el catecismo de Molina en el informe que enviaron a España en 1570, los franciscanos esbozan los lineamientos de la política educativa que siguió la Iglesia en la Nueva España durante el periodo colonial. Los frailes decidieron que:

> Esta [*Doctrina Christiana Breue (1546)*] generalmente se usase en todo lo que alcanza la lengua mexicana y que de las *Doctrinas* menores sólo ésta se imprimiese en la Nueva España, para evitar confusión y diversidad de *Doctrinas*, pues es cosa que sobre todas las otras requiere unidad y conformidad.[90]

En el mismo Informe, los franciscanos recomiendan a los confesores de indios y, por extensión, de mestizos, negros y mulatos, que examinen la conciencia de los penitentes mediante una serie de

[87] *Doctrina Christiana Breue (1546)*, "Declaración del pecado mortal".
[88] Véase Gruzinski, "Normas cristianas...", 1989, p. 111.
[89] *Doctrina Christiana Breue (1546)*, conclusión.
[90] Ibid.

preguntas previas, "para satisfacer al sacerdote que saben la doctrina y que no la han dejado olvidar, y para poner en ellos más cuidado y no dar lugar a su pereza y descuido".[91]

En ninguna de las ocho doctrinas publicadas por Zumárraga se hace mención a la "pereza y descuido" de los indios. En este caso, los comentarios negativos tampoco son parte del texto, sino de las aclaraciones que lo acompañan. Sin embargo, los primeros conceptos despectivos en impresos pastorales tuvieron sus antecedentes en otra obra editada por el obispo de México, lamentablemente perdida, salvo las tres primeras páginas. Se trata de un *Manual de adultos*, publicado en México, en 1540 con la colaboración de los obispos don Vasco de Quiroga y fray Juan de Zumárraga, además de Cristóbal Cabrera, notario apostólico que lo elaboró tomando como modelo un *Manual Breve Romano* antiguo que había sido publicado en Venecia.[92]

Cabrera explica al ministro el propósito del *Manual*: enseñar al adulto los fundamentos de la religión conforme a las enseñanzas de "los padres primitivos", o sea de las llamadas "autoridades". Lo interesante es que en este impreso, el más antiguo de América al que podemos tener acceso aunque sea mutilado, tenemos ya una referencia a los naturales, pero que no manifiesta hacia ellos la confianza o el optimismo que expresaron las otras obras impresas por Zumárraga. Cabrera muestra poca fe en ellos y en contraste con el "venerable sacerdote" que conoce y que enseña, está el "indezuelo ignorante y misérrimo" que pudiera despreciar gracia tan sublime. Dice el texto que el *Manual* incluía "los primeros rudimentos que deben enseñársele" al indio y "lo que está obligado a saber el adulto desidioso".[93]

El catecismo del padre Molina inició el modelo de evangelización popular que prevaleció en la Nueva España después de la muerte del

[91] *Doctrina Christiana Breue (1546).*

[92] En su *Bibliografía mexicana del siglo XVI*, pp. 58-61, García Icazbalceta hace alusión a una obra muy rara, *Itinerarium catholicum proficiscentium ad infideles convertendos* (España, 1574), que contiene parte del texto perdido de este *Manual de adultos* ordenado por Vasco de Quiroga. El mismo texto se encuentra con algunas variantes en el *Códice Franciscano* y relata la manera de cómo los frailes franciscanos administraban los sacramentos: "Mas para con los indios, y aun con niños españoles, en el bautismo usamos de un manual breve romano antiguo que se halló en un *Manual Romano* impreso en Venecia, y después se imprimió aquí en México por mandato del obispo de buena memoria D. Fr. Joan de Zumárraga". *Códice Franciscano*, p. 87.

[93] *Manual de adultos (1540).* Cit. por García Icazbalceta, 1954, p. 59

primer obispo de México. Los franciscanos lo seguían recomendando en 1570 por considerarlo el más apropiado para los naturales y escrito en mejor lenguaje. El sucesor de Zumárraga, el dominico fray Alonso de Montúfar, ordenó una segunda impresión ese mismo año de 1570.[94] Tres años más tarde, en 1573, fue mandado recoger sorpresivamente por los teólogos calificadores del Santo Oficio para que fuesen "enmendadas ciertas cosas que en la dicha doctrina no suenan bien y otros no conforman con el uso común de la Iglesia, se vuelva a imprimir".[95]

¿Por qué esta repentina decisión de suspender el uso de un catecismo especialmente preparado para los indios? No sé qué parte específica de la *Doctrina Christiana Breue (1546)* atrajo la mirada de los inquisidores, pero esto sucedió en una época de creciente control de la Iglesia en la vida novohispana. Hechas las modificaciones pertinentes, el texto se volvió a imprimir y de su aceptación y éxito, después del momentáneo tropiezo referido, son testimonio varias reimpresiones posteriores.

Joaquín García Icazbalceta tuvo noticia de cuatro ediciones, todas ellas escritas sólo en mexicano, que corresponden a los años 1675, 1718, 1732 y 1735. La segunda, realizada en el año de 1718, fue corregida por fray Manuel Pérez, cura de indios con muchos años de experiencia y autor él mismo de una doctrina esclarecedora de las dificultades que presentaba del trabajo pastoral entre los indios a principios del siglo XVIII (*Farol indiano*, 1713). Tal vez, en este caso la corrección del texto mexicano se haya hecho para adaptar el lenguaje más clásico y puro del padre Molina a los giros y términos mexicanos usuales entre los indígenas durante el siglo XVIII. Si así fuera, estaríamos ante una actualización o modernización de la lengua y ante una labor de adaptación no muy diferente a la que el propio padre Molina había llevado a cabo casi dos siglos antes al hacer, en esa ocasión, la primera traducción del texto catequístico a lengua de indios.[96]

El pulque fue tomando su sitio en los textos posteriores a la muerte del primer obispo de México y el tema de la bebida embriagante se

[94] Wagner, 1940, p. 85.

[95] Fray Domingo de Salazar, dominico; fray Antonio Quixada de la Orden de San Francisco; maestro fray Martín de Perea, prior del convento de San Agustín; maestro Pedro Sánchez, provincial de la Compañía de Jesús. En México, a 9 días del mes de julio de 1573. En Wagner, 1940, p. 85.

[96] Véase: García Icazbalceta, 1954, p. 73.

sumó a otros que ya servían de pauta para diferenciar a los habitantes del Viejo y del Nuevo Mundo. Al menos en este caso, tengo la impresión de que la distinción no significó que se les comprendiera mejor, sino que se les controlara con más severidad aunque, paradójicamente, no con más eficiencia. En el curso de una investigación posterior, quisiera ver cómo evolucionó el término pulque una vez que las doctrinas erasmianas fueron sustituidas por los catecismos y confesionarios emanados del Concilio de Trento. El análisis de estos textos, incluyendo el *Confesionario Mayor* de fray Alonso de Molina (1565, 1569 y 1578) o el *Confesionario* de fray Juan Bautista (1599), podría ser útil para notar si los indios, y los grupos populares que tenían sangre indígena, tuvieron la opción de ser mejor comprendidos cuando los textos pastorales identificaron abiertamente el pulque como la bebida embriagante propia de su cultura y de su medio geográfico, o si el hecho de relacionarlo con los hábitos del pueblo vencido contribuyó a destacar el rechazo al mismo bebedor. Un acercamiento preliminar, y por lo tanto provisional, parecería inclinar la balanza en esta dirección: vimos que se prohibió muy pronto el uso del vino entre los indios, a pesar de que era el único embriagante bien visto por la Iglesia, y sólo se les dejó la bebida que tenía relación con sus costumbres particulares, sus tradiciones y sus antiguos dioses, o sea el pulque. Como los aficionados se embriagaban con frecuencia, es posible que los confesores cayeran en la tentación de identificar la acción de ingerirlo con la falta misma o sea con la embriaguez pero, irónicamente, al quitar a los indios el vino de Castilla, no les dejaban más opción que tomar la bebida que cuestionaban.

El problema de la bebida desordenada, hasta entonces una cuestión cultural capaz de ser resuelta, o al menos comprendida, mediante la enseñanza de las verdades generales del cristianismo, se volvió un asunto étnico. En lugar de vino, se habló de pulque; en lugar del hombre que caía en el exceso por debilidad o por circunstancias particulares igualmente infortunadas para cualquier ser humano, se señaló al indio cuya "menor capacidad" y "especial disposición por la bebida" hacían muy difícil que permaneciera sobrio.

Pudimos ver cómo, en textos que no eran normativos, los religiosos asociaban el pulque con la pérdida de las facultades, que embrutece, que literalmente hace bruto al hombre. Bruto es "el animal irracional, tardo y grosero" y, por extensión, se llama así "a los hombres de poco discurso''.[97] Como muchos indígenas bebían pulque, los evangelizadores se fueron haciendo a la idea de que estaban ''embrutecidos'' y de que, aun los que no bebían, tenían poco juicio y limitada capacidad. Este prejuicio contribuyó sin duda a la producción de textos educativos de menor calidad adaptados a ellos. La falta de una educación más esmerada propició, a su vez, una creciente pasividad que se reflejó en su poca disposición al aprendizaje y generó un perverso círculo vicioso. Pocas posibilidades tuvieron a partir de entonces de acceder a la profundidad, riqueza y espiritualidad del cristianismo.

[97] Cobarruvias (1611).

13. CONCLUSIÓN

La primera generación de religiosos que conoció a los indígenas gentiles y tuvo trato con ellos, murió en el desencanto de no haber podido consolidar lo que llamaban "el triunfo de la fe". Lo paradójico es que fue la única generación que tuvo la oportunidad histórica del contacto directo con la cultura indígena original. El borrador de los *Coloquios*, cualquiera que haya sido la modalidad de este encuentro, quedó cubierto de polvo en algún lugar del convento de Tlatelolco; el trabajo monumental de Sahagún fue enjuiciado por la Corona española; las doctrinas "humanistas" de Zumárraga fueron sustituidas después de 1550 por los catecismos "indígenas" y por los numerosos confesionarios especialmente adaptados para el uso de los indios. Tal vez más grave, con el abandono del proyecto de educación superior original del Colegio de Santa Cruz y con la falta de comunicación mutua entre ambos grupos, los indios fueron tratados como perdedores o vencidos también en el terreno de la instrucción religiosa.

En el contexto del modelo original de evangelización, la embriaguez no significaba un problema separado ni merecía atención especial; se esperaba que se resolviera, junto con otras dificultades, al establecer la concordancia entre los nuevos conocimientos fundamentales predicados a los indios y la práctica de vida subsecuente. Las primeras doctrinas impresas en la Nueva España, o sea las "humanistas" que eran congruentes con este modelo, no tuvieron vigencia el tiempo suficiente como para que los indios que tenían acceso a ellas alcanzaran a modificar sus hábitos de vida en función de lo que ya iban comprendiendo, pero que todavía no aceptaban. Tampoco hay que descartar la posibilidad de que, dentro del marco de libertad subyacente a esta presentación del cristianismo, los indios, después de haber "comprendido", optaran por rechazar, en lugar de aceptar, la nueva representación del mundo.

El modelo de evangelización "humanista" tuvo efectos que terminaron por escapar al control de la Iglesia. Sin duda, el hecho de que el contenido de las doctrinas haya resultado en actitudes no deseadas o buscadas por los frailes, contribuyó a su abandono o, dicho con otras palabras, a su destrucción. Tal vez la consecuencia más amenazante de la aplicación de este modelo haya sido la capacidad crítica que, dentro del grupo noble, pudieron desarrollar los jóvenes más inquietos o despiertos. De manera paralela, los padres de estos chicos pueden haber visto con recelo una educación integral que había de modificar de manera definitiva y trascendente las relaciones entre los miembros de la familia y del grupo social. De ser así, no sería difícil que, por razones diferentes, grupos indígenas influyentes y todavía en posesión de sus privilegios, hayan sumado esfuerzos con franciscanos y dominicos de tendencia tridentina deseosos de modificar el proyecto original de Tlatelolco.

Podría afirmarse que, en la Nueva España, la década de 1540, sirvió de laboratorio para lanzar o probar ideas que luego serían discutidas en el Concilio de Trento. En el Viejo Mundo, el movimiento de contrarreforma que tuvo lugar a mediados de siglo fue antierasmista y, en la Nueva España, una actitud semejante —pero cronológicamente un poco anterior— provocó el abandono del proyecto original del Colegio de Santa Cruz. De la misma manera, las doctrinas "humanistas" o erasmistas que había publicado Zumárraga no volvieron a imprimirse y cayeron en el olvido.

De un proyecto de evangelización humanista y dinámico acorde con los ideales de la Reforma española, se pasó a un modelo más uniforme de cristianización sustentado en la obediencia. Esta opción se manifestó en las llamadas "doctrinas indígenas", que también hacían hincapié en la destrucción de la visión indígena del mundo pero, como novedad, renunciaban en la práctica a proporcionar a los conversos la visión cristiana en su riqueza y complejidad originales. Al pasar los años y consolidarse después de 1550 la presencia española en las tierras americanas, el uso de los textos claramente "indígenas" condujo a una aceptación más pasiva, menos fundamentada, y en muchas ocasiones sólo superficial, del discurso cristiano. En apariencia las capas populares de la población se sometieron a este modelo; en la práctica, encontraron muchas y diversas maneras de evadir el control de la Iglesia. A estas consideraciones de orden general, me gustaría añadir algunas relacionadas con la bebida embriagante.

Las doctrinas permiten suponer que, hasta la muerte de Zumárraga, el discurso empleado oficialmente por la Iglesia para convencer a los indios del uso moderado de la bebida embriagante se apoyó más en argumentos persuasivos que coercitivos o punitivos. En su conjunto, todas ellas manejan la embriaguez como un problema de orden general, que puede ser primero comprendido y después solucionado, mediante la enseñanza de verdades universales aplicables a todos los hombres y a todas las culturas, incluyendo la indígena mesoamericana. A partir de la segunda mitad del siglo XVI aumentó el peso relativo de la embriaguez en proporción a la totalidad de las faltas y la bebida excesiva fue señalada como un mal que invadía todos los ámbitos de la vida práctica. En forma creciente, la bebida desordenada se consideró la falta más común en la raza indígena.

Las diferencias educativas y las crecientes distinciones que se hicieron entre ambos grupos étnico-culturales —me refiero a indios y españoles— dificultaron un posible acercamiento y debilitaron los fundamentos de una deseable integración de todos los habitantes de la Nueva España a mediano plazo, con miras a construir un país más homogéneo. El proceso de mestizaje iniciado con el primer contacto entre europeos y americanos y que tuvo tan buenos auspicios con el primer modelo de evangelización, siguió adelante, aunque resultó más lento y se enfrentó a mayores obstáculos de los previstos inicialmente.

Quisiera terminar con una reflexión que nos acerca al mundo actual porque, dicen mis colegas, viajar al pasado sólo es válido si ilustra al viajero, esto es, al hombre curioso, y lo reconcilia con el presente.

En la actualidad, el tema de la bebida excesiva o desordenada sigue preocupando a las autoridades y a los grupos sociales en general. Sin embargo, el manejo del lenguaje ha cambiado pues, tanto tiempo después de la muerte del obispo Zumárraga, no se habla de una estrategia de evangelización que favorezca la práctica de la sobriedad, o de un modelo de vida cristiana que actúe como marco de referencia para todas las acciones de la vida, sino de la embriaguez como un mal social que dificulta el desarrollo integral de la persona, propicia una enfermedad grave y genera una adicción. A pesar del cambio de expresiones, ¿hasta dónde, a fines del siglo XX, continúa viva la polémica que se inició cuando los frailes flamencos y extremeños se comunicaron con los indígenas, cuando el viejo pulque y los innumerables dioses de la embriaguez se enfrentaron al vino y al mundo mediterráneo?

BIBLIOGRAFÍA CONSULTADA

DOCTRINAS IMPRESAS POR MANDATO DE ZUMÁRRAGA

1543-1544 (*Dotrina Breue*). Zumárraga, fray Juan de. *Dotrina Breue muy prouechosa de las cosas que pertenecen a la fe catholica y a nuestra cristiandad en estilo llano para comun inteligencia.* Compuesta por el Reuerendissimo S. don fray Juan zumarraga primer obispo de Mexico. Del Consejo de su magestad. Impressa en la misma ciudad de Mexico por su mandato y a su costa. Año de M.d. xliij. (Ed. facs., New York, The United States Catholic Historical Society, 1928.)

1544 (*Dotrina Christiana*). Cordoua, Pedro de. *Dotrina Christiana para instrucion e informacion de los indios: por manera de historya.* Compuesta por el muy reuerendo padre fray Pedro de Cordoua: de buena memoria: primero fundador de la orden de los Predicadores en las yslas del mar Oceano: y por otros religiosos doctos de la misma orden. La qual dotrina fue vista y examinada y aprouada por el muy R. S. el licenciado Tello de Sandoual Inquisidor y Uisitador en esta Nueua España por su Magestad. La qual fue impressa en Mexico por mandado del muy R. S. don fray Juan Zumarraga primer obispo desta ciudad: del consejo de su Magestad. y a su costa. Año de M.d. xliiij. [Localicé esta obra en la Universidad de Texas, Austin.]

1544 (*Tripartito*). Gerson, Juan. *Tripartito del Christianissimo y consolatorio doctor Juan Gerson de doctrina christiana: a cualquiera muy prouechosa.* Traduzido de latin en lengua Castellana para el bien de muchos necessario. Impresso en Mexico: en casa de Juan Cromberger. Por mandato y a costa del R. S. obispo de la mesma ciudad Fray Juan Zumarraga. Reuisto y examinado por su mandato. Año de 1544. [Ed. facs. ordenada por Salvador Ugarte, pról. de Alberto María Carreño, Ediciones ''Libros de México'', 1949.]

1546 (*Doctrina Cristiana Breue*). Molina, Alonso de. *Doctrina Christiana Breue traduzida en lengua Mexicana*, por el padre frai Alonso de Molina de la Orden de los menores, y examinada por el Reverendo padre Ioan gonzalez, Canonigo de la yglesia Cathedral, de la ciudad de Mexico, por mandado del Reverendisimo Señor don fray Ioan de Zumarraga, obispo de la dicha ciudad, el qual la hizo imprimir en el año de 1546 a 20 de Iunio. (En *Códice franciscano*, aprox. 1570.)

1546 (*Doctrina Cristiana*). *Doctrina Cristiana mas cierta y verdadera para gente sin erudicion y letras: en que se contiene el catecismo o informacion para indios con todo lo principal y necessario que el christiano deue saber y obrar*. Impressa en Mexico por mandato del Reuerendissimo señor Don fray Juan Zumarraga, 1546. [El ejemplar que conozco, se encuentra en la Biblioteca Cervantina, del Instituto Tecnológico y de Estudios Superiores de Monterrey.]

1546 (*Adiciones*). *Suplemento o adiciones del cathecismo*. En *Doctrina Cristiana: mas cierta y verdadera para gente sin erudicion y letras: en que se contiene el catecismo o informacion para indios con todo lo principal y necessario que el christiano deue saber y obrar*. Impressa en Mexico por mandato del Reuerendissimo señor Don fray Juan Zumarraga, 1546. Este catecismo breve es, en efecto, un suplemento o adición a la *Doctrina cristiana: mas cierta y verdadera (1546)* a que hago referencia en la ficha anterior y se localiza también en la Biblioteca Cervantina, del Instituto Tecnológico y de Estudios Superiores de Monterrey.

1547 (*Regla*). *Regla Christiana Breue: para ordenar la vida y tiempo del christiano que se quiere saluar y tener su alma dispuesta: para que Jesuchristo more en ella*. Impressa por mandado del reuerendissimo Señor don fray Juan Zumarraga primer Obispo de Mexico Del consejo de su Magestad. A quien por la congregacion de los señores obispos fue cometido la copilacion y examen & impression della. Acabose de imprimir en fin del mes de enero del año de 1547. Ed., introd. y notas de José Almoina, México, Editorial Jus, 1951.

1548 (*Doctrina Cristiana 1548*). *Doctrina Cristiana en Lengua Española y Mexicana*, por los religiosos de la Orden de Santo Domingo, México, en casa de Juan Pablos, por mandato de fray Juan de Zumárraga, 1548. [El ejemplar que consulté se encuentra en la Biblioteca Nacional de Madrid.]

Fuentes documentales del siglo XVI

Acosta, Joseph de. *Historia natural y moral de las Indias (1590)*. Ed. preparada por Edmundo O'Gorman, México, Fondo de Cultura Económica, 1979.

Cartas de Indias (siglo XVI). 1a. ed., Madrid, Imprenta de Manuel G. Hernández, 1877. Presentación de Andrés Henestrosa, México, Secretaría de Hacienda y Crédito Público, Miguel Ángel Porrúa, 1980.

Códice Florentino. Véase Sahagún, Bernardino de.

Códice Franciscano. Véase García Icazbalceta, Joaquín.

Coloquios y Doctrina Cristiana. Véase León-Portilla, Miguel.

Constantino Ponce de la Fuente. *Suma de Doctrina Christiana*. En que se contiene todo lo principal y necesario que el hombre christiano debe saber y obrar. Colofón: Acabose la presente obra: compuesta por el muy reuerendo señor el doctor Constantino: fue impressa en la muy noble y muy leal ciudad de Seuilla: en las casas de Juan cromberger que sancta gloria aya: año de mill y quinientos y quarenta y tres: a siete dias del mes de Deziembre. [El ejemplar que consulté se encuentra en la Biblioteca Nacional de París.]

Enchiridion. Véase Erasmo de Rotterdam.

Erasmo de Rotterdam. *Enchiridion o Manual del caballero cristiano*, ed. de Dámaso Alonso, pról. de Marcel Bataillon y *La paráclesis o exhortación al estudio de las letras divinas*, ed. y pról. de Dámaso Alonso, Madrid, S. Aguirre, Impresor, 1932. (Revista de Filología Española.)

——*Elogio de la locura*, ed. y trad. del latín de Teresa Suero, 2a ed., Madrid, Editorial Bruguera, 1981.

——*Obras escogidas*, traslación castellana directa, comentarios, notas y estudio biobibliográfico por Lorenzo Riber, 2a ed., Madrid, Aguilar, 1964.

Fucher, Juan. *Itinerario del misionero en América (1574)*. Madrid, Victoriano Suárez, 1960.

García Icazbalceta, Joaquín (ed.) *Códice Franciscano, siglo XVI*. En *Nueva Colección de Documentos para la Historia de México*, tomo segundo. México, Antigua Librería de Andrade y Morales, Sucesores, 1889.

García, Genaro. *Documentos inéditos o muy raros para la historia de México*, 1a. ed., México, 1905-1911, 2a. ed., México, Editorial Porrúa, 1974. (Biblioteca Porrúa, 58.)

Guía de las Actas de Cabildo de la ciudad de México, siglo XVI, trabajo realizado bajo la dirección de Edmundo O'Gorman, con la colaboración de Salvador Novo, México, Fondo de Cultura Económica, 1970.

Hernández, Francisco. *Historia natural de Nueva España (1571-1576)*, 2 vols. México, UNAM, 1959.

Las Casas, Bartolomé de. *Apologética historia sumaria*, 2 vols., ed. de Edmundo O'Gorman. México, UNAM, 1967. (Instituto de Investigaciones Históricas.)

——*Doctrina*, pról. y selección de Agustín Yáñez, 2a. edición, México, UNAM, 1951. (Biblioteca del Estudiante Universitario, 22.)

——*Del único modo de atraer a todos los pueblos a la verdadera religión*, advert. previa de Agustín Millares Carlo, introd. de Lewis Hanke, México, Fondo de Cultura Económica, 1975. (Colección Popular, 137.)

León-Portilla, Miguel (ed.). *Coloquios y Doctrina Cristiana. Con que los doce frailes de San Francisco, enviados por el papa Adriano VI y por el emperador Carlos V, convirtieron a los indios de la Nueva España*. En lengua mexicana y española. Los diálogos de 1524 dispuestos por fray Bernardino de Sahagún y sus colaboradores. Ed. fasc., introd., paleog., versión del náhuatl y notas de Miguel León-Portilla. México, Universidad Nacional Autónoma de México, 1986. (Fundación de Investigaciones Sociales, A.C.)

——*Los franciscanos vistos por el hombre náhuatl. Testimonios indígenas del siglo XVI*, México, Universidad Nacional Autónoma de México, 1985. (Instituto de Investigaciones Históricas.)

——*Ritos, sacerdotes y atavíos de los dioses*. Introd., paleog. y notas de Miguel León-Portilla, México, Universidad Nacional Autónoma de México, 1958. (Instituto de Historia: Seminario de Cultura Náhuatl.)

Mendieta, fray Gerónimo de. *Historia eclesiástica indiana (fines del siglo XVI)*. La publica por primera vez Joaquín García Icazbalceta, México, Antigua Librería Portal de Agustinos, 1870; ed. facsimilar, México, Editorial Porrúa, 1970. (Biblioteca Porrúa, 46.)

Motolinia, fray Toribio de Paredes. *Relación de los ritos antiguos, idolatrías y sacrificios de los indios de la Nueva España, y de la maravillosa conversión que Dios en ellos ha obrado.* Manuscrito de la Ciudad de México. Introd, trans. paleog. y notas de colación con los Manuscritos de la Biblioteca de San Lorenzo El Real de El Escorial y "The Hispanic Society of America" de la Ciudad de Nueva York. Por Javier O. Aragón. México, Contabilidad Ruf Mexicana, 1979.

Olmos, Andrés de. *Auto del Juicio Final (1533)*, presentación de Margarita Mendoza López, dibujos de Carmen Parra, México, Instituto Nacional de Bellas Artes, 1983.

Oroz, Fray Pedro de, Fr. Gerónimo de Mendieta y Fr. Francisco Suárez. *Relación de la descripción de la Provincia del Santo Evangelio que es en las Indias Occidentales que llaman La Nueva España. Hecha en el año de 1585 por Fr. Pedro Oroz, Fr. Jerónimo de Mendieta y Fr. Francisco Suárez, de la misma Provincia.* Publicada con introd. y notas por Fr. Fidel de J. Chauvet, México, Editorial Junípero Serra, 1975.

Osuna, Francisco de. *Tercer abecedario espiritual*, est. histórico y ed. crítica por Melquiades Andrés. Madrid. Biblioteca de Autores Cristianos, 1972. (Número 333.)

Paráclesis. Véase Erasmo de Rotterdam.

Proceso criminal del Santo Oficio de la Inquisición, dei Fiscal en su nombre, contra don Carlos, indio principal de Tezcuco. Con un estudio prel. de Luis González Obregón, México, Eusebio Gómez de la Puente, Editor, 1910. (Publicaciones de la Comisión Reorganizadora del Archivo General y Público de la Nación.)

Recopilacion del leyes de los reynos de las Indias. Edición facs. de la de Madrid, Por Iulian de Paredes, año de 1681, en 4 vols. En México, por Miguel Angel Porrúa, año de 1987.

Relación de la descripción de la Provincia del Santo Evangelio que es en las Indias Occidentales que llaman La Nueva España. Véase Oroz, Pedro.

Sahagún, Bernardino de. *Historia general de las cosas de la Nueva España*, 2 tomos, primera versión íntegra del texto castellano del manuscrito conocido como *Códice florentino.* Introd., paleog., glos., y notas de Alfredo López Austin y Josefina García Quintana, México, Fondo Cultural Banamex, 1982.

——*Códice Florentino*. Manuscrito 218-20 de la Colección Palatina de la Biblioteca Medicea Laurenziana, ed. facs., México, Archivo General de la Nación, 1982.

Torquemada, Juan de. *Monarquía indiana. De los veinte y un libros rituales y monarquía indiana, con el origen y guerras de los indios occidentales, de sus poblazones, descubrimiento, conquista, conversión y otras cosas maravillosas de la mesma tierra*. Ed. preparada bajo la coordinación de Miguel León-Portilla, 3a ed., 7 vols., México, Universidad Nacional Autónoma de México, 1975-1983. (Instituto de Investigaciones Históricas. Serie de historiadores y cronistas de Indias, 5.)

Zorita, Alonso. *Leyes y ordenanzas reales de las Indias del Mar Océano, por las cuales primeramente se han de librar todos los pleitos civiles y criminales de aquellas partes y lo que por ellas no estuviere determinado se ha de librar por las leyes y ordenanzas de los Reinos de Castilla*, por Alonso Zorita, 1574. Versión paleográfica y estudio crítico por Beatriz Bernal. México, Secretaría de Hacienda y Crédito Público, 1984.

Fuentes para la historia de la Iglesia

Aquino, Tomás de. *Suma Teológica*, ed. bilingüe, texto latino de la ed. crítica Leonina. Trad. y anotaciones por una comisión de R. P. Dominicos presidida por el Exmo. y Rvdmo. Sr. Dr. Fr. Francisco Barbado Viejo, O.P. Introd. gral. por el R.P. Mtro. Fr. Santiago Ramírez, O.P. Madrid, Biblioteca de Autores Cristianos, 1955.

Ariès Philiphe y Georges Duby (editores generales) *A history of private life*, vol. I. Paul Veyne (ed.), *From pagan Rome to Bizantium*, trad. de Arthur Goldhammer, Cambridge, Massachusetts and London, England, The Belknap Press of Harvard University Press, 1987.

——*A history of private life*, vol. II. Georges Duby (ed.), *Revelations of the medieval world*, trad. de Arthur Goldhammer, Cambridge, Massachusetts and London, England, The Belknap Press of Harvard University Press, 1988.

——*Historia de la vida privada*, vol. III, dirigido por Roger Chartier, *Del Renacimiento a la Ilustración*, trad. de Ma. Concepción Martín Montero, Madrid, Taurus, 1989.

Bataillon, Marcel. *Erasmo y España*, trad. de Antonio Alatorre, México, Fondo de Cultura Económica, 1982.

Biblia de Jerusalén, Ed. española, dirigida por José Angel Ubieta, Bruselas, Desclée de Brouwer, 1967.

Caillois, Roger. *El hombre y lo sagrado*, trad. Juan José Domenchine, México, FCE, 1984.

Casiano, Juan. *Conférences*, 3 vols., introd., texto latino, trad. y notas por Dom E. Pichery, París, Les Éditions du Cerf, 1955. (Sources Chrétiennes, 42, 54, 64.)

——*Instituciones*, Madrid, Ediciones Rialph, 1957. (Nebli, Clásicos de Espiritualidad.)

Certeau, Michel de. "Místicos en los siglos XVI y XVII: El problema de la palabra." Trad. de Solange Alberro *et al.*, artículo mecanografiado, s/año. No he podido localizar los datos de una posible publicación.

Cohn, Norman. *En pos del milenio, Revolucionarios milenaristas y anarquistas místicos en la Edad Media*. 3a ed., versión española de Ramón Alaix Busquets; versión española del apéndice y notas Cecilia Bustamante y Julio Ortega, Madrid, Alianza Editorial, 1985.

Copleston, F.C. *Aquinas*, Middlesex, Penguin Books, 1982.

Duby, Georges. *Le Moyen Age, l'Europe des cathédrales (1140-1280)*. Genéve, Editions d'Art Albert Skira, 1984.

——*Los tres órdenes o lo imaginario del feudalismo*, 2a. ed., pról. de Arturo R. Firpo, Barcelona, Argot, 1983.

Eliade, Mircea. *Lo sagrado y lo profano*, trad. de Luis Gil, 2a ed., Madrid, Ediciones Guadarrama, 1973.

——*Mito y realidad*, trad. de Luis Gil, 2a. ed., Madrid, Ediciones Guadarrama, 1973.

Gregorio el Grande. *Morales sur Job*, 2a. ed., París, Les Éditions du Cerf, 1975. (Sources Chrétiennes.)

Jaeger, Werner. *Cristianismo primitivo y paideia griega*, trad., Elsa Cecilia Frost, México, Fondo de Cultura Económica, 1980.

Kelley, Emilia Navarro de (ed.). *Constantino Ponce de la Fuente, Fray Jerónimo Gracián de la Madre de Dios, Beatus Vir, Carne de Hoguera*, ed. introd. y notas de Emilia Navarro de Kelley, Madrid, Editora Nacional, 1977.

Le Goff, Jacques. *La bolsa y la vida. Economía y religión en la Edad Media*, trad. de Alberto L. Bixio, Barcelona, Gedisa, 1987.

(Colección Hombre y Sociedad. Historia, Antropología y Etnografía.)

——"Les mentalités; une histoire ambigüe", en: Jacques Le Goff et al., *Faire de l'histoire*, vol. 3, 3 vols., Paris, Gallimard, 1978.

—— *Los intelectuales en la Edad Media*, trad. de Alberto L. Bixio, Barcelona, Gedisa, 1986.

Lerosey, A. *Histoire et symbolisme de la liturgie*, 2a. ed. Paris, Berche et Tralin, 1912.

Meeks, Wayne A. *The first urban christians, the social world of the apostle Paul*, New Haven, London, Yale University Press, 1983.

Menéndez Pelayo, Marcelino. *Historia de los heterodoxos españoles*, 2 vols, 4a. ed., Madrid, Biblioteca de Autores Cristianos, 1987.

Poema de Gilgamesh, ed. preparada por Federico Lara, 2a. ed., Madrid, Editora Nacional, 1983.

San Agustín. *Confesiones*, 9a. ed., versión, introd. y notas de Francisco Montes de Oca, México, Editorial Porrúa, 1986. (Sepan Cuantos, 142.)

San Francisco de Asís, ed. preparada por José Antonio Guerra, 3a ed., Madrid, Biblioteca de Autores Cristianos, 1985.

San Gregorio Magno. Véase Gregorio el Grande.

Santo Domingo de Guzmán, ed. preparada por Lorenzo Galmes y Vito T. Gómez, Madrid, Biblioteca de Autores Cristianos, 1987.

Suero, Teresa. Véase Erasmo de Rotterdam.

Weyl, Martin *et. al. Treasures of the Holy Land, Ancient art from the Israel Museum*, New York, The Metropolitan Museum of Art, 1986.

Fuentes para la historia de México, incluyendo la historia de la Iglesia en México

Almoina, José. Véase Zumárraga, fray Juan de, *Regla Christiana Breue (1547)*.

——"El erasmismo de Zumárraga". En *Filosofía y Letras*, México, Universidad Nacional Autónoma de México, 1948. (Revista de la Facultad de Filosofía y Letras, enero-marzo, 1948.)

Baudot, Georges. *Utopía e historia en México. Los primeros cronistas de la civilización mexicana (1520-1569)*, trad. del francés por Vicente González Loscertales, Madrid, Espasa-Calpe, 1983.

Calderón, Francisco. *Historia económica de la Nueva España en tiempo de los Austrias*, México, Fondo de Cultura Económica, 1988. (Sección de Obras de Economía.)

Carreño, Alberto María. Véase Gerson, Juan, *Tripartito*.

Chavero, Alfredo. Véase Riva Palacio, Vicente.

Clavijero, Francisco Javier. *Historia antigua de México*, pról. de Mariano Cuevas, 4a. ed. México, Editorial Porrúa, 1974. (Sepan Cuantos, 29.)

Corcuera de Mancera, Sonia. *Entre gula y templanza, un aspecto de la historia mexicana*, México, UNAM, 1981.

——"Normas morales sobre la embriaguez indígena (1569-1713)". En Sergio Ortega, *et. al. Del dicho al hecho... Transgresiones y pautas culturales en la Nueva España*, México, Instituto Nacional de Antropología e Historia, 1989. (Seminario de Historia de las Mentalidades.)

Cuevas, Mariano. *Historia de la Iglesia en México*, 5 vols. 3a. ed., El Paso, Texas, Editorial Revista Católica, 1928.

De la Torre Villar, Ernesto. *Estudio crítico en torno de los catecismos y cartillas como instrumentos de evangelización y civilización*. En Fray Pedro de Gante, *Doctrina Cristiana en lengua mexicana*. Edición facs. de la de 1553, México, Centro de Estudios Históricos Fray Bernardino de Sahagún, 1981-1982.

——*Instrucciones y memorias de los virreyes novohispanos*, estudio preliminar, coordinación, bibliografía y notas de Ernesto de la Torre Villar, compilación e índices de Ramiro Navarro de Anda, 2 tomos, México, Editorial Porrúa, 1991.

Florescano, Enrique *et al. Atlas histórico de México*, México, Siglo XXI, 1983. (Cultura, SEP.)

Fonseca, Fabián de; Urrutia, Carlos de. *Historia general de la Real Hacienda, por orden del Virrey Conde de Revillagigedo*, 6 vols., México, Imprenta de Vicente García Torres, 1845, 1849, 1850, 1851, 1852, 1853. Ed. fasc. publ. por la Secretaría de Hacienda y Crédito Público, 1978.

Galarza, Joaquín; Monod Becquelin, Aurora. *Doctrina christiana. Méthode pour l'analyse d'un manuscript pictographique mexicain du XV IIIe siècle avec application à la première prière: le Pater Noster*, París, Société d'Ethnographie, 1980. (Recherches Américaines 2.)

García Icazbalceta, Joaquín. *Bibliografía mexicana del siglo XVI*. 1a. ed. 1886, Nueva edición por Agustín Millares Carlo, México, Fondo de Cultura Económica, 1954.

Garibay K., Ángel María. *Historia de la literatura náhuatl*, México, Editorial Porrúa, 1954, 2 vols.

Gibson, Charles. *Los Aztecas bajo el dominio español, 1519-1810*, trad. de Julieta Campos, 9a. ed. en español, México, Siglo XXI, 1986.

Gómes Canedo, Lino. "¿Hombres o bestias?". En *Estudios de Historia Novohispana*, v. 1, México. Instituto de Investigaciones Históricas, UNAM, 1960.

Gonçalves de Lima, Oswaldo. *El maguey y el pulque en los códices mexicanos*, México, Fondo de Cultura Económica, 1956.

Gruzinski, Serge. *La colonisation de l'imaginaire. Sociétés indigènes et occidentalisation dans le Mexique espagnol, XVI-XVIII siècle*. París, Gallimard, 1988.

——"La mère dévorante: Alcoolisme, sexualité et déculturaction chez les mexicas" (1500-1550). Cahiers des Ameriques Latines 20, 1979.

——"Normas cristianas y respuestas indígenas: apuntes para el estudio del proceso de occidentalización entre los indios de Nueva España." En Sergio Ortega, *et. al.*, *Del dicho al hecho... Transgresiones y pautas culturales en la Nueva España*, México, Instituto Nacional de Antropología e Historia, 1989. (Seminario de Historia de las Mentalidades.)

Informe que la Real Vniversidad y claustro pleno de ella de la Ciudad de México de esta Nueva España haze a el Excellentissimo Señor Virrey de ella en conformidad de orden de su Excelencia de 3 de Julio de este año de 1692. Sobre los inconvenientes de la bebida de el Pulque.

Instrucciones y memorias... Véase De la Torre Villar.

Kobayashi, José María. *La educación como conquista (Empresa franciscana en México)*, 1a. ed. 1974, México, El Colegio de México, 1985.

León, fray Martín de. *Confesionario en lengua mexicana y castellana*. En *Camino del Cielo*, México, 1611.

León-Portilla, Miguel. *Imagen y obra escogida*, México, Universidad Nacional Autónoma de México, 1984. (Colección México y la UNAM, 60.)

Liss, Peggy K. *Orígenes de la Nacionalidad Mexicana, 1521-1556. La formación de una nueva sociedad*. Trad. de Agustín Bárcena, México, Fondo de Cultura Económica, 1986. (Sección de Obras de Historia.)

López Austin, Alfredo. *Cuerpo humano e ideología, Las concepciones de los antiguos nahuas*. II vols., México, Universidad Nacional Autónoma de México, 1984.

—— *Hombre-Dios, religión y política en el mundo náhuatl*, México, Universidad Nacional Autónoma de México, 1973. (Instituto de Investigaciones Históricas, Serie de Cultura Náhuatl. Monografías: 15.)

Mathes, Miguel. *Santa Cruz de Tlatelolco: la primera biblioteca académica de las Américas*, México, Secretaría de Relaciones Exteriores, 1982. (Archivo Histórico Diplomático Mexicano.)

Medina, José Toribio. *Historia del tribunal del Santo Oficio de la Inquisición en México*, ampliada por Julio Jiménez Rueda, México, Ediciones Fuente Cultural, 1952.

—— *La imprenta en México (1539-1821)*, Santiago de Chile, Impreso en casa del autor, 1912.

Ortega Noriega, Sergio *et al*. *El placer de pecar y el afán de normar*. Seminario de Historia de las Mentalidades, México, Joaquín Mortiz, 1987. (Dirección de Estudios Históricos del Instituto Nacional de Antropología e Historia.)

Ortega y Medina, Juan A. *Imagología del bueno y del mal salvaje*, México, UNAM, 1987. (Instituto de Investigaciones Históricas.)

Osorio Romero, Ignacio. *La enseñanza del latín a los indios*, México, Universidad Nacional Autónoma de México, 1990. (Instituto de Investigaciones filológicas. Biblioteca Humanística Mexicana. 4.)

Porras Muñoz, Guillermo. *El clero secular y la evangelización de la nueva España*, discurso de ingreso a la Academia Mexicana de la Historia, correspondiente a la Real de Madrid, pronunciado el día 21 de octubre de 1986 y respuesta de Roberto Moreno. México, Universidad Nacional Autónoma de México, 1987.

Ricard, Roberto. *La conquista espiritual de México, 1523-24 a 1572*, trad. de Angel María Garibay, México, Fondo de Cultura Económica, 1986.

Riva Palacio, Vicente *et al*. *México a través de los siglos*, 5 vols., México, Ballestá y Compañía editores, Barcelona, Espasa y

Compañía editores, Vol. I, Alfredo Chavero, 1884; vol. II, Vicente Riva Palacio, 1885.

Rivera, Manuel. *Los gobernantes de México. Galería de biografías y retratos de los virreyes, emperadores, presidentes y otros gobernantes que ha tenido México desde don Hernando Cortés hasta el C. Benito Juárez*. Escrita por Manuel Rivera, 2 vols., México, Imprenta de J.M. Aguilar Ortiz, 1873.

Rojas Rabiela, Teresa; Sanders, William T. *Historia de la agricultura. Época prehispánica, siglo XVI*. Dos vols., 2a ed., México, Instituto Nacional de Antropología e Historia, 1989. (Serie: Historia.)

Rubial García, Antonio. *El convento agustino y la sociedad Novohistana (1533-1630)*, México, Universidad Nacional Autónoma de México, 1989. (Instituto de Investigaciones Históricas. Serie Historia Novohispana /34.)

——"La Insulana, un ideal franciscano medieval en Nueva España." En *Estudios de Historia Novohispánica*, vol. VI. México, 1978.

Ruiz de Alarcón, Hernando; Sánchez de Aguilar, Pedro; De Balsalobre, Gonzalo. *Tratado de las idolatrías, supersticiones, dioses, ritos, hechicerías y otras costumbres gentilicias de las razas aborígenes de México*. Notas, comentarios y un estudio de don Francisco del Paso y Troncoso. México, Ediciones Fuente Cultural, 1953. (Vol. II.)

Serna, Jacinto de la; Ponce, Pedro; Feria, fray Pedro de. *Tratado de las idolatrías, supersticiones, dioses, ritos, hechicerías y otras costumbres gentilicias de las razas aborígenes de México*. Notas, comentarios y estudio de don Francisco del Paso y Troncoso. 1a. ed. 1892. México, Ediciones Fuente Cultural, 1953.

Taylor, William B. *Embriaguez, homicidio y rebelión en las poblaciones coloniales mexicanas*, trad. del inglés de Mercedes Pizarro de Parlange, México, Fondo de Cultura Económica, 1987.

Ulloa, Daniel. *Los predicadores divididos (Los dominicos en Nueva España, siglo XVI)*, México, El Colegio de México, 1977. (Centro de Estudios Históricos. Nueva Serie, 24.)

Vetancurt, Agustín de. *Teatro Mexicano, Crónica de la Provincia del Santo Evangelio de México (1698)*. Menologio Franciscano. 1a. ed. facs., México, Editorial Porrúa, 1971. (Biblioteca Porrúa, 45.)

Wagner, R. Enrique. *Nueva Bibliografía Mexicana del Siglo XVI*. Suplemento a las bibliografías de don Joaquín García Icazbalceta, don José Toribio Medina y don Nicolás León. Escrita en inglés y compilada por don Enrique R. Wagner, trad. por Joaquín García Pimentel y Federico Gómez de Orozco, México, Editorial Polis, 1940.

Yáñez, Agustín. Véase Las Casas, *Doctrina*.

Zavala, Silvio (ed.). *La "Utopía" de Tomás Moro en la Nueva España y otros estudios*, introd. de Genaro Estrada, México, Antigua Librería Robredo, de José Porrúa e Hijos, 1937. (Biblioteca Histórica Mexicana de Obras Inéditas, 4.)

Zulaica Garate, Román. *Los franciscanos y la imprenta en México en el siglo XVI*, México, Editorial Pedro Robredo, 1939.

REFERENCIAS DIVERSAS

Cobarruvias, Sebastián de. *Tesoro de la Lengua Castellana o Española*, Primer Diccionario de la Lengua, 1611. Edición fasc., Madrid-México, Ediciones Turner, 1984.

Diccionario de Autoridades. *Diccionario de la Lengua Castellana, en que se explica el verdadero sentido de las voces, su naturaleza y calidad, con las phrases o modos de hablar, los proverbios o refranes y otras cosas convenientes al uso de la lengua (1726-1739)*. Ed. facs. Madrid, Editorial Gredos, 1979.

Foucault, Michel. *La arqueología del saber*, trad. de Aurelio Garzón del Camino, 4a ed. en español, México, Siglo Veintiuno, 1977.

Johnson, Hugh. *The World Atlas of wine*, London, Mitchell Beazley, 1977.

Prendice, E. Parmelee. *El hambre en la historia*, trad. de Francisco Javier Cortada, Buenos Aires-México, Espasa-Calpe Argentina, 1946.

Robelo, Cecilio. *Diccionario de aztequismos o sea jardín de las raíces aztecas*, 3a. ed., México, Ediciones Fuente Cultural, sin año.

Santamaría, Francisco. *Diccionario de mejicanismos*, Méjico, Editorial Porrúa, 1974.

LISTA DE LAS ILUSTRACIONES

15. Retrato del virrey Mendoza en la **Primer nueva crónica y buen gobierno**, de Phelipe Guzmán Poma de Ayala, siglo XVI. En Tovar de Teresa, 1987, p. 51.
16. Baco vertiendo vino. Grabado firmado H. W., a la manera de Ambrosio Francken (flamenco, 1544-1618). Publicado por Michiel Snyders. En Fromm, 1979, lámina 57.
17. Hombre sentado en una pérgola, bebiendo. Grabado de Hendrik Goltzius (holandés, 1558-1617). Publicado por Jan Pietersz van Berendrecht. En Fromm, 1979, lámina 69.

LISTA DE LÁMINAS A COLOR

1. **Códice Florentino**, libro primero, apéndice, cap. 16, fol. 40 recto.
2. **Códice Florentino**, libro cuarto, cap. 5, f. 11 vuelto.
3. **Códice Florentino**, libro décimo, cap. 11, f. 24 vuelto.
4. **Códice Florentino**, libro cuarto, cap. 4, f. 11 recto.
5. **Códice Mendocino**, lámina LXXII, f. 71 recto.
6. **Códice Mendocino**, lámina LXXI, f. 70 recto.
7. **Códice Mendocino**, lámina LXXI, f. 70 recto.
8. **Códice Mendocino**, lámina LXXI, f. 70 recto.

REFERENCIAS BIBLIOGRÁFICAS

(Sólo los textos no incluidos en la bibliografía principal)

Cardini, Franco, **Europa 1492, retrato de un continente hace quinientos años**, Madrid, Grupo Anaya, 1989. (Sociedad Estatal para la Ejecución de Programas de Quinto Centenario.)

Códice Mendocino o **Colección Mendoza**, en Lord Kingsborough, **Antigüedades de México**, v. I, pp. 1-150.

Tovar de Teresa, Guillermo, **La ciudad de México y la utopía en el siglo XVI**, México, Seguros de México, 1987.

Fromm, Alfred (ed.), **Wine and the artist,104 prints and drawings from the Christian Brothers Collection at the wine Museum of San Francisco.** Introd. por Alfred Fromm, comentarios por Joseph Armstrong Baird, Jr., Nueva York, Dover Publications, 1979.

Vargas Lugo, Elisa, **Claustro franciscano de Tlatelolco**, México, Secretaría de Relaciones Exteriores, 1987. (Serie Obras Especiales/3. Cuarta Época.)

ÍNDICE

Tercera parte

Zumárraga, autor de las doctrinas "humanistas"

Cuarta parte

Zumárraga y las doctrinas "indígenas"

Este libro se terminó de imprimir y encuadernar en el mes de noviembre de 1991 en los talleres de Encuadernación Progreso, S. A. de C. V., Calz. de San Lorenzo, 202; 09830 México, D. F. Se tiraron 2 000 ejemplares.